证券行业专业人员一般业务水平评价测试

机考题库与高频考点

金融市场基础知识

◆机考题库·真题试卷（一）

◆机考题库·真题试卷（二）

（含参考答案及解析）

《金融市场基础知识》机考题库·真题试卷

机考题库·真题试卷(一)

答题卡

本试卷采用虚拟答题卡技术，自动评分

考生扫描右侧二维码，将答题选项填入虚拟答题卡中，题库系统可自动统计答题得分，生成完整的答案及解析。题库系统根据考生答题数据，自动收集整理错题，记录考生薄弱知识点，方便考生在题库系统中查漏补缺。

一、单选题(共40题,每小题0.5分,共20分)以下备选项中只有一项最符合题目要求,不选、错选均不得分。

1. 金融市场的首要功能是(　　)。

A. 价格发现　　B. 风险管理

C. 资金融通　　D. 提供流动性

2. (　　)是证券市场监管部门的主要手段,具有较强的威慑力和约束力。

A. 行政手段　　B. 政府手段　　C. 经济手段　　D. 法律手段

3. 私募基金不能进行公开的发售和宣传推广,投资金额要求高,投资者的资格和人数常常受到严格的限制,下列关于私募基金合格投资者的说法中,正确的是(　　)。

A. 合格投资者需要具备相应的风险识别和风险承担能力,投资于单只私募基金的金额不能低于50万元

B. 净资产不低于1000万元的单位

C. 金融资产不低于200万元的个人

D. 最近2年年均收入不低于50万元的个人

4. 下列不属于国际债券的主要投资者的是(　　)。

A. 自然人　　B. 各国政府

C. 银行或其他金融机构　　D. 工商财团

5. 证券公司将自有资金投资于(　　),且投资规模合计不超过净资本80%的,无须取得证券自营业务资格。

A. 证券投资基金　　B. 上市股票

C. 国债　　D. 权证

6. 我国的混合资本债券的清偿顺序是(　　)。

A. 位于一般债务之前　　B. 位于次级债务之前

C. 位于股权资本之后　　D. 位于一般债务和次级债务之后

7. 下列属于我国海外上市公司指数的是(　　)。

A. CBOE 中国指数　　B. 恒生指数

C. 深证100指数　　D. 上证指数

8. 可转换公司债券在发行结束(　　)个月后,方可转换为公司股票。

A. 1　　B. 3　　C. 6　　D. 12

9. 2019年6月29日,投资人小李出售的股票金额为50万元,按照我国证券交易的纳税要求,应当缴纳的印花税为(　　)元。

A. 0　　B. 200　　C. 500　　D. 1000

10. (   )负责金融稳定和发展的顶层设计、统筹协调、整体推进、督促落实,研究审议金融领域的重大政策和重大问题。

A. 中央金融委员会　　B. 中国人民银行

C. 国务院　　D. 中国证券监督管理委员会

11. 根据《银行间债券市场非金融企业中期票据业务指引》的规定,中期票据待偿还余额不得超过企业净资产的(   )。

A. 20%　　B. 40%　　C. 50%　　D. 100%

12. 证券市场监管的(   )相对比较灵活,但调节过程可能较慢,存在时滞。

A. 法律手段　　B. 行政手段　　C. 经济手段　　D. 司法手段

13. 结构化金融衍生产品按发行方式分类,可分为公开募集的结构化产品和私募结构化产品,前者通常可以在(   )交易。

A. 证券公司　　B. 交易所　　C. 基金公司　　D. 商业银行

14. 下列关于资产证券化的说法中,错误的是(   )。

A. 资产管理公司、证券公司、信托投资公司可以作为资产证券化发起人

B. 最早的证券化产品是按揭支持证券(MBS)

C. 资产证券化是以特定的资产池为基础发行证券

D. 按证券化产品的基础资产不同,可将资产证券化分为股权型证券化、债权型证券化和混合型证券化等

15. 下列关于首次公开发行股票的行为中,正确的情形是(   )。

A. 网上发行应当早于网下发行

B. 网下投资者在申购时须缴付申购资金

C. 网上投资者在申购时须缴付申购资金

D. 投资者不得同时参与网上或者网下发行

16. 证券公司应当在每个会计年度结束之日起(   )个月内向中国证监会报送年度报告。

A. 1　　B. 2　　C. 3　　D. 4

17. 证券公司经纪业务收入主要来自(   )。

A. 客户保证金利息　　B. 客户资产管理费

C. 代理客户买卖证券的提成　　D. 佣金收入

18. 下列属于国际短期资金流动的是(   )。

A. 投机性资金流动　　B. 国际间接投资

C. 国际直接投资　　D. 国际信贷

19. 下列关于证券委托中的网上委托,正确的是(   )。

A. 上网终端仅包括电子计算设备

B. 证券公司需要通过互联网或移动通信网络的网上证券交易系统,向客户提供服务

C. 网上委托是柜台委托的一种形式

D. 客户需要通过营业部设置的专用委托电脑终端、自行将委托内容输入计算机交易系统

20. 某公司发行的银行间债券市场中长期债的信用评级为A,其含义是(   )。

A. 偿还债务的能力很差,不受不利经济环境的影响,违约风险很低

B. 偿还债务的能力一般,受不利经济环境的影响较大,违约风险一般

C. 偿还债务的能力极强,基本不受不利经济环境的影响,违约风险极低

D. 偿还债务的能力较强,较易受不利经济环境的影响,违约风险较低

21. 甲客户将10000元现金存入A银行,假定法定准备金率为25%,在不考虑派生存款的情况下,A银行可用于发放贷款的最大金额为(   )元。

A. 2500　　B. 7500　　C. 10000　　D. 40000

22. 国债期货属于(　　)。
A. 商品期货　B. 股权类期货　C. 利率期货　D. 外汇期货
23. 基金管理人在基金管理过程中产生的风险称为(　　)。
A. 内部风险　B. 政策风险　C. 期权风险　D. 基金风险
24. 股票市场价格的最直接影响因素是(　　),并且其他因素都是通过作用于该因素而影响股票价格的。
A. 宏观经济因素　B. 公司经营状况　C. 政治因素　D. 供求关系
25. 私募基金运行期间,信息披露义务人应该在每个季度结束之日起(　　)个工作日内向投资者披露基金净值等信息。
A. 2　B. 3　C. 10　D. 15
26. 可转换公司债券在转换前,投资者可以定期得到利息收入,但此时不具有(　　)。
A. 债权人的权利　B. 股东的权利　C. 债权人的责任　D. 债权人的义务
27. 上海证券交易所和深圳证券交易所分别于(　　)正式营业。
A. 1991 年 7 月和 1992 年 10 月　B. 1990 年 12 月和 1991 年 7 月
C. 1991 年 7 月和 1990 年 12 月　D. 1992 年 10 月和 1991 年 7 月
28. 美国的银行间无担保短期借贷利率被称为(　　)。
A. 联邦基金利率　B. 伦敦银行间同业拆放利率(Libor)
C. 香港银行间同业拆放利率(Hibor)　D. 同业拆借利率
29. (　　)是证券结算的一项基本原则,可以将证券结算中的违约交收风险降低到最低程度。
A. 分级结算制度　B. 货银对付交收制度
C. 证券实名制　D. 净额结算制度
30. ETF 结合了(　　)的运作特点。
A. 成长型基金与收入型基金　B. 契约型基金与公司型基金
C. 封闭式基金与开放式基金　D. 股票型基金与货币基金
31. 当股票市场投机过度或出现严重违法行为时,(　　)会采取一定的措施以平抑股价波动。
A. 财政部　B. 证券监督管理机构　C. 中国人民银行　D. 证券业协会
32. 下列关于沪深 300 指数的说法,错误的是(　　)。
A. 指数计算采用派许加权法
B. 自由流通量是计算沪深 300 指数时使用的一个重要指标
C. 其成分股原则上每 3 个月调整一次
D. 基点为 1000 点
33. 我国证券交易所股票上市规则规定,公司申请股票上市的条件之一是向社会公开发行的股份达到公司股份总数的(　　)以上,公司股本总额超过人民币 4 亿元的,向社会公开发行股份的比例为 10% 以上。
A. 15%　B. 20%　C. 25%　D. 30%
34. 融券卖出的申报价格低于该证券的(　　)时,申报无效。
A. 前一日收盘价　B. 净值　C. 收盘价　D. 最新成交价
35. 投资者通过(　　)持有证券,记录持有证券余额及其变动情况。
A. 银行账户　B. 结算账户　C. 资金账户　D. 证券账户
36. 基金信息披露义务人不包括(　　)。
A. 召集基金份额持有人大会的基金份额持有人
B. 基金管理人
C. 基金销售机构
D. 基金托管人

37.(　　)作为一种金融风险度量工具,可以给风险管理者提供频率分布中最坏区域平均损失大小的准确信息。
A.期望损失模型　B.VaR模型　C.波动性分析　D.置信水平

38.金融债券的登记、托管机构是(　　)。
A.深圳证券交易所　B.中央国债登记结算有限责任公司
C.上海证券交易所　D.中国证券登记结算有限责任公司

39.风险投资企业以让渡企业的部分股权换取企业经营资金的资金融通方式是(　　)。
A.股票市场融资　B.债券市场融资　C.风险投资融资　D.商业信用融资

40.下列关于期货交易结算所的说法中,错误的是(　　)。
A.结算所实行无负债的每日结算制度,又被称为逐日盯市制度
B.以每种期货合约在交易日收盘前规定时间内的平均成交价作为当日结算价
C.结算所实行逐日盯市制度,一个交易日为最长的结算周期
D.结算所是期货交易的专门清算机构,独立于交易所,以独立的公司形式组建

二、多选题(共40题,每小题1分,共40分)以下备选项中有两项或两项以上符合题目要求,多选、少选、错选均不得分。

41.根据基础资产划分,常见的金融远期合约包括(　　)。
A.股权类资产的远期合约　B.债权类资产的远期合约
C.远期利率协议　D.远期汇率协议

42.根据《公司债券发行与交易管理办法》,关于我国公司债券(含企业债券)发行与交易转让的一般规定,说法正确的是(　　)。
A.发行公司债券,可以附认股权、可转换成相关股票等条款
B.公司债券投资者可以分为普通投资者和专业投资者
C.公开发行公司债券筹集的资金,不得用于弥补亏损和非生产性支出
D.发行公司债券应当由具有证券销售业务资格的证券公司承销

43.股权类期货是以(　　)为基础资产的期货合约。
A.单只股票　B.股票组合　C.认股权证　D.股票价格指数

44.下列关于委托受理手续的说法中,正确的有(　　)。
A.验证主要是对客户委托时递交的相关证件(如身份证件等)进行核实
B.证券经纪商要对客户的证件和委托单在合法性和同一性方面进行审查
C.在自助委托方式中,如果客户输入相关的账号和正确的密码后,即视同确认了身份
D.在自助委托方式中,需要人工检验客户的证券买卖申报数量和价格是否符合交易规则

45.中央银行不同于商业银行主要表现在(　　)。
A.经营业务不同　B.职能不同
C.央行是货币政策的制定者　D.央行不以营利为目的

46.下列关于沪港通概念的说法,正确的有(　　)。
A.全称为沪港股票市场交易互联互通机制
B.可以买卖所有对方交易所上市股票
C.包括沪股通和港股通两部分
D.沪股通是指投资者委托香港经纪商,通过联交所设立的证券交易服务公司,向上交所进行申报

47.下列关于佣金的表述中,正确的有(　　)。
A.佣金的收费标准因交易品种、交易场所的不同而有所差异
B.目前我国证券投资基金交易佣金实行固定制度
C.A股佣金标准的起点与B股相同
D.债券交易佣金标准由证券交易所制定

48. 国际上重要的股票价格指数期货包括(　　)。
   A. 芝加哥商业交易所的标准普尔股票价格指数期货系列
   B. 纽约期货交易所的纽约证券交易所综合指数期货系列
   C. 芝加哥期货交易所的道琼斯指数期货系列
   D. 伦敦国际金融期权期货交易所的富时100种股票价格指数期货系列
49. 证券公司从事证券承销业务的具体方式有(　　)。
   A. 直接发行　B. 包销　C. 代销　D. 公募发行
50. 股票分析中,量化分析方法可以应用于(　　)。
   A. 证券估值　B. 策略制定　C. 绩效评估　D. 风险计量
51. 下列关于我国衍生品市场的各项表述中,错误的有(　　)。
   A. 2017年3月,我国首个国际化期货品种原油期货在上海期货交易所子公司上海国际能源交易中心挂牌交易
   B. 截至2017年年末,我国商品期货交易量已经连续9年位居世界第一
   C. 全球第二大黑色金属期货市场是上海期货交易所
   D. 2010年10月,中国银行间市场交易商协会推出信用风险缓释合约和信用风险缓释凭证
52. 律师事务所从事证券法律业务时,可以在上市公司(　　)时为其提供法律服务。
   A. 实行股权激励计划　B. 召开股东会
   C. 发行证券及上市　D. 进行并购重组
53. 下列属于科创板重点服务的企业类型有(　　)。
   A. 符合国家战略、突破关键核心技术、市场认可度高的科技创新企业
   B. 属于新一代信息技术、高端装备、新材料、新能源、节能环保以及生物医药等高新技术产业
   C. 战略性新兴产业的科技创新企业
   D. 互联网、大数据、云计算、人工智能和制造业深度融合的科技创新企业
54. 套期保值的基本类型有(　　)。
   A. 多头套期保值　B. 空头套期保值　C. 跨市场套利　D. 跨期限套利
55. 下列选项中,属于操作风险类别的有(　　)。
   A. 人为过失　B. 内部流程　C. 系统故障　D. 外部因素
56. 登记在中国结算公司开立的证券账户(不含开放式基金账户)中的相关证券,因发生证券(　　)等情形涉及证券持有人变更的,过出方和过入方可以向中国结算公司申请办理非交易过户登记。
   A. 继承　B. 赠与　C. 被强制退市　D. 法人资格丧失
57. 对于委托指令撤销,下列说法错误的有(　　)。
   A. 证券营业部申报竞价成交后,买卖即告成立,成交部分不得撤销
   B. 在委托未成交前,客户有权变更委托,但不能撤销委托
   C. 在采用经纪商场内交易员申报的情况下,客户可直接通过计算机终端办理撤单
   D. 对客户撤销的委托,证券经纪商须在两个交易日内将冻结的资金或证券解冻
58. 非公开募集基金不得向合格投资者之外的单位和个人募集基金,不得通过(　　)向不特定对象宣传推介。
   A. 报刊　B. 电台、电视　C. 互联网　D. 讲座、报告会、分析会
59. 下列关于我国金融市场运行影响因素的说法,正确的有(　　)。
   A. 国际经济环境因素包括经济全球化、汇率和国际资本流动、放松管制和加强管制两种经济哲学的交替以及世界货币制度的影响等
   B. 信息技术的广泛应用促使全球统一金融市场形成的同时,更彰显了国际金融与国内金融之间的界限划分

C. 经济因素主要包括了经济增长、经济周期波动这种纯粹的经济因素以及政府宏观经济政策及特定的财政金融行为等混合因素,还包括国际经济环境因素

D. 完备的金融法律制度和高效的执法效率是金融市场平稳运行的根本保障

60. 资产评估机构在申请证券评估资格时,需要按规定(　　)。

A. 购买职业责任保险　　B. 购买职工社会保险

C. 提取职业风险基金　　D. 提取职业投资基金

61. 债券信用评级的对象包括(　　)。

A. 国家财政发行的国库券　　B. 国家银行发行的金融债券

C. 企业发行的债券　　D. 地方政府发行的债券

62. 根据《中华人民共和国保险法》,保险公司资金运用范围包括(　　)。

A. 股票　　B. 债券　　C. 基金　　D. 不动产

63. 关于证券服务机构的法律责任,下列说法正确的有(　　)。

A. 证券服务机构应对所依据的文件资料内容的真实性、准确性、完整性进行核查和验证

B. 证券服务机构在出具审计报告及其他鉴证报告、资产评估报告、财务顾问报告、资信评级报告或者法律意见书等文件时应当勤勉尽责

C. 服务机构因出具的文件有虚假记载、误导性陈述或重大遗漏,给他人造成损失,应当与委托人承担连带赔偿责任

D. 服务机构因为虚假陈述给他人造成损失的,任何情况下均应承担一定的连带赔偿责任

64. 下列机构中,中国证监会有权对其进行现场检查的有(　　)。

A. 证券发行人　　B. 股份有限公司

C. 从事证券服务业务的资产评估机构　　D. 从事证券服务业务的资信评级机构

65. 下列属于基金业绩评价指标的有(　　)。

A. 特雷诺比率　　B. 夏普比率　　C. 詹森 α　　D. 置信水平

66. 下列属于上市公司非公开发行定价基准日的有(　　)。

A. 股东会决议公告日　　B. 发行期的首日

C. 董事会决议公告日　　D. 通过证监会发审委审核公告日

67. 企业发行短期融资券,存续期间出现(　　)等情形,召集人应当自知悉该情形之日起按勤勉尽责的要求召集持有人会议。

A. 发行人未能按期足额兑付短期融资券本金或利息

B. 发行人转移短期融资券全部或部分清偿义务

C. 发行人变更信用增进安排,对短期融资券持有人权益产生重大不利影响

D. 发行人发生增资行为

68. 普通股股东分得的红利是不固定的,它取决于(　　)。

A. 公司盈利水平　　B. 股票的市值

C. 公司经营状况　　D. 股票的面值

69. 中央银行参与金融市场的目的包括(　　)。

A. 实现国家货币政策　　B. 投资以获取稳定收益

C. 向地方政府提供贷款　　D. 稳定货币,调节经济

70. 为了对基金业绩进行有效评价,以下(　　)因素必须加以考虑。

A. 投资目标与范围　　B. 基金风险水平

C. 基金规模　　D. 时期选择

71. 根据资产证券化发起人、发行人和投资者所属的地域不同,资产证券化可分为(　　)。

A. 离岸资产证券化　　B. 境内资产证券化

C. 国内资产证券化　　D. 外国资产证券化

72. 下列关于基金申购费用及份额的计算,正确的有(　　)。

A. 认购费用 = 净认购金额 × 认购费率

B. 认购费用 = 认购金额 × 认购费率

C. 认购份额 = (净认购金额 + 认购利息)/基金份额面值

D. 认购份额 = 认购金额/基金份额面值

73. 证券市场综合反映国民经济运行的各个维度,它的基本功能包括(　　)。

A. 筹资功能　　B. 投资功能　　C. 资本定价功能　　D. 资本配置功能

74. 下列关于金融与实体经济关系的说法,正确的有(　　)。

A. 古典经济学家认为货币是中性的,货币供应量的变化不影响实体经济

B. 凯恩斯认为通过利率对投资的诱导,货币能影响实体经济产出

C. "金融加速器"理论认为,金融市场摩擦会放大实体经济产出的影响

D. 2008 年金融危机表明,金融活动本身就是经济衰退或萧条的诱因

75. 关于公司债券,下列说法正确的有(　　)。

A. 发行人可以是股份有限公司

B. 约定在一定期限还本付息

C. 公开发行公司债券应当经中国证监会核准

D. 目前一些公司债券已到银行间市场交易流通

76. 股票实质上代表了股东对股份公司净资产的所有权,股东凭借股票可以获得公司的(　　)。

A. 等额资本　　B. 股息　　C. 红利　　D. 等额资金

77. 上市公司出现(　　)情形可以向证券交易所申请退市。

A. 上市股东会决议主动撤回其股票在证券交易所的交易,并决定不再在该交易所交易

B. 上市公司被其他公司实施控股合并

C. 上市公司股东会决议公司解散

D. 除上市公司股东外的其他人向所有股东发出收购或收购全部或者部分股份要约,导致公司股本总额、股权分布等发生变化,不再具备上市条件

78. 下列关于复利现值大小关系的说法,正确的有(　　)。

A. 与终值成正比　　B. 与计息期成反比

C. 与贴现率成反比　　D. 与无风险收益率成正比

79. 不参与基金会计核算的基金费用有(　　)。

A. 管理费　　B. 托管费　　C. 申购费　　D. 认购费

80. QFII 可以参与(　　)的申购。

A. 新股发行　　B. 可转换债券发行　　C. 股票增发　　D. 股票配股

三、判断题(共 30 题,每小题 1 分,共 30 分)正确的选 A,错误的选 B。不选、错选均不得分。

81. 证券市场融资活动是指资金盈余单位和赤字单位之间以有价证券为媒介实现资金融通的金融活动。(　　)

A. 正确　　B. 错误

82. 股东权是一种综合权利,股东依法享有资产收益权、重大决策权及日常管理等权利。(　　)

A. 正确　　B. 错误

83. 证券公司对于风险超限额的处置,应当由高级管理层负责组织落实,并对超限额处置的实际效果定期进行返回检验。(　　)

A. 正确　　B. 错误

84. 风险管理的本质是事前管理,其内涵是在损失(或盈利)发生以前对其进行的管理,即防止损失发生,争取盈利实现的措施。(　　)

A. 正确　　B. 错误

85. 基金信息披露中的误导性陈述是指致使投资者对其投资行为发生错误判断的陈述。(　　)

A. 正确　　　　B. 错误

86. 目前,储蓄国债(凭证式)发行采用竞争性招标方式,记账式国债发行采用承购包销方式。(　　)

A. 正确　　　　B. 错误

87.《上海证券交易所科创板股票上市规则》规定,科创板上市公司股票被终止上市的,符合上交所规定条件的,可以向上交所申请重新上市。(　　)

A. 正确　　　　B. 错误

88. 有限售条件股份是指股份持有人依照法律、法规规定或按承诺有转让限制的股份,包括人民币普通股,即 A 股,含向社会公开发行股票时向公司职工配售的公司职工股;境内上市外资股,即 B 股;境外上市外资股,即在境外证券市场上市的普通股及其他。(　　)

A. 正确　　　　B. 错误

89. 首次公开发行股票采用询价方式,发行数量在 4 亿股以上的,有效报价投资者不得少于 20 家,发行数量在 4 亿股(含)以下的,有效报价投资者不得少于 15 家。(　　)

A. 正确　　　　B. 错误

90. 资产收益权是普通股股东有权按照实缴的出资比例分取红利,但是全体股东约定不按出资比例分取红利的除外。(　　)

A. 正确　　　　B. 错误

91. 记账式国债是指由财政部发行的、有固定票面利率、通过纸质媒介记录债权债务关系的国债。(　　)

A. 正确　　　　B. 错误

92. 金融衍生工具产生的最根本原因是利润驱动。(　　)

A. 正确　　　　B. 错误

93. 交易型开放式指数基金(ETF)是一种既可以在场外市场进行基金份额申购、赎回,又可以在交易所(场内市场)进行基金份额交易和基金份额申购或赎回的开放式基金。(　　)

A. 正确　　　　B. 错误

94. 证券公司开展自营业务,或者设立子公司开展自营业务,都需要取得证券业协会的业务许可,证券公司不得为从事自营业务的子公司提供融资或者担保。(　　)

A. 正确　　　　B. 错误

95. 我国的上海证券交易所和深圳证券交易所均采用会员制组织形式,是非营利性的事业法人,其中,监事会为证券交易所的最高权力机构,理事会为证券交易所的决策机构。(　　)

A. 正确　　　　B. 错误

96. 基金管理人可以根据基金份额持有人持有基金份额的期限适用不同的赎回费标准,通常,持有时间越长,适用的赎回费率越高。(　　)

A. 正确　　　　B. 错误

97. 基础设施基金采用竞价交易的,单笔申报的最大数量应当不超过 1 亿份;基础设施基金采用询价和大宗交易的,单笔申报数量应当为 1000 份或者其整数倍;最小变动单位为 0.001 元。(　　)

A. 正确　　　　B. 错误

98. 伦敦银行间同业拆借利率从 2022 年 1 月 1 日起逐步停用,这是全球金融市场数十年来最重磅的改革之一,标志着全球基准利率迎来多元化时代。(　　)

A. 正确　　　　B. 错误

99. 遵从商业惯例,允许私募基金以股权投资为目的,为被投企业提供短期借款、担保,借款或者担保余额不得超过该私募基金实缴金额的 30%。(　　)

A. 正确　　　　B. 错误

100. 证券公司经营主要业务均需要经中国证监会的许可。(　　)
A. 正确　　B. 错误

101. 配股的目的是向社会公众募集资金,扩大股东人数,分散股权,增强股票的流通性,并可避免股份过分集中。(　　)
A. 正确　　B. 错误

102. 社保基金可以投资于证券投资基金。(　　)
A. 正确　　B. 错误

103. 基础设施基金份额的发售,分为战略配售、网下询价并定价、网下配售、公众投资者认购等活动。(　　)
A. 正确　　B. 错误

104. 银行间同业拆借利率是银行间无担保短期借贷适用的利率,是金融机构确定资金成本的唯一参考指标。(　　)
A. 正确　　B. 错误

105. 在采用经纪商场内交易员申报的情况下,客户可直接通过电脑终端办理撤单。(　　)
A. 正确　　B. 错误

106. 科创板是我国第一个实行注册制的场内市场,是我国多层次资本市场体系的重要组成部分。(　　)
A. 正确　　B. 错误

107. 证券投资基金在美国称"共同基金",在英国和中国香港特别行政区称"单位信托基金",在日本和中国台湾地区称"证券投资信托基金"。(　　)
A. 正确　　B. 错误

108. 发行人通过网下询价方式确定股票发行价格和发行对象的,询价对象应当是经中国证券业协会注册的网下投资者。(　　)
A. 正确　　B. 错误

109. 债券的必要回报率等于名义无风险收益率与预期通货膨胀率之和。(　　)
A. 正确　　B. 错误

110. 货币基金利润分配时,当日赎回的基金份额自下一个工作日起不享有基金的分配权益。(　　)
A. 正确　　B. 错误

四、综合题(共 10 题,每小题 1 分,共 10 分)以下备选项中有一项或多项符合题目要求,不选、错选均不得分。

2022 年 6 月,A 股份有限公司在主板首发新股,由 B 证券有限责任公司担任保荐机构。本次 A 公司公开发行新股 2680 万股,计划网下初始发行 1876 万股,网上初始发行 804 万股,分别占本次发行总量的 70% 和 30%。本次公开发行采用的方式是:网下向具有丰富投资经验和良好定价能力的投资者询价配售,网上按市值申购。发行人和保荐机构可以根据规定对网下的特定投资者进行有限配售。B 证券公司按照规定的发行条件尽力推销证券,发行结束后将未售出的证券退还 A 公司,且不承担发行风险。

根据以上信息,回答下列三题。

111. A 股份有限公司在主板首发新股,应满足的条件有(　　)。
A. A 股份有限公司自成立以来,持续经营时间在 3 年以上
B. A 股份有限公司最近两年内主营业务和董事、高级管理人员没有发生重大
C. 发行后股本总额不少于人民币 3000 万元
D. 最近一期末无形资产占净资产的比例不高于 20%

112. 本次发行的保荐机构承担的角色是(　　)。
A. 主承销商　　B. 经纪商　　C. 交易商　　D. 做市商

113. 根据规定,对网下投资者优先配售的特定对象有(　　)。

A. 养老基金　　B. 企业年金基金　　C. 社保基金　　D. 私募基金

假定某投资者以 940 元的价格购买了面额为 1000 元、票面利率为 10%、剩余期限为 6 年的债券。

根据以上信息,回答下列两题。

114. 该投资者的当期收益率为(　　)。

A. 8%　　B. 10%　　C. 11%　　D. 12%

115. 下列关于债券收益率的说法,正确的有(　　)。

A. 债券当期收益率是使债券未来现金流现值等于当前价格所用的贴现率

B. 债券的到期收益率是债券的年利息收入与买入债券的实际价格的比率

C. 债券持有期收益率是买入债券到卖出债券期间所获得的年平均收益

D. 在债券定价公式中,即期利率是用来现金流贴现的贴现率

假定 A 银行从中央银行获得 10000 元的贴现贷款,且支票存款的法定准备金率为 10%,那么在简单存款创造的条件下,银行体系最终可以创造出 10 万元的存款。

根据以上信息,回答下列三题。

116. 下列关于商业银行存款货币的信用创造的说法中,正确的有(　　)。

A. 根据信用创造主体不同,可以分为商业银行的信用创造、政府的信用创造和非银行机构的信用创造

B. 银行通过信用创造增加了存款货币的供给

C. 存款准备金比率就是存款准备金占银行吸收存款总量的比例

D. 中央银行通常会对活期存款和定期存款规定相同的准备金比率

117. 如果每家银行都希望持有 5% 的超额准备金,最终将创造出(　　)存款。

A. 58964.54　　B. 66666.67　　C. 73542.31　　D. 67351.47

118. 如果银行每增加 1 元的支票存款,就有 15 分转化为流通中现金,20 分转化为非交易存款,且非交易存款的法定准备金率为 3%,那么银行体系最终将创造出(　　)非交易存款。

A. 6535.95　　B. 6213.85　　C. 5983.25　　D. 7215.45

在我国证券公司的发展历程中,历时 3 年的证券公司综合治理取得成功,长期积累形成的巨大风险在全行业得以化解,我国证券业连续 4 年亏损的局面得以扭转。证券公司综合治理取得了重大成果。

根据以上信息,回答下列两题。

119. 下列关于我国证券交易所发展历程的说法,正确的是(　　)。

A. 深圳证券交易所于 1991 年 4 月 11 日经中国人民银行批准成立并于 1991 年 7 月 3 日正式开业

B. 旧中国出现的第一家外商经营的证券交易所是“上海股份公所”

C. 上海证券交易所于 1990 年 11 月 26 日被批准成立,1990 年 12 月 19 日正式开业

D. 我国最早的证券交易所开创于清朝光绪末年,是由在天津经营外商股票的经纪人组织的“天津股份公所”

120. 证券公司综合治理主要取得的成果不包括(　　)。

A. 证券公司历史遗留风险彻底化解,财务状况显著改善,合规经营意识和风险管理能力明显增强

B. 证券公司监管法规制度逐步完善,基础性制度的改革取得实质性进展,日常监管、市场退出和投资者保护的长效机制初步形成

C. 监管队伍得到了全面锻炼,监管的有效性、针对性明显增强,监管权威大大提高

D. 证券公司法人治理进一步完善,大股东、实际控制人的行为受到严厉监管;同时,证券公司建立和健全了激励约束机制,创新能力显著提高

机考题库·真题试卷(二)

本试卷采用虚拟答题卡技术，自动评分

考生扫描右侧二维码，将答题选项填入虚拟答题卡中，题库系统可自动统计答题得分，生成完整的答案及解析。题库系统根据考生答题数据，自动收集整理错题，记录考生薄弱知识点，方便考生在题库系统中查漏补缺。

一、单选题(共40题,每小题0.5分,共20分)以下备选项中只有一项最符合题目要求,不选、错选均不得分。

1. 根据上市公司规模、监管要求等差异,证券市场可分为(　　)。
   A. 股票市场、债券市场和基金市场
   B. 主板市场、科创板市场、创业板市场和新三板
   C. 全国市场和区域市场
   D. 集中交易市场和场外市场

2. 下列基金投资风险中,属于系统性风险的是(　　)。
   A. 操作风险　　B. 经营风险　　C. 市场风险　　D. 信用风险

3. 我国首个实行注册制的场内市场是(　　)。
   A. 科创板市场　　B. 创业板市场
   C. 主板市场　　D. 全国中小企业股份转让系统

4. 下列不能作为资产证券化基础资产的是(　　)。
   A. 应收账款与未来收益　　B. 应付账款
   C. 债券组合　　D. 不动产和信贷资产

5. 引起某上市公司股票价格变动的直接原因是(　　)。
   A. 宏观经济与政策因素　　B. 供求关系
   C. 公司经营状况　　D. 行业前景

6. 影响股票投资价值的外部因素是(　　)。
   A. 盈利水平　　B. 并购重组　　C. 市场因素　　D. 股份分割

7. 根据我国现行的证券交易原则,属于连续竞价时成交价格确定原则的是(　　)。
   A. 最高买入申报与最低卖出申报价位相同,以该价格为成交价
   B. 卖出申报价格低于即时揭示的最高买入申报价格时,以中间价成交
   C. 次高买入申报与最低卖出申报价位相同,不成交
   D. 买入申报价格高于即时揭示的最低卖出申报价格时,以中间价成交

8. 下列关于商业银行次级债务的说法,正确的是(　　)。
   A. 固定期限不低于10年(含10年)　　B. 募集方式为向目标债权人定向募集
   C. 索偿权在其他负债之前　　D. 索偿权在存款之前

9. 对基金投资风险进行有效管理是基金投资管理中的重要内容。在基金管理人的投资管理活动中,资金投资面临着(　　)与(　　)。
   A. 市场风险;合规风险　　B. 外部风险;内部风险
   C. 系统风险;非系统风险　　D. 市场风险;政策风险

10. 做市商交易的基本特征是(　　)。
    A. 成交时点是不连续的　　B. 证券交易的买价和卖价都由做市商给出
    C. 以买卖双向价格为基准进行撮合　　D. 投资者买卖证券的对手是其他投资者

11. 下列各项业务中,不属于商业银行业务的是(　　)。
    A. 委托贷款　　B. 贷款承诺　　C. 承销股票　　D. 银行承兑汇票

12. 地方债是(　　)根据本地区经济发展和资金需求状况,以承担还本付息责任为前提,向社会募集资金的债务凭证。
A. 地方政府　B. 地方金融机构　C. 中央政府　D. 地方企业
13. 下列关于资产证券化运作程序的说法,错误的是(　　)。
A. 特设信托机构在对证券化资产进行风险分析后,对一定的资产集合进行风险结构的重组
B. 原始权益人根据自身的资产证券化融资要求,确定资产证券化目标
C. 承销商负责向投资者销售资产支持证券,方式包括包销和代销两种
D. 特殊目的机构除开展资产证券化业务外,还可以通过其他业务获得收入
14. 下列关于风险与波动性的说法中,正确的是(　　)。
A. 在现代金融风险分析中,通常关注损失的可能性,是单向测度
B. 在波动性定义下,风险既是损失的可能,也是盈利的可能
C. 传统风险观认为,风险既是损失的来源,也是盈利的来源
D. 基于不确定性定义下风险的双向测度是现代风险管理发展的重要基础
15. 下列不属于记账式国债的优点的是(　　)。
A. 发行时间短　B. 发行效率高　C. 交易手续烦琐　D. 成本低
16. 关于银行间债券市场,下列说法错误的是(　　)。
A. 政策性金融债券在银行间债券市场上发行并上市交易
B. 银行间债券市场是我国债券市场的主体部分
C. 与国际市场相比,我国银行间债券交易市场流动性较高
D. 记账式国债的大部分都在银行间债券交易市场发行并上市交易
17. 关于股票的交易,下列表述错误的是(　　)。
A. 股票交易可以在证券交易所中进行,也可以在场外交易市场中进行
B. 股票交易必须在证券交易所中进行
C. 股票交易就是以股票为对象进行的流通转让活动
D. 股票在上市交易后,可以暂停上市交易
18. 上海证券交易所的托管制度特点是(　　)。
A. 已办理的指定交易,投资者不可以进行变更
B. 托管制度和指定交易制度联系在一起
C. 投资者必须指定沪深交易所市场的任一交易参与人,作为证券交易的唯一受托人
D. 自动托管,随处通买,哪买哪卖,转托不限
19. 从产品属性看,权证是一种(　　)类金融衍生产品。
A. 期权　B. 期货　C. 互换　D. 远期
20. 证券承销是证券公司代理(　　)发行证券的行为。
A. 金融机构　B. 证券发行人　C. 商业银行　D. 投资银行
21. 下列关于封闭式基金交易的说法中,错误的是(　　)。
A. 实行 T+1 交割、交收
B. 封闭式基金的交易费用,起点 5 元,由证券公司向投资者收取
C. 需要交印花税
D. 基金账户可以用于基金、国债及其他债券的认购和交易
22. 我国要求基金利润分配后(　　)不得低于面值。
A. 基金份额净值　B. 基金份额总值　C. 基金资产总值　D. 基金资产净值
23. 下列关于股票永久性的说法中,错误的是(　　)。
A. 通过发行股票募集到的资金,在公司存续期间是一笔稳定的借贷资本
B. 永久性是指股票所载有权利的有效性是始终不变的
C. 股票持有者可以通过出售股票转让其股东身份
D. 股票的有效期与股份公司的存续期间相联系,两者是并存的关系

24. 下列关于科创板申报要求的说法中，错误的是（　　）。
A. 无论通过市价还是限价申报买卖科创板股票的，单笔申报数量均应当不小于200股
B. 卖出科创板股票时，余额不足200股的部分，应当分次申报卖出
C. 通过市价申报买卖科创板股票的，单笔申报数量应不超过5万股
D. 通过限价申报买卖科创板股票的，单笔申报数量应不超过10万股

25. 封闭式基金的（　　）在基金合同期限内固定不变。
A. 基金净资产　B. 基金份额净值　C. 基金资产的总值　D. 基金份额总额

26. 下列关于证券公司债券发行的说法中，错误的是（　　）。
A. 由于证券公司有其特殊性，其发行条件、条款设计、申报程序等要求不同于公司债券
B. 长期次级债计入净资本数额不得超过净资本的（不含长期次级债累计计入净资本的数额）的50%
C. 证券公司债券发行的规范法律法规是《公司债券发行与交易管理办法》
D. 证券公司发行债券必须遵守《证券法》《公司法》的相关规定

27. 下列不属于创新型货币政策工具的是（　　）。
A. 短期流动性调节工具　B. 常备借贷便利
C. 抵押补充贷款　D. 消费者信用控制

28. 下列关于股票基金的说法，错误的是（　　）。
A. 成长型基金主要投资于收益稳定、价值被低估、安全性较高的股票
B. 按所持股票性质分类，股票基金可分为价值型股票基金、成长型股票基金和平衡型股票基金
C. 按投资市场分类，股票基金可分为国内股票基金和国外股票基金
D. 股票基金的风险较高，但预期收益也较高

29. 根据《中华人民共和国证券投资基金法》的规定，基金财产不能运用于（　　）。
A. 已上市交易的股票
B. 可在场外交易的股票
C. 已上市交易的债券
D. 国务院证券监督管理机构规定的其他证券品种

30. 下列有关股份有限公司发行股票的说法，正确的是（　　）。
A. 股票必须采用纸面形式
B. 股票采用纸面形式或者证券交易所要求的其他形式
C. 股票采用纸面形式或者国务院证券监督管理机构规定的其他形式
D. 股票采用纸面形式或者股权登记机构要求的其他形式

31. 关于柜台委托形式，下列说法错误的是（　　）。
A. 委托人必须亲自到证券营业部，表达委托意愿并进行委托手续
B. 由委托人本人填写委托单并签章
C. 委托人根据委托程序和必需的证件，采用书面方式表达委托意愿
D. 历史上是一种比较常用的证券委托形式

32. 下列关于货币政策一般传导过程的描述，正确的是（　　）。
A. 最终目标→货币政策工具→操作目标→中介目标
B. 操作目标→中介目标→最终目标→货币政策工具
C. 中介目标→最终目标→货币政策工具→中介目标
D. 货币政策工具→操作目标→中介目标→最终目标

33. 风险是最终收益对期望值的偏离程度的（　　）。
A. 危险性　B. 不可控性　C. 波动性　D. 损失性

34. 当投资者买入看涨期权后，如果判断正确，则可以获得（　　）。
A. 期权标的资产　B. 期权费
C. 利息　D. 标的资产市价与协定价格之间的差额

35.(　　)是指在交易中需要迅速而且大规模地买进或者卖出证券,不能按照预定价位成交而多支付的成本。

A. 买卖价差法　B. 有效价差　C. 冲击成本　D. 资产流动性风险

36. 下列关于可转换债券的表述,错误的是(　　)。

A. 可转换债券包含了普通债券的特质　B. 可转换债券可以按约定转换为普通股股票

C. 可转换债券包含了看跌期权的价值　D. 可转换债券包含了权益类证券的特征

37. 1987 年,(　　)证券公司成立,这是我国第一家专业性证券公司。

A. 上海浦东　B. 深圳经济特区　C. 上海　D. 深圳

38. 欧洲债券是指借款人(　　)。

A. 在本国境外市场发行,不以发行市场所在国货币为面值的国际债券

B. 在欧洲国家发行,以欧元标明面值的外国债券

C. 在欧洲国家发行,以国家货币标明面值的外国债券

D. 在本国发行,以欧元标明面值的外国债券

39. 与认购、认沽期权价值均为正相关关系的期权价值影响因素是(　　)。

A. 标的证券价格　B. 执行价格

C. 市场无风险利率　D. 到期期限

40. 下列关于债券的说法,错误的是(　　)。

A. 债券的贴现率是投资者对该债券要求的最低回报率

B. 预期通货膨胀率是对未来通货膨胀率的估计值

C. 名义无风险收益率一般用相同期限零息国债的到期收益率来近似表示

D. 债券必要回报率是真实无风险收益率与预期通货膨胀率之和

二、多选题(共 40 题,每小题 1 分,共 40 分)以下备选项中有两项或两项以上符合题目要求,多选、少选、错选均不得分。

41. 下列关于欧洲债券的说法中,正确的有(　　)。

A. 由一家或几家大银行牵头,组织十几家或几十家国际性银行在一个国家或几个国家同时承销

B. 在法律上所受的限制比外国债券宽松得多

C. 投资者的利息收入免缴所得税

D. 债券发行者、债券发行地点和债券面值所使用的货币只能属于同一国家

42. 证券投资基金的交易费用包括(　　)。

A. 印花税　B. 交易佣金　C. 经手费　D. 证管费

43. 中国人民银行指定办理银行间债券登记、托管与结算的机构有(　　)。

A. 中国银行　B. 上海清算所

C. 中央国债登记结算有限责任公司　D. 陆金所

44. 下列关于记账式国债承销的说法中,正确的有(　　)。

A. 记账式国债是一种无纸化国债,主要通过银行间债券市场向具备全国银行间债券市场国债承购包销团资格的商业银行、证券公司、保险公司、信托投资公司等机构,以及通过证券交易所的交易系统向具备证券交易所国债承购包销团资格的证券公司、保险公司和信托投资公司及其他投资者发行

B. 记账式国债发行招投标工作通过财政部国债发行招投标系统进行,国债承销团通过上述系统远程终端投标

C. 记账式国债债权确认时间按国债发行款划入财政部指定的资金账户的时间确定

D. 非国债承销团成员通过分销获得的国债债权额度,在分销期内可以自行转让

45. 下列关于证券市场特征的说法中,正确的有(　　)。

A. 证券市场是价值直接交换的场所　B. 证券市场是财产权利直接交换的场所

C. 证券市场是风险直接交换的场所　D. 证券市场是直接融资与间接融资的场所

46. 作为发起人的企业法人或具有法人资格的事业单位和社会团体在认购股份时，可以用货币出资，也可以用（　　）等其他形式的资产作价出资。
A. 实物
B. 工业产权
C. 非专利技术
D. 土地使用权
47. 根据国际证监会组织《关于复杂金融产品销售的适当性要求（最终报告）》规定，评估项目包括（　　）等。
A. 客户的投资知识
B. 客户的风险承受能力
C. 客户定期追加投资的能力
D. 客户理解复杂金融产品的能力
48. 下列关于金融机构次级债的说法，正确的有（　　）。
A. 商业银行次级债的募集方式为既可以向目标债权人定向募集，也可以公开募集
B. 保险公司次级债的清偿顺序列于保单责任和其他负债之后，先于保险公司股权资本
C. 保险公司次级债务的偿还只有在确保偿还次级债务本息后偿付能力充足率不低于100%的前提下
D. 证券公司次级债的长期次级债和短期次级债可以按比例计入净资本
49. 关于我国国际债券，下列说法正确的有（　　）。
A. 我国发行国际债券始于20世纪80年代初期
B. 主要的债券品种包括政府债券、金融债券和可转换公司债券
C. 我国在亚洲、美洲、欧洲等地发行过国际债券
D. 我国政府于1980年首次在国际市场发行国际债券
50. 普通股票股东享有公司盈余和剩余资产分配权，表现在（　　）。
A. 股份有限公司按照普通股股东实缴的出资比例分配红利，但股份有限公司章程规定不按持股比例分配的除外
B. 公司发行新股时，股东有权以低于市场的某一特定价格认购新股
C. 普通股票股东在股份公司解散清算时，有权要求获得公司的剩余资产
D. 普通股票股东有权要求获得公司的经营管理权
51. 证券交易结算方式可以分为（　　）。
A. 统一结算
B. 全额结算
C. 差额结算
D. 净额结算
52. 货币基金利润分配的规定有（　　）。
A. 可以在基金合同中将收益分配的方式约定为红利再投资
B. 当日申购的基金份额自下一个工作日起享有基金的分配权益
C. 当日赎回的基金份额自下一个工作日起不享有基金的分配权益
D. 应当每日进行收益分配
53. 募集机构不得通过（　　）等媒介渠道推介私募基金。
A. 公开出版资料
B. 设置特定对象确定程序的讲座
C. 海报、户外广告
D. 电视、电影、电台
54. 关于看涨期权交易双方的潜在盈亏，下列说法正确的有（　　）。
A. 看涨期权买方的潜在盈利是无限的，潜在亏损是有限的
B. 看涨期权买方的潜在盈利是有限的，潜在亏损是无限的
C. 看涨期权卖方的潜在盈利是无限的，潜在亏损是有限的
D. 看涨期权卖方的潜在盈利是有限的，潜在亏损是无限的
55. 下列关于债券的说法，正确的有（　　）。
A. 发行债券是公司追加资金的需要，它属于公司的资本金
B. 股票风险较大，债券风险相对较小
C. 债券通常有规定的票面利率，可获得固定的利息
D. 股票持有者可以通过一级市场转让收回投资资金

56. 国家股从资金来源上看,主要有(　　)。
A. 现有国有企业改组为股份有限公司时所拥有的净资产
B. 现阶段有权代表国家投资的政府部门向新组建的股份公司的投资
C. 经授权代表国家投资的投资公司、资产经营公司、经济实体性总公司等机构向新组建的股份公司的投资
D. 国有法人单位以其依法占用的法人资产向独立于自己的股份公司的投资

57. 证券投资的基金资产总值包括基金拥有的(　　)。
A. 各类证券的价值
B. 银行存款本息
C. 基金应收的申购基金款
D. 其他投资所形成的价值

58. 根据《中华人民共和国公司法》的规定,公司财产在分别支付(　　),缴纳所欠税款,清偿公司债务后的剩余财产,按照股东持有的股份比例分配给股东。
A. 清算费用
B. 职工的工资
C. 社会保险费用
D. 法定补偿金

59. 股票的价值包括(　　)。
A. 票面价值
B. 账面价值
C. 清算价值
D. 内在价值

60. 可以作为利率期权的基础资产的金融工具有(　　)。
A. 欧洲美元债券
B. 利率指数
C. 大面额可转让存单
D. 短期、中期、长期政府债券

61. 深圳证券交易所在确定和调整成分股时一般考虑的因素包括(　　)。
A. 平均可流通股市值
B. 平均总市值
C. 交易活跃程度
D. 是否是行业龙头公司

62. 与一般的公司债务相比,公司债券的特点有(　　)。
A. 公司债券是公司与不特定的社会公众形成的债权债务关系
B. 公司债券是一种可转让的债权债务关系
C. 公司债券通过债券的方式表现
D. 同次发行的公司债券的偿还期是一样的

63. 关于证券交易的计价单位,下列说法正确的有(　　)。
A. 股票交易的报价为每股价格
B. 基金交易的计价单位为每份基金价格
C. 权证交易的计价单位为每份权证价格
D. 债券交易(指债券现货买卖)的计价单位为每百元面值债券的价格

64. 关于股票合并,下列说法正确的有(　　)。
A. 股票合并又称并股
B. 股票合并常见于高价股
C. 股票合并将改变公司的实收资本
D. 股票合并是将若干股股票合并为1股

65. 下列属于我国发行普通国债的总体特征的有(　　)。
A. 规模越来越大
B. 期限越来越长
C. 期限趋于多样化
D. 发行方式趋于市场化

66. 证券资信评级机构可以对(　　)开展资信评级服务。
A. 中国证监会依法核准发行的债券
B. 在证券交易所上市交易的资产支持证券
C. 在证券交易所上市交易的债券
D. 证券投资基金管理公司

67. 下列说法正确的有(　　)。
A. 上市公司增发新股,只能向公众公开增发
B. 上市公司配股,原股东可以放弃配股权
C. 上市公司转增股本,是将资本公积转为实收资本
D. 上市公司股份回购,可以使用借贷资金

68. 中国证监会是国务院直属机构，是全国(　　)的主管部门。
A. 外汇市场　　B. 货币市场　　C. 证券市场　　D. 期货市场
69. 流通国债是指可以在流通市场上交易的国债，它具有(　　)的特点。
A. 自由转让　　B. 主要吸纳储蓄资金　　C. 短期性　　D. 自由认购
70. 下列关于中国证监会的说法中，正确的有(　　)。
A. 是国务院直属事业单位
B. 是全国证券、期货市场的主管部门
C. 按照国务院授权，依照相关法律法规对证券市场进行集中统一监管
D. 依法制定有关证券市场监督管理的规章、规则
71. 证券存管是指证券公司将(　　)统一交给证券登记结算机构保管，并由后者代为处理有关证券权益事务的行为。
A. 投资者交给其保管的证券　　B. 自身持有的证券
C. 法人股股东持有的股权证明　　D. 债权人持有的债权证明
72. 货币政策目标一般包括(　　)。
A. 平衡国际收支　　B. 充分就业　　C. 稳定物价　　D. 促进经济增长
73. 下列关于股东表决权的说法，正确的有(　　)。
A. 股东会议由股东按出资比例行使表决权，但公司章程另有规定的除外
B. 股东的表决权不可以集中使用
C. 股东委托的代理人可以在授权范围内行使表决权
D. 普通股票股东行使公司重大决策参与权的途径是参加股东会
74. 在分析影响股票价格的公司经营状况因素时，可以从(　　)等方面进行分析。
A. 公司治理水平与管理层质量　　B. 产业竞争结构
C. 财务状况　　D. 货币政策
75. 王某委托买卖证券，则他需要支付的有(　　)。
A. 佣金　　B. 个人所得税　　C. 过户费　　D. 印花税
76. 一般情况下，债券有以下(　　)兑付方式。
A. 到期兑付　　B. 提前兑付　　C. 债券替换　　D. 分期兑付
77. 下列关于公司型基金的论述中，正确的有(　　)。
A. 是非独立法人机构　　B. 基金资产归公司所有
C. 委托基金公司管理基金资产　　D. 设有董事会、股东会
78. 机构投资者队伍的壮大对(　　)等都产生了重大而深远的影响。
A. 市场资源配置　　B. 资本市场稳定　　C. 公司治理　　D. 人民币升值
79. 下列关于间接融资的说法，正确的有(　　)。
A. 间接融资中资金需求者与资金初始供应者之间不发生直接信贷关系，两者只与金融机构发生债权债务或权益关系
B. 间接融资中的所有中介并不是对某一资金供应者与某一资金需求者之间一对一的对应性中介，而是一方面面对资金供应者群体，另一方面面对资金需求者群体的综合性中介
C. 相对于直接融资而言，间接融资的信誉程度高，风险也相对较小
D. 通过金融中介的融资均属于借贷融资，到期必须归还并支付利息
80. 按股东享有权利的不同，股票可以分为(　　)。
A. 记名股票　　B. 优先股票　　C. 无记名股票　　D. 普通股票

三、判断题(共30题，每小题1分，共30分)正确的选A，错误的选B。不选、错选均不得分。

81. 证券市场综合反映了国民经济运行的各个维度，被称为国民经济的"晴雨表"，主观上为观察和监控经济运行提供了直观的指标。(　　)
A. 正确　　B. 错误

82. 集合竞价是指对在规定的一段时间内接受的买卖申报一次性集中撮合的竞价方式。(　　)
A. 正确　　B. 错误
83. 股票的内在价值决定其市场价格,股票的市场价格总是围绕其内在价值波动。(　　)
A. 正确　　B. 错误
84. 北京证券交易所聚焦打造服务创新型中小企业主阵地。(　　)
A. 正确　　B. 错误
85. 境内各类机构投资者中,按持股比重大小排序为:公募基金、保险、社保基金、私募基金。(　　)
A. 正确　　B. 错误
86. 科创板财务类强制退市,包括公司财务重大报告差错与虚假记录、信息披露、定期报告发布、公司股本总额或股权分布发生变化、依法被强制解散、公司重整、破产和清算等方面触及相关合规性指标等。(　　)
A. 正确　　B. 错误
87. 开放式基金无特定存续期限,基金份额不固定,每日公布基金单位资产净值,每季度公布资产组合,每6个月公布变更的招募说明书。强调流动性管理,基金资产中要保持一定现金及流动性资产。(　　)
A. 正确　　B. 错误
88. 按所持股票性质分类,股票基金可分为价值型股票基金、成长型股票基金和平衡型股票基金。其中成长型基金主要投资于收益稳定、价值被低估、安全性较高的股票。(　　)
A. 正确　　B. 错误
89. 上市公司为达到增加资本和募集资金的目的而再发行股票或可转换债券的行为是上市公司首次融资。(　　)
A. 正确　　B. 错误
90. 风险转移是指金融机构通过拒绝或退出某一业务或市场来消除本机构对该业务或市场的风险暴露。(　　)
A. 正确　　B. 错误
91. 在伦敦交易所中,SETSqx系统为流动性相对较差的证券提供交易服务,主要是二板市场股票和部分未纳入富时指数系列的股票。(　　)
A. 正确　　B. 错误
92. 伦敦黄金市场是全球最大的黄金现货市场。(　　)
A. 正确　　B. 错误
93. 投资者参与科创板股票交易的方式包括竞价交易、盘后固定价格交易以及大宗交易。(　　)
A. 正确　　B. 错误
94. 非柜台委托主要包括人工电话委托(或传真委托)、自助和电话自动委托、网上委托等。(　　)
A. 正确　　B. 错误
95. 对于封闭式基金,每个交易日估值,并于次日公告基金份额净值;对于开放式基金,每周披露一次基金份额净值,但每个交易日也都进行估值。(　　)
A. 正确　　B. 错误
96. 中国证监会有权对证券发行人、证券公司、证券服务机构、证券交易所、证券登记结算机构进行现场检查。(　　)
A. 正确　　B. 错误
97. 良好的媒体沟通和信息披露机制能够有效减少声誉事件的发生。(　　)
A. 正确　　B. 错误
98. 目前我国共有上海期货交易所、大连商品交易所、郑州商品交易所三大商品期货交易所。(　　)
A. 正确　　B. 错误

99. 次级定期债务指保险公司为弥补临时性或阶段性资本不足，经批准募集的、期限在5年以上（含5年），本金和利息的清偿顺序列于保单责任和其他负债之后、先于保险公司股权资本的保险公司债务。（　　）

A. 正确　　B. 错误

100. 两个或两个以上的当事人按共同商定的条件，在约定的时间内定期交换现金流的金融交易是金融期权。（　　）

A. 正确　　B. 错误

101. 利率债主要是指国债、地方政府债券、政策性金融债和央行票据，是直接以政府信用为基础或以政府提供偿债支持为基础而发行的债券。（　　）

A. 正确　　B. 错误

102. 我国目前国债期限种类繁多，短期国债有3个月和6个月期的，中期国债有1年、2年、3年期的，长期国债有5年、7年、10年、30年和50年期的。（　　）

A. 正确　　B. 错误

103. 沪股通股票范围包括上证180指数成分股、上证380指数成分股以及在上海证券交易所上市的A+H股公司股票。（　　）

A. 正确　　B. 错误

104. 银行间债券市场中长期债券信用评级。共划分为三等九级，其中AA级表示偿还债务能力较强，较易受不利经济环境的影响，违约风险较低。（　　）

A. 正确　　B. 错误

105.《中华人民共和国金融稳定法（草案征求意见稿）》要求坚持"市场化、法治化"原则处置金融风险。（　　）

A. 正确　　B. 错误

106. 中国证券业协会履行的三大职能包括自律、服务、引导。（　　）

A. 正确　　B. 错误

107. 股票是投入股份公司资本份额的证券化，属于资本证券。但是股票又不是一种现实的资本，而是独立于真实资本之外的一种虚拟资本。（　　）

A. 正确　　B. 错误

108. 我国金融业开放政策的三大原则包括：一是准入前国民待遇和负面清单原则；二是金融业对外开放将与汇率形成机制改革和资本项目可兑换进程相互配合，共同推进；三是在开放的同时要重视防范金融风险，要使金融监管能力与金融开放度相匹配。（　　）

A. 正确　　B. 错误

109. 敏感性分析是指测试单个重要风险因素发生变化时的压力情景对证券公司的影响，而情景分析是指测试多种风险因素同时变化时的压力情景对证券公司的影响。（　　）

A. 正确　　B. 错误

110. 监管资本是按照监管当局的要求计算的资本，它是一种虚拟的、"算出来"的数字，并不是真正的资本。（　　）

A. 正确　　B. 错误

四、综合题（共10题，每小题1分，共10分）以下备选项中有一项或多项符合题目要求，不选、错选均不得分。

为调控宏观经济，应对经济增长乏力的态势，中国人民银行采取了相应货币政策指示：通过买入商业银行持有的国债和购回商业银行持有的央行票据，投放基础货币500万元。当时商业银行的法定存款准备金率为15%，超额准备金率为2%，现金比率为3%。

根据以上信息，回答下列三题。

111. 中国人民银行的一般性货币政策工具包括（　　）。

A. 信用控制　　B. 存款准备金政策　　C. 再贴现政策　　D. 公开市场业务

112. 中国人民银行发行的基础货币,包括(　　)。
A. 商业票据　　B. 流通中的现金
C. 准备金存款　　D. 储蓄存款

113. 中央银行的公开市场业务,具有的特点是(　　)。
A. 主动权在中央银行,可经常性、频繁性操作
B. 可以较为准确地达到政策目标,具有较强的可逆转性
C. 政策效果取决于商业银行对该措施的反应
D. 频繁操作使商业银行难以进行适当的流动性管理

中山股份有限公司为一般纳税企业,适用的增值税税率为17%。2023年1月1日,该公司经批准发行3年期面值为5000元的公司债券。该债券每年末计提利息后予以支付、到期一次还本,票面年利率为10%,发行价格为3000万元,发行债券筹集的资金已收到。某投资者为获取收益,以平价购买了一张该公司发行的债券。

根据以上信息,回答下列两题。

114. 债券平价发行时,下列关于面值和发行价的关系,说法错误的有(　　)。
A. 发行价高于面值　　B. 发行价等于面值
C. 发行价低于面值　　D. 发行价可能高于面值,也可能低于面值

115. 该投资者以平价买了一张票面年利率为10%的债券,若一年中通货膨胀率为5%且债券价格不变,则实际收益率为(　　)。
A. 不确定　　B. 5%　　C. 10%　　D. 15%

某上市公司准备发行股票,已知股票每股面额为1元,首次拟发售了100000股,本次发行采用网下发行与网上发行相结合的方式进行。王某购买了该上市公司股票,由于做生意急需资金,王某将股票转卖给了丁某。

根据以上信息,回答下列三题。

116. 股票发行的定价方式有(　　)。
A. 协商定价方式　　B. 上网竞价方式
C. 询价方式　　D. 招标定价方式

117. 按照我国《公司法》要求,该公司的股票发行价格可以是(　　)元。
A. 20　　B. 0.5　　C. 1　　D. 5.4

118. 王某将股票转卖给了丁某而非向A公司要求退股,这是由于股票的(　　)特性。
A. 参与性　　B. 风险性　　C. 永久性　　D. 流动性

根据中国证券业协会发布的《证券公司资本补充指引》相关要求,风险偏好为企业在追求战略和业务目标中对风险的态度以及为了增加每一分盈利愿意多承担多少的风险,有时候也称为“风险胃口”,另一个说法是“风险容忍度”。风险偏好是战略性的,通常以定性为主,风险容忍度是风险偏好的具体体现,是对风险偏好的进一步量化和细化。

根据以上信息,回答下列两题。

119. 根据《证券公司资本补充指引》相关要求,证券公司资本水平应当与(　　)、风险管理水平和外部环境相适应。
A. 风险价值　　B. 风险限额　　C. 风险偏好　　D. 风险敞口

120. 下列关于风险容忍度的说法,错误的是(　　)。
A. 风险容忍度通常采取“自下而上”和“自上而下”相结合的方式设定
B. 风险偏好是风险容忍度的进一步 量化和细化
C. 风险偏好是风险容忍度的具体体现
D. 风险容忍度是战略性的

机考题库·真题试卷参考答案及解析

机考题库·真题试卷(一)

答题卡

便捷速查答案及详细解析,难题典型题有视频讲解

考生用微信扫描右侧二维码,可以按题号迅速查解析,难题、典型题配视频讲解

一、单选题

1. C 【解析】金融市场的首要功能是资金融通功能。

2. D 【解析】法律手段是通过建立完善的证券法律、法规体系和严格执法来实现的。这是证券市场监管部门的主要手段,具有较强的威慑力和约束力。

3. B 【解析】私募基金合格投资者需要具备相应的风险识别和风险承担能力,投资于单只私募基金的金额不能低于100万元且符合下列标准的单位或个人:净资产不低于1000万元的单位;金融资产不低于300万元的个人或者最近3年年均收入不低于50万元的个人。

4. B 【解析】国际债券的发行人主要是各国政府、政府所属机构、银行或其他金融机构、工商企业及一些国际组织等。国际债券的投资者主要是银行或其他金融机构、各种基金会、工商财团和自然人。

5. C 【解析】证券公司将自有资金投资于一些风险较低、流动性较强的证券,如依法公开发行的国债、投资级公司债、货币市场基金、央行票据等,或者委托其他证券公司或者基金管理公司进行证券投资管理,且投资规模合计不超过其净资本80%的,无须取得证券自营业务资格。

6. D 【解析】混合资本债券是指商业银行为补充附属资本发行的、清偿顺序位于股权资本之前但列在一般债务和次级债务之后、期限在15年以上、发行之日起10年内不可赎回的债券。

7. A 【解析】CBOE中国指数是指在芝加哥期权交易所上市交易的中国指数期货。恒生指数由香港恒生银行全资附属的恒生指数公司编制的指数。深证100指数,由深圳证券交易所委托深圳证券信息公司编制维护,指数包含了深圳市场A股流通市值最大、成交最活跃的100只成分股。上证指数又名上证综合指数。

8. C 【解析】可转换公司债券自发行结束之日起6个月后方可转换为公司股票,转股期限由公司根据可转换公司债券的存续期限及公司财务状况确定。

9. C 【解析】从2008年9月19日起,证券交易印花税只对出让方按1‰的税率征收,对受让方不再征收,小李应当缴纳的印花税=500000×1‰=500(元)。

10. A 【解析】中央金融委员会负责金融稳定和发展的顶层设计、统筹协调、整体推进、督促落实,研究审议金融领域的重大政策和重大问题。

11. B 【解析】企业发行中期票据应遵守国家相关法律法规,中期票据待偿还余额不得超过企业净资产的40%。

12. C 【解析】经济手段是指通过运用利率政策、公开市场业务、信贷政策、税收政策等手段,对证券市场进行干预。这种手段相对比较灵活,但调节过程可能较慢,存在时滞。

13. B 【解析】结构化金融衍生产品按发行方式分类,可分为公开募集的结构化产品和私募结构化产品,前者通常可以在交易所交易。

14. D 【解析】根据证券化的基础资产不同,可以将资产证券化分为不动产证券化、应收账款证券化、信贷资产证券化、未来收益证券化(如高速公路收费)、债券组合证券化等。根据证券化产品的金融属性不同,可以将资产证券化分为股权型证券化、债权型证券化和混合型证券化。

15. D 【解析】首次公开发行股票,应将网上发行和网下发行同时进行,选项A说法错误。网上和网下投资者在申购时无须缴付申购资金,选项B、选项C说法错误。

16. D 【解析】信息报送制度即证券公司要根据相关法律法规,应当自每一个会计年度结束之日起4个月内向中国证监会报送年度报告。

17. D 【解析】在证券经纪业务中,证券公司只收取一定比例的佣金作为业务收入。

18. A 【解析】国际短期资金流动主要包括贸易资金流动、套利性资金流动、保值性资金流动和投机性资金流动。选项B、选项C、选项D属于国际长期资金流动。

19. B 【解析】网上委托是指证券公司通过基于互联网或移动通信网络的网上证券交易系统,向客户提供用于下达证券交易指令、获取成交结果的一种服务方式,包括需下载软件的客户端委托和无

须下载软件、直接利用证券公司网站的页面客户端委托。网上委托的上网终端包括电子计算机、手机等设备。

20. D 【解析】银行间债券市场中长期债券信用评级,等级划分为三等九级,符号表示为:AAA、AA、A、BBB、BB、B、CCC、CC、C。信用评级为A的含义是偿还债务的能力较强,较易受不利经济环境的影响,违约风险较低。故选D。

21. B 【解析】法定存款准备金是以法律的形式确定的商业银行缴存中央银行的存款占其吸收存款的比例,本题应存的法定存款准备金 $=10000\times25\%=2500$(元),则A银行可用于发放贷款的最大金额 $=10000-2500=7500$(元)。

22. C 【解析】以国债期货为主的债券期货是各主要交易所最重要的利率期货品种。

23. A 【解析】内部风险主要来自基金管理人方面的风险,指基金管理人在管理过程之中产生的风险,多属于非系统性风险,通过针对性的措施,可以得到有效控制。

24. D 【解析】股票的市场价格由股票的内在价值决定,但同时受许多其他因素的影响。其中,供求关系是最直接的影响因素,其他因素都是通过作用于供求关系而影响股票价格的。

25. C 【解析】私募基金运行期间,信息披露人应当在每季度结束之日起10个工作日以内向投资者披露基金净值、主要财务指标以及投资组合情况等信息。

26. B 【解析】可转换公司债券兼有债权投资和股权投资的双重优势,与一般的债券一样,在转换前投资者可以定期得到利息收入,但此时并不具有股东的权利。

27. B 【解析】上海证券交易所于1990年12月19日正式营业;深圳证券交易所于1991年7月3日正式营业。

28. A 【解析】美国的银行间无担保短期借贷利率被称为联邦基金利率。

29. B 【解析】货银对付俗称"一手交钱,一手交货",是指证券登记结算机构与结算参与人在交手过程中,当且仅当资金交付时给付证券,证券交付时给付资金。货银对付交收制度是证券结算的一项基本原则,可以将证券结算中的违约交收风险降低到最低程度。

30. C 【解析】ETF结合了封闭式基金与开放式基金的运作特点。

31. B 【解析】当股票市场投机过度或出现严重违法行为时,证券监督管理机构即中国证监会会采取一定的措施以平抑股价波动。

32. C 【解析】沪深300指数按规定进行定期调整。原则上指数成分股每半年进行一次调整。

33. C 【解析】我国证券交易所股票上市规则规定,公司申请股票上市的条件之一是向社会公开发行的股份达到公司股份总数的25%以上;公司股本总额超过4亿元人民币的,向社会公开发行股份的比例为10%以上。

34. D 【解析】为了防范市场操纵风险,投资者融券卖出的申报价格不得低于该证券的最新成交价;当天没有产生成交的,申报价格不得低于其前收盘价。低于上述价格的申报为无效申报。

35. D 【解析】投资者通过证券账户持有证券,证券账户用于记录投资者持有证券余额及其变动情况。

36. C 【解析】基金信息披露义务人包括基金管理人、基金托管人、召集基金份额持有人大会的基金份额持有人等法律、行政法规和中国证监会规定的自然人、法人和其他组织。

37. A 【解析】期望损失模型(ES)作为一种金融风险度量工具,可以给风险管理者提供频率分布中最坏区域平均损失大小的准确信息。

38. B 【解析】中央国债登记结算有限责任公司为金融债券的登记、托管机构。

39. C 【解析】股票市场融资是股份制企业以让渡一定的企业经营控制权、收益分配权和剩余索取权而获得企业经营资金的一种方式,选项A错误。债券市场融资是政府、金融机构或企业通过发行债权债务凭证来获得资金融通的一种方式,选项B错误。风险投资融资是风险投资企业以让渡企业的部分股权换取企业经营资金的资金融通方式,选项C正确。商业信用融资是企业与企业之间互相提供的、和商品交易直接相联系的资金融通形式,选项D错误。

40. D 【解析】选项D,结算所是期货交易的专门清算机构,通常附属于交易所,但又以独立的公司形式组建。

二、多选题

41. ABCD 【解析】金融远期合约是指交易双方约定在未来的某一确定的时间,按约定的价格买入或卖出一定数量的某种标的金融资产的合约,主要包括股权类资产的远期合约、债权类资产的远期合约、远期利率协议和远期汇率协议。

42. ABC 【解析】发行公司债券应当由具有证券承销业务资格的证券公司承销,故选项D说法错误。其余选项说法均正确。

43. ABD 【解析】股权类期货是以单只股票、股票组合或者股票价格指数为基础资产的期货合约。

44. ABC 【解析】如果客户采用自助委托方式,则当其输入相关的账号和正确的密码后,即视同确认了身份。证券经纪商的电脑系统还自动检验客户的证券买卖申报数量和价格等是否符合证券交易所的交易规则。选项D说法错误。

45. ABCD 【解析】中央银行是"发行的银行""银行的银行""政府的银行",不以营利为目的,代表国家制定和执行货币政策。

46. ACD 【解析】沪港通是指沪港股票市场交易互联互通机制,指两地投资者委托上海证券交易所会员或者香港联合交易所参与者,通过上海证券交易所或者香港联合交易所在对方所在地设立的证券交易服务公司,买卖规定范围内的对方交易所上市股票。选项B说法错误。

47. AD 【解析】A股、证券投资基金每笔交易佣金不足5元的,按5元收取;B股每笔交易佣金不足1美元或5港元的,按1美元或5港元收取。从2002年5月1日开始,A股、B股、证券投资基金的交易佣金实行最高上限向下浮动制度。

48. ABCD 【解析】全球比较重要的股票价格指数期货品种包括:芝加哥商业交易所的标准普尔股票价格指数期货系列、纽约期货交易所的纽约证券交易所综合指数期货系列、芝加哥期货交易所的道琼斯指数期货系列、伦敦国际金融期权期货交易所的富时100种股票价格指数期货系列、新加坡期货交易所的日经225指数期货、中国香港交易所的恒生指数期货、中国台湾证券交易所的台湾股票指数期货等。

49. BC 【解析】证券承销是指证券公司代理证券发行人发行证券的行为。证券承销业务可以采取代销或者包销方式。其中,证券包销是指证券公司将发行人的证券按照协议全部购入或者在承销期结束时将售后剩余证券全部自行购入的承销方式;证券代销是指证券公司代发行人发售证券,在承销期结束时,将未售出的证券全部退还给发行人的承销方式。

50. ABCD 【解析】量化分析法是利用统计、数值模拟和其他定量模型进行证券市场相关研究的一种方法,具有使用大量数据、模型和电脑的显著特点,广泛应用于解决证券估值、组合构造与优化、策略制定、绩效评估、风险计量与风险管理等投资相关问题,是继传统的基本分析和技术分析之后发展起来的一种重要的证券投资分析方法。

51. ABC 【解析】2018年3月26日,我国首个国际化期货品种原油期货在上海期货交易所子公司上海国际能源交易中心挂牌交易,选项A表述错误。截至2017年年末,我国商品期货交易量已经连续8年位居世界第一,选项B表述错误。上海期货交易所是全球第一大黑色金属期货市场,选项C说法错误。

52. ABCD 【解析】律师事务所从事证券法律业务,可以为下列事项出具法律意见:①首次公开发行股票及上市;②上市公司发行证券及上市;③上市公司的收购、重大资产重组及股份回购;④上市公司实行股权激励计划;⑤上市公司召开股东会;⑥境内企业直接或者间接到境外发行证券、将其证券在境外上市交易;⑦证券公司、证券投资基金管理公司及其分支机构的设立、变更、解散、终止;⑧证券投资基金的募集、证券公司集合资产管理计划的设立;⑨证券衍生品种的发行及上市;⑩中国证监会规定的其他事项。

53. ABCD 【解析】科创板重点服务的企业类型:①符合国家战略、突破关键核心技术、市场认可度高的科技创新企业;②属于新一代信息技术、高端装备、新材料、新能源、节能环保以及生物医药等高新技术产业和战略性新兴产业的科技创新企业;③互联网、大数据、云计算、人工智能和制造业深度融合的科技创新企业。

54. AB 【解析】套期保值的基本类型有2种:①多头套期保值,指持有现货空头(如持有股票空头)的交易者担心将来现货价格上涨(如股市大盘上涨)而给自己造成的经济损失,于是买入期货合约(建立期货多头)。若未来现货价格果真上涨,则持有期货头寸所获得的盈利正好可以弥补现货头寸的损失。②空头套期保值,指持有现货多头(如持有股票多头)的交易者担心未来现货价格下跌,在期货市场卖出期货合约(建立期货空头),当现货价格下跌时以期货市场的盈利来弥补现货市场的损失。

55. ABCD 【解析】操作风险是指由不完善或有问题的人员、信息科技系统、内部流程以及外部事件导致损失的风险,主要包括内部欺诈;外部欺诈;雇员活动或工作场所安全性风险;客户、产品及业务活动中的操作性风险;实物资产损坏;营业中断或信息技术系统瘫痪;执行、交割和流程管理中的操作性风险。

56. ABD 【解析】中国结算公司《证券非交易过户业务实施细则》中规定,登记在该公司开立的证券账户(不含开放式基金账户)中的相关证券,因发生证券继承、赠与、依法进行的财产分割、法人资格丧失等情形之一涉及证券持有人变更的,作为过出方和过入方可以申请办理非交易过户登记。

57. BCD 【解析】在委托未成交之前,客户有权变更和撤销委托。证券营业部申报竞价成交后,买卖即告成立,成交部分不得撤销。在采用证券经纪商场内交易员进行申报的情况下,证券经纪商营业部业务员须即刻通知场内交易员,经场内交易员操作确认后,立即将执行结果告知客户。对客户撤销的委托,证券经纪商须及时将冻结的资金或证券解冻。

58. ABCD 【解析】非公开募集基金,不得向合格投资者之外的单位和个人募集基金,不得通过报刊、电台、电视台、互联网等公众传播媒体或者讲座、报告会、分析会等方式向不特定对象宣传推介。

59. CD 【解析】国际经济环境因素包括经济全球化、放松管制和加强管制两种经济哲学的交替以及世界货币制度的影响等,汇率和国际资本流动属于宏观经济因素对金融市场的影响,选项A说法错误;信息技术的广泛应用促使全国统一金融市场形成,国际金融与国内金融的界限日益模糊,选项B说法错误;选项C、选项D说法正确。

60. AC 【解析】资产评估机构申请证券评估资格,应当按规定购买职业责任保险或者提取职业风险基金。

61. CD 【解析】债券信用评级是以企业或经济主体

发行的有价债券为对象进行的信用评级。国家财政发行的国库券和国家银行发行的金融债券，由于有政府的保证，因此不参加债券信用评级。地方政府或非国家银行金融机构发行的某些有价证券，则有必要进行评级。选项C、选项D均正确。

62. ABC 【解析】《中华人民共和国保险法》规定，债券、股票、基金等有价证券均属保险公司资金运用范围。

63. ABC 【解析】证券服务机构制作、出具的文件有虚假记载、误导性陈述或者重大遗漏，给他人造成损失的，应当与委托人承担连带赔偿责任，但是，能够证明自己没有过错的除外。选项D表述错误。

64. ACD 【解析】中国证监会有权对证券发行人、证券公司、证券服务机构、证券交易场所、证券登记结算机构进行现场检查。

65. ABC 【解析】基金业绩评价指标中，最著名的是特雷诺比率、夏普比率和詹森α。

66. ABC 【解析】上市公司非公开发行的定价基准日可以是股东会决议公告日、发行期的首日、董事会决议公告日。

67. ABC 【解析】在债务融资工具存续期间，出现以下情形之一的，召集人应当自知悉该情形之日起按勤勉尽责的要求召集持有人会议，并拟订会议议案：①发行人未能按期足额兑付债务融资工具本金或利息；②发行人转移债务融资工具全部或部分清偿义务；③发行人变更信用增进安排或信用增进机构，对债务融资工具持有人权益产生重大不利影响；④发行人减资、合并、分立、解散、申请破产或被接管；⑤单独或合计持有50%以上同期债务融资工具余额的持有人提议召开；⑥募集说明书中约定的其他应当召开持有人会议的情形；⑦法律法规规定的其他应由持有人会议作出决议的情形。出现上述情形时，发行人应当及时告知召集人。

68. AC 【解析】普通股票的红利是不固定的，它取决于股份公司的经营状况和盈利水平。

69. AD 【解析】中央银行以公开市场操作作为政策手段，通过买卖政府债券或金融债券，影响货币供应量或利率水平，进行宏观调控。

70. ABCD 【解析】基金业绩的评估不能仅看回报率，还需要综合考虑基金的投资目标与范围、基金风险水平、基金的规模和时期的选择。

71. AB 【解析】根据资产证券化发起人、发行人和投资者所属地域不同，可将资产证券化分为境内资产证券化和离岸资产证券化。

72. AC 【解析】中国证监会于2007年3月对认购费用及认购份额计算方法进行了统一规定，即基金认购费率将统一以净认购金额为基础收取。其计算公式：认购费用=净认购金额×认购费率；认购份额=(净认购金额+认购利息)/基金份额面值。

73. ABCD 【解析】证券市场综合反映国民经济运行的各个维度，被称为国民经济的“晴雨表”，客观上为观察和监控经济运行提供了直观的指标，它的基本功能包括筹资—投资功能；资本定价功能；资本配置功能。

74. ABCD 【解析】题干叙述内容均正确。

75. ABC 【解析】公司债券是公司依照法定程序发行、约定在一定期限还本付息的有价证券。公司债券的发行主体是股份公司，公开发行公司债券应当经中国证监会核准。

76. BC 【解析】股票实质上代表了股东对股份公司净资产的所有权，股东凭借股票可以获得公司的股息和红利，参加股东会并行使自己的权利，同时也承担相应的责任与风险。

77. ACD 【解析】上市公司出现下列情形之一的，可以向交易所申请主动终止上市：①上市公司股东会决议主动撤回其股票在交易所的交易，并决定不再在本交易所交易；②上市公司股东会决议主动撤回其股票在本所的交易，并转而申请在其他交易场所交易或转让；③上市公司向所有股东发出回购全部股份或部分股份的要约，导致公司股本总额、股权分布等发生变化，不再具备上市条件；④上市公司股东向所有股东发出收购全部股份或部分股份的要约，导致公司股本总额、股权分布等发生变化不再具备上市条件；⑤除上市公司股东外的其他收购人向所有股东发出收购全部股份或部分股份的要约，导致公司股本总额、股权分布等发生变化，不再具备上市条件；⑥上市公司因新设合并或者吸收合并，不再具有独立主体资格并被注销；⑦上市公司股东会决议公司解散；⑧中国证监会认可的其他主动终止上市情形。

78. ABC 【解析】现值即现在值，指将来货币金额的现在价值。由终值的一般计算公式可得：$PV=FV/(1+i)^n$，其中，PV为现值，FV为终值，n为计息期，i为贴现率。选项A、选项B、选项C正确。

79. CD 【解析】基金销售过程中发生的由基金投资者自己承担的费用，主要包括申购费(认购费)、赎回费及基金转换费，这类费用不参与基金的会计核算。

80. ABCD 【解析】合格境外机构投资者可以在经批准的投资额度内投资在交易所上市的除B股以外的股票、国债、可转换债券、企业债券、封闭式基金、经中国证监会批准设立的开放式基金，还可以参与股票增发、配股、新股发行和可转换债券发行的申购。

三、判断题

81. A 【解析】证券市场融资活动是指资金盈余单位和赤字单位之间以有价证券为媒介实现资金融通的金融活动。

82. B 【解析】股东权是一种综合权利，股东依法享有资产收益权、重大决策权、选择管理者等权利。

83. B 【解析】证券公司对于风险超限额的处置，应当由风险管理部门负责组织落实，并对超限额处置的实际效果定期进行返回检验。

84. A 【解析】风险管理的本质是事前管理，其内涵是在损失(或盈利)发生以前对其进行的管理，即防止损失发生，争取盈利实现的措施。
85. B 【解析】基金信息披露中的误导性陈述是指致使投资者对其投资行为发生错误判断并产生重大影响的陈述。
86. B 【解析】目前，储蓄国债(凭证式)发行采用代销方式，记账式国债发行采用竞争性招标方式。
87. A 【解析】《上海证券交易所科创板股票上市规则》规定，科创板上市公司股票被终止上市的，符合上交所规定条件的，可以向上交所申请重新上市。
88. B 【解析】有限售条件股份是指股份持有人依照法律、法规规定或按承诺有转让限制的股份，包括因股权分置改革暂时锁定的股份、内部职工股、董事、监事、高级管理人员持有的股份等。
89. B 【解析】首次公开发行股票采用询价方式，发行数量在4亿股以上的，有效报价投资者不得少于20家，发行数量在4亿股(含)以下的，有效报价投资者不得少于10家。
90. A 【解析】资产收益权是普通股股东有权按照实缴的出资比例分取红利，但是全体股东约定不按出资比例分取红利的除外。
91. B 【解析】记账式国债是由财政部面向全社会各类投资者、通过无纸化方式发行的、以电子记账方式记录债权并可以上市和流通转让的债券。
92. B 【解析】金融衍生工具产生的最根本原因是避险。
93. B 【解析】上市开放式基金(LOF)是一种既可以在场外市场进行基金份额申购、赎回，又可以在交易所(场内市场)进行基金份额交易和基金份额申购或赎回的开放式基金。
94. B 【解析】证券公司开展自营业务，或者设立子公司开展自营业务，都需要取得证券监管部门的业务许可，证券公司不得为从事自营业务的子公司提供融资或者担保。
95. B 【解析】我国的上海证券交易所和深圳证券交易所均采用会员制组织形式，是非营利性的事业法人，设会员大会、理事会、总经理和监事会。其中，会员大会为证券交易所的最高权力机构，理事会为证券交易所的决策机构。
96. B 【解析】基金管理人可以根据基金份额持有人持有基金份额的期限适用不同的赎回费标准，通常，持有时间越长，适用的赎回费率越低。
97. A 【解析】基础设施基金采用竞价交易的，单笔申报的最大数量应当不超过1亿份；基础设施基金采用询价和大宗交易的，单笔申报数量应当为1000份或者其整数倍；最小变动单位为0.001元。
98. A 【解析】伦敦银行间同业拆借利率(LIBOR)从2022年1月1日起逐步停用，朝着退出历史舞台迈出了决定性的一步。这是全球金融市场数十年来最重磅的改革之一，标志着全球基准利率迎来多元化时代。
99. B 【解析】遵从商业惯例，允许私募基金以股权投资为目的，为被投企业提供短期借款、担保，借款或者担保余额不得超过该私募基金实缴金额的20%。
100. A 【解析】证券公司经营主要业务均需要经中国证监会的许可。
101. B 【解析】增发是股份公司向不特定对象公开募集股份的增资方式。增发的目的是向社会公众募集资金，扩大股东人数，分散股权，增强股票的流通性，并可避免股份过分集中。
102. A 【解析】根据2001年财政部、劳动和社会保障部发布的《全国社会保障基金投资管理暂行办法》规定，社会保障基金的投资范围包括银行存款、国债、证券投资基金、股票、信用等级在投资级以上的企业债、金融债等有价证券。
103. A 【解析】基础设施基金份额的发售，分为战略配售、网下询价并定价、网下配售、公众投资者认购等活动。
104. B 【解析】银行间同业拆借利率是银行间无担保短期借贷适用的利率，是金融机构确定资金成本的重要参考指标。
105. B 【解析】在采用客户或证券经纪商营业部业务员直接申报的情况下，客户或证券经纪商营业部业务员可直接将撤单信息通过电脑终端输入证券交易所交易系统，办理撤单。
106. A 【解析】科创板是我国首个实行注册制的场内市场，是我国多层次资本市场体系的重要组成部分。
107. A 【解析】证券投资基金在美国称“共同基金”，在英国和中国香港特别行政区称“单位信托基金”，在日本和中国台湾地区称“证券投资信托基金”。
108. A 【解析】发行人通过网下询价方式确定股票发行价格和发行对象的，询价对象应当是经中国证券业协会注册的网下投资者。
109. B 【解析】债券贴现率(必要回报率)=真实无风险收益率+预期通货膨胀率+风险溢价。其中，前两项之和称为名义无风险收益率。
110. A 【解析】货币基金利润分配时，当日赎回的基金份额自下一个工作日起不享有基金的分配权益。

四、综合题

111. AD 【解析】首次公开发行股票并上市应满足以下条件：①发行人自股份有限公司成立后，持续经营时间应当在3年以上；②发行人最近三年内主营业务和董事、高级管理人员没有发生重大变化，实际控制人没有发生变更；③发行人规范运行；④最近三个会计年度净利润均为正数且累计超过人民币3000万元，净利润以扣除非经常性损益前后较低者为计算依据；⑤最近三个会计年度经营活动产生的现金流量净额累计超过人民币5000万元或者最近三个会计年度营业收入累计超过人民币3亿元；⑥发行前股本总额不少于人民币3000万元；⑦最近一期末无形资产(扣除土地使用权、水面养殖权和采矿权等后)占净资产的比例不高于20%;⑧最近一期末不存在未弥补亏损;⑨发行人的经营成果对税收优惠不存在严重依赖;⑩发行不存在重大偿债风险,不存在影响持续经营的担保、诉讼以及仲裁等重大或有事项;⑪发行人不得有影响持续盈利能力的情形。

112. A 【解析】根据题意,A股份有限公司在主板首发新股,由B证券有限责任公司担任保荐机构。B证券公司按照规定的发行条件尽力推销证券,发行结束后将未售出的证券退还A公司,且不承担发行风险。可以判断,B证券公司的角色是主承销商。

113. ABC 【解析】按照规定,应当安排不低于本次网下发行股票数量的40%优先向通过公开募集方式设立的证券投资基金、全国社会保障基金和基本养老保险基金配售,安排一定比例的股票向根据《企业年金基金管理办法》设立的企业年金基金和符合《保险资金运用管理暂行办法》等相关规定的保险资金配售。证券投资基金、全国社会保障基金、基本养老保险基金、企业年金基金和保险资金有效申购不足安排数量的,发行人和主承销商可以向其他符合条件的网下投资者配售剩余部分。

114. C 【解析】在投资学中,当期收益率被定义为债券的年利息收入与买入债券的实际价格的比率。其计算公式为:$Y=C/P\times100\%$。式中:Y为当期收益率;C为每年利息收益;P为债券价格。本题中:$C=1000\times10\%=100$元,$P=940$元。当期收益率$Y=100/940\times100\%=11\%$。故本题选择C选项。

115. CD 【解析】在投资学中,当期收益率被定义为债券的年利息收入与买入债券的实际价格的比率,选项A说法错误。债券的到期收益率是使债券未来现金流现值等于当前价格所用的相同的贴现率,也就是金融学中所谓的内部报酬率,选项B说法错误。持有期收益率,是指买入债券到卖出债券期间所获得的年平均收益,它与到期收益率的区别仅仅在于末笔现金流是卖出价格而非债券到期偿还金额,选项C说法正确。在债券定价公式中,即期利率就是用来进行现金流贴现的贴现率,选项D说法正确。

116. ABC 【解析】根据偿付风险的不同,中央银行通常会对活期存款和定期存款规定不同的准备金比率。

117. B 【解析】银行派生出的存款 $=10000/(10\%+50\%)=66666.67$(元)。

118. A 【解析】银行体系最终创造出的非交易存款:$10000/(0.15+0.1+0.05+0.2\times0.03)\times0.2=6535.95$(元)。

119. ABC 【解析】深圳证券交易所于1991年4月11日经中国人民银行批准成立并于1991年7月3日正式开业,选项A正确。我国最早的证券交易所开创于清朝光绪末年,是由在上海经营外商股票的经纪人组织的“上海股份公所”。这是在旧中国出现的第一家外商经营的证券交易所,选项B正确。上海证券交易所于1990年11月26日被批准成立,1990年12月19日正式开业,选项C正确。我国最早的证券交易所开创于清朝光绪末年,是由在上海经营外商股票的经纪人组织的“上海股份公所”。这是在旧中国出现的第一家外商经营的证券交易所,选项D错误。

120. D 【解析】经过三年的综合治理,主要取得了三大成果:一是证券公司历史遗留风险彻底化解,财务状况显著改善,合规经营意识和风险管理能力明显增强;二是证券公司监管法规制度逐步完善,基础性制度的改革取得实质性进展,日常监管、市场退出和投资者保护的长效机制初步形成;三是监管队伍得到了全面锻炼,监管的有效性、针对性明显增强,监管权威大大提高。选项D不属于取得的成果,故选D。

机考题库·真题试卷(二)

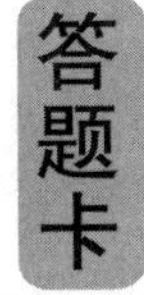

便捷速查答案及详细解析,难题典型题有视频讲解

考生用微信扫描右侧二维码,可以按题号迅速查解析,难题、典型题配视频讲解

一、单选题

1. B 【解析】根据上市公司规模、监管要求等差异,证券市场可分为主板市场、科创板市场、创业板市场和新三板。

2. C 【解析】基金投资面临着外部风险与内部风险,其中,外部风险包括市场风险、政策风险等系统性风险和信用风险、经营风险等非系统性风险,内部风险包括基金管理人的合规风险、操作风险和职业道德风险等。

3. A 【解析】科创板市场是我国首个实行注册制的场内市场。

4. B 【解析】资产证券化根据基础资产分类可分为

不动产证券化、应收账款证券化、信贷资产证券化、未来收益证券化(如高速公路收费)、债券组合证券化等类别。

5. B 【解析】股票的市场价格由股票的内在价值决定,但同时受许多其他因素的影响。其中,供求关系是最直接的影响因素。

6. C 【解析】影响股票投资价值的外部因素包括宏观经济因素、行业因素和市场因素。

7. A 【解析】连续竞价的成交价格确定原则为:①最高买入申报与最低卖出申报价位相同,以该价格为成交价;②买入申报价格高于即时揭示的最低卖出申报价格时,以即时揭示的最低卖出申报价格为成交价;③卖出申报价格低于即时揭示的最高买入申报价格时,以即时揭示的最高买入申报价格为成交价。

8. B 【解析】商业银行次级债务是指由银行发行的,固定期限不低于5年(含5年),除非银行倒闭或清算,不用于弥补银行日常经营损失,且该项债务的索偿权排在存款和其他负债之后的商业银行长期债务。次级债务的募集方式为商业银行向目标债权人定向募集,目标债权人为企业法人。

9. B 【解析】基金投资活动面临着外部风险与内部风险,外部风险可划分为系统性风险与非系统性风险。

10. B 【解析】做市商交易中,证券交易的买卖价格均由做市商给出,做市商将根据市场的买卖力量和自身情况进行证券的双边报价。

11. C 【解析】商业银行的主要业务包括负债业务、资产业务和表外业务。其中,表外业务包括担保承诺类(银行承兑汇票)、承诺类业务(贷款承诺)、代理投融资服务类(委托贷款)、中介服务类、其他类等。故选C。

12. A 【解析】地方债是地方政府根据本地区经济发展和资金需求状况,以承担还本付息责任为前提,向社会筹集资金的债务凭证。

13. D 【解析】特殊目的机构注册后,其活动受法律的严格限制,资本化程度很低,资金全部来源于发行证券的收入。选项D说法错误。

14. B 【解析】传统风险观仅仅关注损失的可能性,是单向测度。选项A说法错误。在波动性定义下,风险既是损失的可能,也是盈利的可能;既是损失的来源,也是盈利的来源。选项B说法正确;选项C说法错误。基于波动性定义下风险的双向测度是现代风险管理发展的重要基础。选项D说法错误。

15. C 【解析】记账式国债可以记名、挂失,安全性较高,同时由于记账式债券的发行和交易均无纸化,所以发行时间短、发行效率高、交易手续简便、成本低、交易安全。

16. C 【解析】与国际市场相比,我国银行间债券交易市场流动性较低。

17. B 【解析】股票交易可以在证券交易所中进行,也可以在场外交易市场进行。前者通常称为上市交易,后者的常见形式是柜台交易。

18. B 【解析】对于在上海证券交易所交易的证券,其托管制度是和全面指定交易制度联系在一起的,选项B正确。

19. A 【解析】从产品属性看,权证是一种期权类金融衍生产品。

20. B 【解析】证券承销是指证券公司代理证券发行人发行证券的行为。发行人向不特定对象公开发行的证券,法律、行政法规规定应当由证券公司承销的,发行人应当同证券公司签订承销协议。

21. C 【解析】目前,封闭式基金交易不收取印花税。选项C说法错误。

22. A 【解析】我国要求基金利润分配后基金份额净值不得低于面值。

23. A 【解析】永久性是指股票所载有权利的有效性是始终不变的,因为它是一种无偿还期限的法律凭证。股票的有效期与股份公司的存续期间相联系,两者是并存的关系,这种关系实质上反映了股东与股份公司之间比较稳定的经济关系。股票代表着股东的永久性投资,当然股票持有者可以出售股票而转让其股东身份,而对于股份公司来说,由于股东不能要求退股,所以通过发行股票募集到的资金,在公司存续期间是一笔稳定的自有资本。

24. B 【解析】通过限价申报买卖科创板股票的,单笔申报数量应当不小于200股,且不超过10万股;通过市价申报买卖科创板股票的,单笔申报数量应当不小于200股,且不超过5万股。卖出时,余额不足200股的部分,应当一次性申报卖出。

25. D 【解析】封闭式基金的基金份额总额在基金合同期限内固定不变,基金份额可以在依法设立的证券交易所交易,但基金份额持有人不得申请赎回。

26. A 【解析】证券公司债券的发行条件、条款设计要求与公司债券的发行条件和条款设计要求相同,选项A说法错误。

27. D 【解析】创新型货币政策工具主要包括短期流动性调节工具、常备借贷便利、抵押补充贷款、中期借贷便利、临时流动性便利、临时准备金动用安排和定向中期借贷便利。

28. A 【解析】成长型基金主要投资于收益增长速度快、未来发展潜力大的股票,价值型基金主要投资于收益稳定、价值被低估、安全性较高的股票。选项A说法错误。

29. B 【解析】根据《中华人民共和国证券投资基金法》的规定,基金财产应当运用于下列投资:①上市交易的股票、债券。②国务院证券监督管理机构规定的其他证券品种。

30. C 【解析】《中华人民共和国公司法》规定,股票采用纸面形式或者国务院证券监督管理机构规定的其他形式。

31. A 【解析】柜台委托是指委托人亲自或由其代理人到证券营业部交易柜台,根据委托程序和必需的证件采用书面方式表达委托意向,由本人填写委托单并签章的形式。
32. D 【解析】货币政策的传导机制的一般过程:货币政策工具→操作目标→中介目标→最终目标。
33. C 【解析】风险是(收益的)波动性或结果对期望值的偏离程度。
34. D 【解析】看涨期权也被称为认购权,指期权的买方具有在约定期限内(或合约到期日)按协定价格(也被称为敲定价格或行权价格)买入一定数量基础金融工具的权利。如果判断正确,按协定价格买入该项金融工具并以市价卖出,可赚取市价与协定价格之间的差额;如果判断失误,则放弃行权,仅损失期权费。看跌期权也被称为认沽权,指期权的买方具有在约定期限内按协定价格卖出一定数量基础金融工具的权利。
35. C 【解析】冲击成本是指在交易中需要迅速而且大规模地买进或者卖出证券,不能按照预定价位成交而多支付的成本,是机构大户面临的流动性成本的重要表现。
36. C 【解析】可转换债券实质上嵌入了普通股票的看涨期权,选项C表述错误。
37. B 【解析】1987年,我国第一家专业性证券公司——深圳经济特区证券公司成立。
38. A 【解析】欧洲债券是指借款人在本国境外市场发行的、不以发行市场所在国货币为面值的国际债券。
39. D 【解析】标的证券价格与认购期权价值为正相关关系,与认沽期权价值为负相关关系。市场无风险利率与认购期权价值为正相关关系,与认沽期权价值为负相关关系。到期期限与认购、认沽期权价值均为正相关关系。波动率与认购、认沽期权价值均为正相关关系。
40. D 【解析】债券的贴现率又称必要回报率,是指投资者对该债券要求的最低回报,选项A说法正确;预期通货膨胀率是对未来通货膨胀率的估计值,选项B说法正确;名义无风险收益率一般用相同期限零息国债的到期收益率来近似表示,选项C说法正确;债券必要回报率是真实无风险收益率与预期通货膨胀率和风险溢价之和,选项D说法错误。

二、多选题

41. ABC 【解析】欧洲债券的特点是债券发行者、债券发行地点和债券面值所使用的货币可以分别属于不同的国家。选项D说法错误。
42. ABCD 【解析】目前,我国证券投资基金的交易费用主要包括印花税、交易佣金、过户费、经手费、证管费。
43. BC 【解析】中央国债登记结算有限责任公司(简称中央结算公司)和银行间市场清算所股份有限公司(简称上海清算所)是中国人民银行指定的全国银行间债券市场债券结算机构,为全国银行间债券市场债券交易提供结算服务。
44. ABC 【解析】非国债承销团成员通过分销获得的国债债权额度,在分销期内不得转让。选项D说法错误。
45. ABC 【解析】证券市场具有以下3个显著特征:①证券市场是价值直接交换的场所;②证券市场是财产权利直接交换的场所;③证券市场是风险直接交换的场所。
46. ABCD 【解析】作为发起人的企业法人或具有法人资格的事业单位和社会团体在认购股份时,可以用货币出资,也可以用其他形式的资产,如实物、工业产权、非专利技术、土地使用权等作价出资。但对其他形式资产必须进行评估作价,核实财产,不得高估或者低估作价。
47. ABCD 【解析】国际证监会组织《关于复杂金融产品销售的适当性要求(最终报告)》指出,评估项目既包括客户的投资知识、投资经验、投资目标、风险承受能力、投资期限等,也包括客户定期追加投资、提供额外抵押以及理解复杂金融产品的能力。
48. BC 【解析】次级债务的募集方式为商业银行向目标债权人定向募集,目标债权人为企业法人,选项A说法错误。证券公司次级债的短期次级债不计入净资本,选项D说法错误。选项B、选项C说法正确。
49. ABC 【解析】我国发行国际债券始于20世纪80年代初期,主要的债券品种有政府债券、金融债券和可转换公司债券。我国在德国、日本、美国都发行了债券。1987年10月,中国财政部在德国法兰克福发行了3亿马克的公募债券,这是我国经济体制改革后政府首次在国外发行债券。
50. AC 【解析】普通股票股东享有公司盈余和剩余资产分配权,表现在两个方面:①普通股股东有权按照实缴的出资比例分取红利;②普通股股东在股份公司解散清算时,有权要求取得公司的剩余资产。选项B属于普通股股东的优先认股权,与题目无关。选项D说法错误,普通股票股东享有公司盈余和剩余资产分配权并不代表获得公司的经营管理权。
51. BD 【解析】证券交易结算方式可分为全额结算和净额结算。
52. ABCD 【解析】货币基金的利润分配:①分配方式和分配频率。对于每日按照面值进行报价的货币市场基金,可以在基金合同中将收益分配的方式约定为红利再投资,并应当每日进行收益分配。②分配措施。当日申购的基金份额自下一个交易日起享有基金的分配权益,当日赎回的基金份额自下一个交易日起不享有基金的分配权益,但中国证监会认定的特殊货币市场基金品种除外。
53. ACD 【解析】私募基金募集机构不得推介的媒介渠道:①公开出版资料;②面向社会公众的宣传

单、布告、手册、信函、传真、海报、户外广告；③电视、电影、电台及其他音像等公共传播媒体；④公共、门户网站链接广告、博客等；⑤未设置特定对象确定程序的讲座、报告会、分析会，以及募集机构官方网站、微信朋友圈等互联网媒介；⑥未设置特定对象确定程序的电话、短信和电子邮件等通信媒介；⑦法律行政法规、中国证监会的有关规定和中国基金业协会自律规则禁止的其他行为。

54. AD 【解析】看涨期权买方的亏损是有限的，其最大亏损额为期权价格，而盈利可能是无限大的。相反，看涨期权卖方的盈利是有限的，其最大盈利为期权价格，而亏损可能是无限大的。期权的买方以较小的期权价格作为代价换取大幅盈利的可能性，而期权卖方则为赚取期权费而承担了大幅亏损的风险。

55. BC 【解析】发行债券是公司追加资金的需要，它属于公司的负债，选项A说法错误；股票持有者可通过二级市级转让收回投资资金，选项D说法错误。

56. ABC 【解析】国家股从资金来源上看，主要有3个方面：①现有国有企业改组为股份公司时所拥有的净资产；②现阶段有权代表国家投资的政府部门向新组建的股份公司的投资；③经授权代表国家投资的投资公司、资产经营公司、经济实体性总公司等机构向新组建股份公司的投资。

57. ABCD 【解析】基金资产总值是指基金所拥有的各类证券的价值、银行存款本息、基金应收的申购基金款以及其他投资所形成的价值总和。

58. ABCD 【解析】根据《中华人民共和国公司法》规定，公司财产在分别支付清算费用，职工的工资，社会保险费用和法定补偿金，缴纳所欠税款，清偿公司债务后的剩余财产，按照股东持有的股份比例分配给股东。

59. ABCD 【解析】股票的价值包括票面价值、账面价值、内在价值和清算价值。

60. ACD 【解析】利率期权指买方在支付了期权费后，即取得在合约有效期内或到期时以一定的利率(价格)买入或卖出一定面额的利率工具的权利。利率期权合约通常以短期、中期、长期政府债券，欧洲美元债券，大面额可转让存单等利率期权为基础资产。

61. CD 【解析】深圳证券交易所在确定和调整成分股时一般要考虑的因素：①上市交易时间；②上市规模；③交易活跃程度；④平均市盈率；⑤行业代表性及发展前景；⑥财务状况；⑦盈利记录；⑧管理素质；⑨公司地区；⑩板块代表性。

62. ABCD 【解析】公司债券是指公司依照法定程序发行的，约定在一定期限还本付息的有价证券。与一般的公司债务相比，公司债券的特点：①公司债券是公司与不特定的社会公众形成的债权债务关系；②公司债券是一种可转让的债权债务关系，一般的公司债务是依法限制转让的债权债务关系；③公司债券通过债券的方式表现，一般的公司债务通过其他债权文书形式表现出来；④同次发行的公司债券的偿还期是一样的，一般的公司债务可以有不同的偿还期。

63. ABCD 【解析】不同证券的交易采用不同的计价单位。股票为"每股价格"，基金为"每份基金价格"。权证为"每份权证价格"，债券为"每百元面值债券的价格"。

64. AD 【解析】股票合并又称并股，是将若干股票合并为1股。从理论上说，股票分割或合并后股价会以相同的比例向下或向上调整，但股东所持股票的市值不发生变化。股票分割通常适用于高价股，并股则常见于低价股。

65. ACD 【解析】我国发行普通国债的总体特征：①规模越来越大；②期限趋于多样化；③发行方式趋于市场化。

66. ABCD 【解析】《证券市场资信评级业务管理暂行办法》规定，证券评级业务是指对下列评级对象开展资信评级服务：①中国证监会依法核准发行的债券、资产支持证券以及其他固定收益或者债务型结构性融资证券；②在证券交易所上市交易的债券、资产支持证券以及其他固定收益或者债务型结构性融资证券，国债除外；③上述前两项规定的证券发行人、上市公司、非上市公众公司、证券公司、证券投资基金管理公司；④中国证监会规定的其他评级对象。

67. BC 【解析】上市公司可以向公众公开增发，也可以向少数特定机构或个人增发。上市公司利用自有资金，从公开市场上买回发行在外的股票，称为股份回购。因此，上市公司股份回购只能用自有资金。

68. CD 【解析】中国证券监督管理委员会(简称中国证监会)是国务院直属机构，成立于1995年3月，是全国证券、期货市场的主管部门，按照国务院授权履行行政管理职能，依照相关法律法规对全国证券、期货业实行集中统一监管，维护证券市场秩序，保障其合法运行。

69. AD 【解析】流通国债是指可以在流通市场上交易的国债，它具有自由转让、自由认购的特点。

70. ABCD 【解析】我国证券市场监管机构是国务院证券监督管理机构。国务院证券监督管理机构依法对证券市场实行监督管理，维护证券市场秩序，保障其合法运行。国务院证券监督管理机构由中国证监会及其派出机构组成。中国证监会是国务院直属机构，是全国证券、期货市场的主管部门，按照国务院授权履行行政管理职能，依照相关法律、法规对全国证券、期货市场实行集中统一监管，维护证券市场秩序，保障其合法运行。

71. AB 【解析】证券存管是指证券公司将投资者交给其保管的证券以及自身持有的证券统一交给证券登记结算机构保管，并由后者代为处理有关证券权益事务的行为。

72. ABCD 【解析】货币政策的最终目标包括稳定物价、充分就业、促进经济增长、平衡国际收支。
73. ACD 【解析】股东拥有的表决权可以集中使用，选项B说法错误。选项A、选项C、选项D说法正确。
74. AC 【解析】公司经营状况的好坏，可以从公司治理水平与管理层质量、公司竞争力、财务状况等方面来分析。
75. ACD 【解析】客户委托买卖证券，须缴纳的费用及税金包括佣金、过户费、印花税，无须缴纳个人所得税。
76. ABCD 【解析】本题考查债券的5种兑付方式，除题中所列方式，还包括转换为普通股兑付。
77. BCD 【解析】公司型基金的特点：①基金的设立程序类似于一般股份公司，基金本身为独立法人机构，但不同于一般股份公司的是，它委托基金管理公司作为专业的财务顾问或管理人来经营、管理基金资产；②基金的组织结构与一般股份公司类似，设有董事会和股东会，基金资产归公司所有。
78. ABC 【解析】机构投资者队伍的壮大对市场资源配置、资本市场稳定和公司治理等都产生了重大而深远的影响。
79. ACD 【解析】间接融资中的多数中介并不是对某一资金供应者与某一资金需求者之间一对一的对应性中介，而是一方面面对资金供应者群体，另一方面面对资金需求者群体的综合性中介，"所有"太过于绝对化，选项B说法错误；选项A、选项C、选项D说法正确。
80. BD 【解析】按股东享有权利的不同，股票可以分为普通股票和优先股票。

三、判断题

81. B 【解析】证券市场综合反映了国民经济运行的各个维度，被称为国民经济的"晴雨表"，客观上为观察和监控经济运行提供了直观的指标。
82. A 【解析】集合竞价是指对在规定的一段时间内接受的买卖申报一次性集中撮合的竞价方式。
83. A 【解析】股票的内在价值决定股票的市场价格，股票的市场价格总是围绕其内在价值波动。
84. A 【解析】北京证券交易所是经国务院批准设立的我国第一家公司制证券交易所，于2021年9月3日注册成立，聚焦打造服务创新型中小企业主阵地。
85. A 【解析】境内各类机构投资者中，按持股比重大小排序为：公募基金、保险、社保基金、私募基金。
86. B 【解析】财务类强制退市，即明显丧失持续经营能力，包括：主营业务大部分停滞或者规模极低；经营资产大幅减少导致无法维持日常经营；营业收入或者利润主要来源于不具备商业实质的交易；营业收入或者利润主要来源于与主营业务无关的业务；其他明显丧失持续经营能力的情形。
87. A 【解析】开放式基金无特定存续期限，基金份额不固定，每日公布基金单位资产净值，每季度公布资产组合，每6个月公布变更的招募说明书。强调流动性管理，基金资产中要保持一定现金及流动性资产。
88. B 【解析】按所持股票性质分类，股票基金可分为价值型股票基金、成长型股票基金和平衡型股票基金。成长型基金主要投资于收益增长速度快、未来发展潜力大的股票，价值型基金主要投资于收益稳定、价值被低估、安全性较高的股票。
89. B 【解析】上市公司再融资是指上市公司为达到增加资本和募集资金的目的而再发行股票或可转换债券的行为。
90. B 【解析】风险规避是指金融机构通过拒绝或退出某一业务或市场来消除本机构对该业务或市场的风险暴露。
91. A 【解析】在伦敦交易所中，SETSqx系统为流动性相对较差的证券提供交易服务，主要是二板市场股票和部分未纳入富时指数系列的股票。
92. A 【解析】伦敦黄金市场是全球最大的黄金现货市场。
93. A 【解析】投资者通过以下方式参与科创板股票交易：①竞价交易；②盘后固定价格交易；③大宗交易。
94. A 【解析】非柜台委托主要包括人工电话委托（或传真委托）、自助和电话自动委托、网上委托等。
95. B 【解析】对于开放式基金，每个交易日估值，并于次日公告基金份额净值；对于封闭式基金，每周披露一次基金份额净值，但每个交易日也都进行估值。
96. A 【解析】中国证监会有权对证券发行人、证券公司、证券服务机构、证券交易所、证券登记结算机构进行现场检查。
97. A 【解析】良好的媒体沟通和信息披露机制能够有效减少声誉事件的发生。
98. B 【解析】目前我国共有上海期货交易所、大连商品交易所、郑州商品交易所和2021年4月成立的广州期货交易所四大商品期货交易所。
99. A 【解析】次级定期债务指保险公司为弥补临时性或阶段性资本不足，经批准募集的、期限在5年以上（含5年），本金和利息的清偿顺序列于保单责任和其他负债之后、先于保险公司股权资本的保险公司债务。
100. B 【解析】金融互换是指两个或两个以上的当事人按共同商定的条件，在约定的时间内定期交换现金流的金融交易。
101. A 【解析】利率债主要是指国债、地方政府债券、政策性金融债和央行票据，是直接以政府信用为基础或以政府提供偿债支持为基础而发行的债券。
102. B 【解析】我国目前国债期限种类繁多，短期国债有3个月和6个月期的，中期国债有1年、2年、3年、5年、7年、10年期的，长期国债有30年和50年期的。

103. B 【解析】沪股通股票范围包括上证180指数成分股、上证380指数成分股以及A+H股上市公司在上海证券交易所上市的A股。

104. B 【解析】银行间债券市场中长期债券信用评级。共划分为三等九级，其中AA级表示偿还债务的能力很强，受不利经济环境的影响不大，违约风险很低。

105. A 【解析】《中华人民共和国金融稳定法（草案征求意见稿）》要求坚持"市场化、法治化"原则处置金融风险。

106. B 【解析】随着证券市场的规范发展和市场监管手段的不断完善，中国证券业协会着力加强行业自律、行业服务和行业基础建设，履行"自律、服务、传导"三大职能，调动和聚集全行业的力量。

107. A 【解析】股票是投入股份公司资本份额的证券化，属于资本证券。但是股票又不是一种现实的资本，而是独立于真实资本之外的一种虚拟资本。

108. A 【解析】我国金融业开放政策的三大原则包括：一是准入前国民待遇和负面清单原则；二是金融业对外开放将与汇率形成机制改革和资本项目可兑换进程相互配合，共同推进；三是在开放的同时要重视防范金融风险，要使金融监管能力与金融开放度相匹配。

109. A 【解析】敏感性分析是指测试单个重要风险因素发生变化时的压力情景对证券公司的影响，而情景分析是指测试多种风险因素同时变化时的压力情景对证券公司的影响。

110. B 【解析】经济资本也被称为风险资本，通常被定义为金融机构为了吸收一定置信水平下的非预期损失而应该具备的资本，数量上等于公司整体损失分布中给定置信水平的在险价值。它是一种虚拟的、"算出来"的数字，并不是真正的资本。监管资本是按照监管当局的要求计算的资本，金融机构应满足监管的最低要求。

四、综合题

111. BCD 【解析】一般性货币政策工具是指中央银行普遍或常规运用的货币政策工具，其实施对象是整体经济和金融活动，主要包括存款准备金政策、再贴现政策和公开市场业务三大工具。故选项B、选项C、选项D正确。

112. BC 【解析】中央银行发行的基础货币，包括社会流通中的现金和银行体系中作为准备金的存款。故选项B、选项C正确。

113. AB 【解析】公开市场操作的优点是主动权完全在央行，可以经常性、连续性的操作，可以较为准确地达到政策目标，且具有较强的可逆转性。故选项A、选项B正确。

114. ACD 【解析】债券发行价格总是围绕票面价值上下波动。当发行价格低于票面价值时，为折价发行；发行价格高于票面价值时，为溢价发行；只有当发行价格等于票面价值时，才是平价发行。

115. B 【解析】实际收益率的计算公式为：实际收益率=名义收益率-通货膨胀率题中，名义收益率=10%，通货膨胀率=5%。因此，实际收益率=10%-5%=5%。

116. ABC 【解析】股票发行的定价方式，可以采取协商定价方式，也可以采取询价方式、上网竞价方式等。

117. ACD 【解析】《中华人民共和国公司法》规定，股票发行价格可以按票面金额，也可以超过票面金额，但不得低于票面金额。由此可知，选项B不符合题意。

118. C 【解析】参与性是指股票持有人有权参与公司重大决策的特性，选项A不符合题意。风险性是指股票的可能给投资者带来收益，也可能是亏损，或者收益与预期不相符的特性，选项B不符合题意。股票的永久性是指股票代表股东的永久性投资，在公司存续期间，股东不能要求公司退股，只能将股票转让来退出投资，选项C符合题意。流动性是指股票可以在交易所依法转让变现的特性，选项D不符合题意。

119. C 【解析】依据中国证券业协会2014年的《证券公司资本补充指引》，证券公司资本管理应当遵循以下原则：①是资本水平应当与业务发展相匹配；②是资本水平应当与风险偏好、风险管理水平和外部环境相适应，能够充分覆盖主要风险。

120. BCD 【解析】风险偏好是战略性的，通常以定性描述为主；风险容忍度是风险偏好的具体体现，是对风险偏好的进一步量化和细化。风险容忍度更接近于业务单元，与实际风险特征联系紧密，通常采用"自下而上"和"自上而下"相结合的方式设定。

证券行业专业人员一般业务水平评价测试

机考题库与高频考点

金融市场基础知识

◆机考题库·真题试卷（三）
◆机考题库·真题试卷（四）
（含参考答案及解析）

《金融市场基础知识》机考题库·真题试卷

机考题库·真题试卷(三)

答题卡

本试卷采用虚拟答题卡技术,自动评分

考生扫描右侧二维码,将答题选项填入虚拟答题卡中,题库系统可自动统计答题得分,生成完整的答案及解析。题库系统根据考生答题数据,自动收集整理错题,记录考生薄弱知识点,方便考生在题库系统中查漏补缺。

一、单选题(共40题,每小题0.5分,共20分)以下备选项中只有一项最符合题目要求,不选、错选均不得分。

1. 发行人以筹集资金为目的,按照一定的法律规定和发行程序,向投资者出售新证券所形成的市场,称为(　　)。

A. 二板市场　　B. 一级市场　　C. 主板市场　　D. 二级市场

2. 不能发行金融债券的主体是(　　)。

A. 政策性银行　　B. 中国人民银行　　C. 证券公司　　D. 国有商业银行

3. 在调查操纵证券市场、内幕交易等重大证券违法行为时,经批准,可以限制被调查事件当事人的证券买卖,但限制的期限不得超过(　　)个月;案情复杂的,可以延长3个月。

A. 1　　B. 2　　C. 3　　D. 5

4. 按照基金的(　　)划分,证券投资基金可分为成长型基金、收入型基金、平衡型基金。

A. 运作方式　　B. 投资标的　　C. 投资目标　　D. 投资理念

5. 与其他风险策略相比,风险控制策略最突出的特征是(　　)。

A. 通过将风险转嫁给外部来降低风险　　B. 从外部获得补偿来降低风险

C. 控制措施的目的是降低风险本身　　D. 设立非常有限的风险忍耐度

6. 我国首家获准扩大经营范围的外资保险经纪机构是(　　)。

A. 韦莱保险经纪公司　　B. 香港友邦保险公司

C. 香港富卫人寿保险公司　　D. 安联(中国)保险控股有限公司

7. 对股份有限公司而言,发行优先股票的作用在于可以筹集(　　)的公司股本。

A. 中短期　　B. 中间　　C. 短期　　D. 长期稳定

8. 上海证券交易所编制的成分指数不包括(　　)。

A. 上证300指数　　B. 上证380指数　　C. 上证50指数　　D. 上证180指数

9. 非金融企业发行短期融资券所募集的资金应用于企业(　　),并在发行文件中明确披露具体资金用途。

A. 增加资本金　　B. 金融投资活动　　C. 委托贷款活动　　D. 生产经营活动

10. 下列有关记账式国债承销的说法,错误的是(　　)。

A. 记账式国债是一种无纸化国债,主要通过银行间债券市场向具备全国银行间债券市场国债承购包销团资格的投资者发行

B. 记账式国债发行招标工作通过"财政部国债发行招投标系统"进行,国债承销团成员通过上述系统远程终端投标

C. 记账式国债债权确认时间按国债发行款划入财务部指定的资金账户的时间确定

D. 非国债承销团成员通过分销获得的国债债权额度,在分销期内可以自行转让

11. 对于持有期低于3年的投资人,基金管理人( )。

A. 不得退回其前端申购费用
B. 不得免收其后端申购费用
C. 可以退回其前端申购费用
D. 可以免收其后端申购费用

12. 金融衍生工具的价值与基础产品或基础变量紧密联系,具有规则的变动关系,这体现了金融衍生工具的( )。

A. 跨期性
B. 期限性
C. 联动性
D. 不确定性或高风险性

13. 目前,我国的开放式基金的估值频率为( )估值。

A. 每个交易日
B. 每3个交易日
C. 每2个交易日
D. 每5个交易日

14. 我国目前的金融中介机构体系包括了多层次银行机构体系,多元化投资中介体系和保险中介体系,其中在多层次银行机构体系中占据主导的机构是( )。

A. 中国人民银行
B. 股份制商业银行
C. 证券公司
D. 大型商业银行

15. 沪股通的股票范围不包括( )。

A. B股
B. 上证180指数成分股
C. 上证380指数成分股
D. A+H股上市公司的上海证券交易所上市A股

16. 根据《中华人民共和国证券投资基金法》的规定,应当通过召开基金份额持有人大会审议决定的事项为( )。

A. 更换基金管理人
B. 向基金份额持有人分配收益
C. 编制年度基金报告
D. 确定基金的赎回价格

17. 证券市场融资属于( )。

A. 间接融资
B. 直接融资
C. 信用融资
D. 银行融资

18. 关于资产证券化参与主体的主要职能,下列说法错误的是( )。

A. 发起人是资产证券化的起点,是基础资产的原始权益人,也是基础资产的卖方
B. 服务商对资产项目及其所产生的现金流进行监理和保管,服务机构通常由发起人担任,并为提供的服务收费
C. 特殊目的机构是以资产证券化为目的而特别组建的独立经济主体,一般采取有限责任公司或者股份有限公司的形式
D. 信用增级机构负责提升证券化产品的信用等级,为此向特殊目的机构收取相应费用,并在证券违约时承担赔偿责任

19. 我国中小企业股份转让系统中挂牌股票采取做市转让方式的,须有( )家以上从事做市业务的主办券商为其提供做市报价服务。

A. 1
B. 2
C. 3
D. 5

20. 投资者购买基金份额就成为基金的( )。

A. 债权人
B. 受益人
C. 股东
D. 独立董事

21. 交易所交易基金的英文简称为( )。

A. OTFS
B. ETF
C. DTF
D. NAV

22. 为了便于掌握发行进度,承担储蓄国债(凭证式)发行任务的各个系统一般每月要汇总本系统内的累计发行数据,上报( )。

A. 财政部和中国人民银行
B. 财政部
C. 国家统计局
D. 中国人民银行

23. 下列关于证券交易所证券监管职责的说法中,错误的是( )。

A. 对上市公司及相关信息披露义务人披露信息进行监督
B. 对会员之间发生的证券业务纠纷进行调解

C. 按照中国证监会的要求,对异常的交易情况提出报告
D. 对证券交易实行监控

24. 证券法律业务是指律师事务所接受当事人委托,为其证券发行、上市和交易等证券业务活动提供制作、出具(　　)等文件的法律服务。
A. 财务审计报告　B. 承销合同　C. 保荐书　D. 法律意见书

25. 1602 年成立的世界上第一个证券交易所是(　　)。
A. 伦敦证券交易所　B. 阿姆斯特丹证券交易所
C. 纽约证券交易所　D. 费城证券交易所

26. 下列关于证券公司借入次级债务应符合条件的说法,错误的是(　　)。
A. 次级债务合同条款符合监管规定
B. 借入资金用途合理
C. 长期次级债务计入净资本的数额超过净资本的 60%
D. 应以现金或中国证监会认可的其他形式借入

27. 目前负责依法核准发行人在创业板首次公开发行股票申请的是(　　)。
A. 中国证监会　B. 证券交易所
C. 中国证监会派出机构　D. 发行人注册地的省级人民政府

28. 投资者在开放式基金的(　　),申请购买基金份额的行为通常被称为基金的申购。
A. 基金账户开立后　B. 资金账户开立后
C. 基金合同生效后　D. 招募说明书生效后

29. 下列属于货币政策手段的是(　　)。
A. 调节税率　B. 发行国债　C. 再贴现政策　D. 增加财政支出

30. 某投资人投资 1 万元申购某基金,申购费率为 1.5%,假定申购当日基金份额净值为 1.05 元,则其可得到的申购份额为(　　)份。
A. 9280.95　B. 9350.95　C. 9383.07　D. 9480.95

31. 按照《慈善组织保值增值投资活动管理暂行办法》的规定,在下列活动中,慈善组织可以开展的投资活动是(　　)。
A. 直接购买银行、信托、证券、基金、期货、保险资产管理机构、金融资产投资公司等金融机构发行的资产管理产品
B. 直接购买商品及金融衍生品类产品
C. 直接投资二级市场股票
D. 投资人身保险产品

32. 投资者向证券经纪商下达买进或卖出证券的指令被称为(　　)。
A. 成交　B. 开户　C. 委托　D. 申报

33. 企业在保持正常运营的情况下,可以向所有出资人(股东和债权人)进行自由分配的现金流是(　　)。
A. 企业自由现金流　B. 股权自由现金流　C. 股票红利　D. 利息

34. 可转换公司债券最主要的金融特征是(　　)。
A. 双重选择权　B. 附有投票权
C. 风险权益的限定性　D. 套期保值

35. 金融衍生工具产生的最根本原因是(　　)。
A. 新技术革命　B. 金融自由化　C. 利润驱动　D. 避险

36. 可转换公司债券是指其持有者可以在一定时期内按一定比例或价格将之转换成一定数量的另一种证券的证券,通常转化为(　　)。
A. ETF 基金份额　B. 普通股票　C. 公司债券　D. 优先股票

37. 开放式基金的赎回是指基金份额持有人要求(　　)购回其所持有的开放式基金份额的行为。

A. 基金管理人　B. 基金受益人　C. 基金代理人　D. 基金托管人

38. 证券公司为期货公司提供中间介绍业务(IB业务)时,可以提供(　　)服务。

A. 办理期货保证金业务　B. 期货交易的结算和风险控制

C. 期货交易的代理　D. 协助办理开户手续

39. 在银行间债券市场发行和交易,约定在一定期限内还本付息,最长期限不超过365天的有价证券为(　　)。

A. 次级债券　B. 短期融资券　C. 企业债券　D. 金融债券

40. 根据上海证券交易所《关于对公司债券实施风险警示相关事项的通知》的规定,下列说法错误的是(　　)。

A. 符合开通风险警示债券买入权限条件的个人投资者需要签署风险警示债券风险揭示书

B. 上海证券交易所在实施风险警示的公司债券简称前冠以"ST"字样,以区别于其他公司债券

C. 公司债券被上海证券交易所实施风险警示之日起,不符合相关规定条件的个人投资者不得买入风险警示债券

D. 符合开通风险警示债券买入权限条件的个人投资者,其名下各类证券账户、资金账户、资产管理账户中金融资产价值合计不低于人民币300万元

二、多选题(共40题,每小题1分,共40分)以下备选项中有两项或两项以上符合题目要求,多选、少选、错选均不得分。

41. 下列各项中,一般认为属于国际资金流动方式中的国际间接投资活动的有(　　)。

A. 美国的A公司购买了位于英国B公司的3%、市场价值200万英镑的股权

B. 法国的C公司购买了位于日本D公司的35%、市场价值150万欧元的股权,并成为D公司的实际控制人

C. 位于美国的F公司向德国G公司出口了300万欧元的商品,G公司预付了100万欧元的货款

D. 位于英国的H公司购买了100万美元IMF发行的债券

42. 根据《证券期货投资者适当性管理办法》的规定,证券公司在销售产品提供服务的过程中,禁止进行的活动有(　　)。

A. 向不符合准入要求的投资者销售产品或者提供服务

B. 向普通投资者主动推介风险等级低于其风险承受能力的产品或服务

C. 向普通投资者主动推介不符合其投资目标的产品或服务

D. 向投资者就不确定的事项提供确定性的判断

43. 中国证监会基金监管的主要职责有(　　)。

A. 制定和实施行业自律规则　B. 对基金管理人进行监督管理

C. 制定基金从业人员的资格标准　D. 监督检查基金的信息披露情况

44. 下列不属于资产证券化最基本的功能有(　　)。

A. 获得高额盈利　B. 提升资产负债管理能力

C. 实现低成本融资　D. 提高资产的流动性

45. 基金投资管理基本环节的流程的先后顺序是(　　)。

A. 研究部门提供研究报告　B. 投资决策委员会决定基金总体投资计划

C. 基金经理拟订投资组合具体方案　D. 交易部执行交易

46. 作为发起人的企业法人或具有法人资格的事业单位和社会团体在认购股份时,(　　)。

A. 可以用货币出资

B. 可以用其他形式的资产,如实物、工业产权、土地使用权等作价出资

C. 以非货币资产进行出资时无须进行资产评估,可直接谈判商定

D. 非货币出资资产不得高估或者低估作价

47. 股票具有(　　)等特征。
A. 收益性　B. 风险性　C. 流动性　D. 永久性
48. 特殊类型基金包括(　　)。
A. QDII 基金　B. 上市开放式基金　C. 分级基金　D. 避险策略基金
49. 金融期货交易与金融现货交易相比,在(　　)方面上均不同。
A. 交易对象　B. 交易目的　C. 结算方式　D. 交易方式
50. 发行中小非金融企业集合票据,应当披露(　　)。
A. 信用增进措施　B. 资金偿付安排
C. 集合票据债项评级　D. 各企业主体信用评级
51. 下列选项中,属于政府债券的特征的有(　　)。
A. 安全性高　B. 流通性强　C. 免税待遇　D. 收益高
52. 国际开发机构申请在中国境内发行人民币债券,所募集资金应当优先用于(　　)。
A. 向中国境内的建设项目提供中长期固定资产贷款
B. 向中国境内的建设项目提供股本资金
C. 为中国境内企业提供流动借款
D. 偿还贷款
53. 影响股票投资价值的外部因素有(　　)。
A. 宏观经济因素　B. 行业因素　C. 增资　D. 市场因素
54. 根据国务院授权,证监会依法统一监督管理的机构包括(　　)。
A. 证券投资基金管理公司　B. 证券公司
C. 期货公司　D. 信托公司
55. 除中国证监会另有规定外,QDII 基金不得从事的行为有(　　)。
A. 购买不动产　B. 购买房地产抵押按揭
C. 购买贵重金属或代表贵重金属的凭证　D. 购买实物商品
56. 依所筹资金的投向不同,下列关于股票、债券和基金的说法,正确的有(　　)。
A. 股票是直接投资工具　B. 债券是间接投资工具
C. 基金主要投向有价证券　D. 基金是间接投资工具
57. 在我国多层次资本市场体系构建中,属于场外市场的有(　　)。
A. 创业板市场　B. 券商柜台市场　C. 主板市场　D. 区域性股权交易市场
58. 下列关于商业银行次级债券的说法,正确的有(　　)。
A. 由商业银行发行
B. 不属于金融债券
C. 本金和利息的清偿顺序列于商业银行其他负债之后
D. 本金和利息的清偿顺序列于商业银行股权资本之后
59. 点击确认、单向撮合成交的报价包括(　　)。
A. 公开报价　B. 对话报价　C. 双边报价　D. 小额报价
60. 股票价值的主要构成有(　　)。
A. 未来股息收入　B. 上一期股息收入
C. 未来资本利得收入　D. 未来股本数量变化
61. 下列关于我国证券交易所组织形式的说法,错误的有(　　)。
A. 证券交易所实行公司制　B. 证券交易所是否制定章程由其自行决定
C. 证券交易所是以营利为目的的法人　D. 理事会是我国证券交易所的组织机构之一
62. 关于中小企业板,下列说法正确的有(　　)。
A. 2004 年 5 月批准成立

B. 在上海证券交易所设立

C. 宗旨是为优秀中小企业提供直接融资平台

D. 是我国多层次资本市场体系建设的一项重要内容

63. 下列关于货币乘数的说法,正确的有(　　)。

A. 货币乘数与存款准备金率有关

B. 货币乘数描述的是基础货币与货币供给之间的倍数关系

C. 法定存款准备金率越高货币乘数越大

D. 多数情况下提现率不影响货币乘数

64. 证券登记结算公司应当履行的职能有(　　)。

A. 证券持有人名册登记　　B. 受发行人委托派发证券权益

C. 证券的存管和过户　　D. 证券账户的设立和管理

65. 非公开发行股票,也被称为定向增发,是股份公司向特定对象发行股票的增资方式。特定对象包括(　　)。

A. 公司控股股东　　B. 与公司业务有关的企业

C. 公司的员工　　D. 证券公司

66. 根据《上海证券交易所科创板股票上市规则》的规定,下列关于科创板上市指标的说法中,正确的有(　　)。

A. 预计市值不低于人民币 10 亿元,最近 2 年净利润均为正且累计净利润不低于人民币 5000 万元

B. 预计市值不低于人民币 15 亿元,最近 1 年营业收入不低于人民币 2 亿元,或最近 3 年研发投入合计占最近 3 年营业收入的比例不低于 15%

C. 预计市值不低于人民币 30 亿元,且最近 1 年营业收入不低于人民币 3 亿元

D. 预计市值不低于人民币 40 亿元,主要业务或产品须经国家有关部门批准

67. 关于期货交易,下列说法错误的有(　　)。

A. 期货合约在交易所内交易,具有公开性

B. 期货合约是标准化合约

C. 期货合约的结算通过专门的结算公司,投资者需要对对方负责,存在信用风险

D. 期货合约具备对冲机制,履约回旋余地较大,实物交割比例极低,交易价格不受最小价格变动单位限定和日交易振幅规定

68. 下列关于 MBS 的说法,正确的有(　　)。

A. 房地产抵押贷款的证券化产品通常简称 MBS

B. MBS 可进一步细分为 RMBS 和 CMBS

C. RMBS 以商业地产抵押贷款为基础资产

D. RMBS 是 MBS 产品的主体,因此 MBS 一般特指 RMBS

69. 下列属于资产证券化产品的称谓有(　　)。

A. ABS　　B. CDO　　C. CDS　　D. MBS

70. 根据《证券、期货投资咨询管理暂行办法》的规定,投资咨询机构及其从业人员从事证券服务业务不得有下列(　　)行为。

A. 代理投资人从事证券、期货买卖

B. 与投资人约定分享投资收益或者分担投资损失

C. 为自己买卖股票及具有股票性质、功能的证券以及期货

D. 利用咨询服务与他人合谋操纵市场或者进行内幕交易

71. 下列关于我国记账式国债的说法,正确的有(　　)。

A. 由财政部面向全社会各类投资者发行

B. 通过无纸化方式发行,以电子记账方式记录债权

C. 不可以上市交易
D. 可以流通转让

72. 证券交易机制中，报价驱动的特点包括（　　）。
A. 证券交易价格由买卖双方的力量直接决定
B. 证券成交价格的形成由做市商决定
C. 投资者买卖证券的对手是其他投资者而非做市商
D. 投资者买卖证券都以做市商为对手

73. 下列有关金融期货的说法，正确的有（　　）。
A. 金融期货交易双方的权利与义务是对称的
B. 金融期货交易双方的权利与义务是不对称的
C. 金融期货交易双方均需开通保证金账户
D. 金融期货交易双方都必须在交易所保有一定的流动性较高的资产

74. 根据《上海证券交易所科创板股票上市规则》的规定，发行人申请在上交所科创板上市，应当符合的条件包括（　　）。
A. 发行后股本总额不低于人民币 3000 万元
B. 发行后股本总额不低于人民币 2000 万元
C. 首次公开发行的股份达到公司股份总数的 25% 以上，公司股本总额超过人民币 3 亿元的，首次公开发行股份的比例为 5% 以上
D. 首次公开发行的股份达到公司股份总数的 25% 以上，公司股本总额超过人民币 4 亿元的，首次公开发行股份的比例为 10% 以上

75. 下列关于附认股权证的公司债券的说法，正确的有（　　）。
A. 附认股权证的公司债券是公司发行的一种附有认购公司股票权利的债券
B. 这种债券的购买者可以按预先规定的条件在公司发行股票时享有优先购买权
C. 按照附新股认购权和债券本身能否分开来划分，可以分为可分离型和非分离型
D. 债券持有人在认购公司发行的股票时可以不受认购比例的限制

76. 我国现行的证券投资基金的主要投资范围包括（　　）。
A. 股票　　B. 企业债券　　C. 权证　　D. 国债

77. 非公开募集基金不得向合格投资者之外的单位和自然人募集基金，不得通过（　　）向不特定对象宣传推介。
A. 报刊　　B. 电台、电视台　　C. 互联网　　D. 讲座、报告会、分析会

78. 下列关于利率债和信用债的说法中，错误的有（　　）。
A. 正常情况下，利率债的信用风险较大
B. 利率债可能出现本息兑付延期乃至实质性违约的情况
C. 信用债券与政府债券相比最显著的差异是发行期限不同
D. 信用债比国债有着更高的收益

79.《证券期货投资者适当性管理办法》的实施对我国金融市场具有很重要的意义，从根本上体现了经营机构和投资者利益的辩证统一，下列说法正确的有（　　）。
A. 该管理办法要求经营机构必须对普通投资者进行分类管理，并按照普通投资者的分类与产品、服务的风险等级进行匹配
B. 对于普通投资者与经营机构发生纠纷时，在举证责任的划分上，也实行了举证责任倒置，对于是否落实投资者适当性工作，由经营机构进行举证
C. 该管理办法要求对投资者进行分类评估和分类管理，为经营机构提供标准化服务奠定了基础
D. 该管理办法同时确立了监管底线要求，自律组织规定产品名录指引，经营机构制定具体分级标准的层层把关，严控分析的产品分级机制

80. 按照《证券投资者保护基金管理办法》的规定,证券投资者保护基金公司履行相关职责,其职责包括(　　)。

A. 筹集、管理和运作基金

B. 组织、参与被撤销、关闭或破产证券公司的清算工作

C. 证券公司被撤销、关闭和破产或被证监会采取行政接管、托管经营等强制性监管措施时,按照国家有关政策规定对债权人予以偿付

D. 对证券公司运营中存在的风险隐患独立建立纠正机制

三、判断题(共30题,每小题1分,共30分)正确的选A,错误的选B。不选、错选均不得分。

81. 国际证监会组织(IOSCO)成立于1994年,包括正式会员、联系会员和附属会员。(　　)

A. 正确　　B. 错误

82. 长期建设国债是为了特定的政策目标而发行的、具有明确用途的国债,具有专款专用、用途灵活、不列入财政赤字、即收即支的特点。(　　)

A. 正确　　B. 错误

83. 股东会作出决议,必须经出席会议的股东所持表决权2/3以上通过。(　　)

A. 正确　　B. 错误

84. 中国证券业协会监事长、副监事长、监事任期5年,可连选连任。(　　)

A. 正确　　B. 错误

85. 结构化金融衍生产品按发行方式分类,可分为公开募集的结构化产品和私募结构化产品,前者通常可以在证券公司交易。(　　)

A. 正确　　B. 错误

86. 中国人民银行从2003年起开始发行中央银行票据,期限从一个月至三年不等,主要用于对冲金融体系中过多的流动性。(　　)

A. 正确　　B. 错误

87. 上海证券交易所于1991年7月3日正式营业;深圳证券交易所于1990年12月19日正式营业。(　　)

A. 正确　　B. 错误

88. 当基金投资于交易活跃的证券时,对其资产进行估值较为容易,直接采用市场交易价格就可以对基金资产估值。(　　)

A. 正确　　B. 错误

89. 会员大会制定证券业协会的章程后,需要报中国证券业协会备案。(　　)

A. 正确　　B. 错误

90. 从理论上说,股票分割或合并后股价会以相同的比例向下或向上调整,但股东所持股票的市值不发生变化。(　　)

A. 正确　　B. 错误

91. 货币市场工具包括银行存款、可转让存单、银行承兑汇票、银行票据、公司债券、回购协议、短期政府债券等。(　　)

A. 正确　　B. 错误

92. 投资者对证券市场发展趋势的心理预期对股票价格走势没有影响。(　　)

A. 正确　　B. 错误

93. 以2020年底流通股市值口径衡量中国股票市场的投资者持股结构,各类投资者按持股比重大小排序为:一般法人、机构投资者、个人投资者、外资。(　　)

A. 正确　　B. 错误

94. 私募证券投资基金收益来源基本为资本利得和分红;而私募股权基金的收益来源根据退出方式的不同而有所差异,但相较私募证券投资基金,私募股权基金通常收益更小,但风险更低。(　　)

A. 正确　　B. 错误

95. 国家财政发行的国库券和国家银行发行的金融债券，不参加债券信用评级。(　　)
A. 正确　　B. 错误
96. 我国混合资本债券的清偿顺序位于股权资本之前但列在一般债务和次级债务之后。(　　)
A. 正确　　B. 错误
97. 我国《上市公司证券发行管理办法》规定，可转换债券的期限最短为1年，最长为6年，自发行结束之日起6个月后方可转换为公司股票。(　　)
A. 正确　　B. 错误
98. 科创板制度规则体系可以总结为"1+2+6+N"，其中"2"指的是中国证监会发布的《科创板首次公开发行股票注册管理办法(试行)》和《科创板上市公司持续监管办法(试行)》。(　　)
A. 正确　　B. 错误
99.《中华人民共和国期货和衍生品法》，于2022年8月1日起施行。(　　)
A. 正确　　B. 错误
100. 国际债券是指一国借款人在本国证券市场上以外国货币为面值、向外国投资者发行的债券。(　　)
A. 正确　　B. 错误
101. 股利收入由国有资产管理部门监督收缴，依法纳入国有资产经营预算，并根据国家有关规定安排使用的股票类型为社会公众股。(　　)
A. 正确　　B. 错误
102. 持股行权是指投服中心持有沪深交易所每家上市公司一手(100股)股票，行使质询、建议、表决、诉讼等股东权利，通过发挥示范作用，引领中小投资者主动行权、依法维权，规范上市公司治理。(　　)
A. 正确　　B. 错误
103. 证券公司对子公司的风险管理包括子公司重大事项审核或审批。(　　)
A. 正确　　B. 错误
104.《证券账户管理规则》规定，一个自然人、法人可以开立不同类别和用途的证券账户。(　　)
A. 正确　　B. 错误
105. 影响上市公司未来收益、引起股票内在价值变化的因素包括经济形势的变化、宏观经济政策的调整及清算方式的变化。(　　)
A. 正确　　B. 错误
106. 基金管理人、基金托管人既是基金的当事人，又是基金的主要服务机构。(　　)
A. 正确　　B. 错误
107. 基金份额持有人即基金投资者，是基金的出资人、基金资产的所有者和基金投资收益的受益人，基金份额持有人是基金一切活动的中心。(　　)
A. 正确　　B. 错误
108.《期货和衍生品法》在立法上的特点包括以期货为主，兼顾其他衍生品；以场内为主，兼顾场外；以境内为主，兼顾境外；以标准化产品为主，兼顾非标产品。(　　)
A. 正确　　B. 错误
109. 金融债券发行后，信用评级机构应每6个月对该金融债券进行跟踪信用评级。(　　)
A. 正确　　B. 错误
110. 投资咨询机构、财务顾问机构、资信评级机构从事证券服务业务的人员必须具备证券专业知识与从事证券业务或者证券服务业务1年以上的经验。(　　)
A. 正确　　B. 错误

四、综合题(共10题,每小题1分,共10分)以下备选项中有一项或多项符合题目要求,不选、错选均不得分。

上海证券交易所在《上海证券交易所科创板企业上市推荐指引》中指出,科创板是独立于现有主板市场的新设板块,并在该板块内进行注册制试点,科创板将成为我国首个实行注册制的场内市场,是我国多层次资本市场体系的重要组成部分。

根据以上信息,回答下列三题。

111. 根据科创板定位,保荐机构优先推荐的新一代信息技术领域中的企业包括从事(　　)的科技创新企业。

A. 半导体和集成电路　　B. 人工智能

C. 智能制造　　D. 智能硬件

112. 科创板股票竞价交易实行价格涨跌幅限制,涨跌幅比例为(　　)。

A. 10%　　B. 15%　　C. 20%　　D. 25%

113. 投资者参与科创板股票交易,应当使用沪市A股证券账户。一般通过(　　)参与。

A. 定期交易　　B. 竞价交易

C. 盘后固定价格交易　　D. 大宗交易

某大型凉皮店为了防止面粉市场价格变动对企业经营带来的风险,于是与某大型面粉供应商签订了以固定价格购货的长期合同。但后来考虑到合同可能存在对手违约风险,于是将规避风险的方式改为在期货市场上利用小麦期货进行套期保值操作。

根据以上信息,回答下列三题。

114. 以上描述中,企业的行为旨在规避的风险包括(　　)。

A. 市场风险　　B. 流动性风险　　C. 操作风险　　D. 信用风险

115. 下列属于信用风险构成要素的是(　　)。

A. 违约概率　　B. 违约损失率

C. 违约风险暴露　　D. 预期损失和非预期损失

116. 下面关于风险对冲,说法正确的是(　　)。

A. 套期保值是常见的风险对冲工具

B. 风险对冲对管理系统性风险和非系统性风险都有效

C. 为了防范和化解非系统性风险,人们需要借助于金融衍生工具进行风险对冲

D. 风险对冲是指投资者通过购买某种金融产品或采取某些合法的手段将风险转嫁给愿意和有能力承接的主体

2021年某公司支付每股股息为1.8元,预计在未来日子里该公司股票的股息按每年5%的速率增长。因此,预期下一年的股息为1.89元,假设必要收益率为11%。

根据以上信息,回答下列两题。

117. 假设市场上当前每股股票40元,则投资者应(　　)。

A. 出售该股票　　B. 买进该股票　　C. 保留该股票　　D. 先买入再卖出

118. 该公司股票的内部收益率为(　　)。

A. 8.45%　　B. 9.25%　　C. 10.26%　　D. 9.73%

王先生以86元价格在上海交易所购买了A公司发行的公司债券。该债券面值为100元,票面利率年息3%,每年末付息一次,到期后还本。假设此期间贴现率为4%。

根据以上信息,回答下列两题。

119. 王先生进行这笔交易所在的市场属于(　　)。

A. 股票市场　　B. 期权市场　　C. 一级市场　　D. 二级市场

120. 该债券属于(　　)。

A. 发行债券　　B. 溢价发行债券　　C. 零息债券　　D. 付息债券

机考题库·真题试卷(四)

本试卷采用虚拟答题卡技术，自动评分

考生扫描右侧二维码，将答题选项填入虚拟答题卡中，题库系统可自动统计答题得分，生成完整的答案及解析。题库系统根据考生答题数据，自动收集整理错题，记录考生薄弱知识点，方便考生在题库系统中查漏补缺。

一、单选题(共40题,每小题0.5分,共20分)以下备选项中只有一项最符合题目要求,不选、错选均不得分。

1. 港股通交易以港币报价,投资者以(　　)交收。

A. 美元　　B. 港元　　C. 人民币　　D. 欧元

2. 负责组织制定证券行业技术标准和指引的是(　　)。

A. 证券交易所　　B. 国家技术监督管理局

C. 中国证监会　　D. 中国证券业协会

3. 当股份公司因解散或破产进行清算时,优先股股东可优先于普通股股东分配公司的剩余资产,但一般是按优先股票的(　　)清偿。

A. 固定股息率　　B. 净值　　C. 市值　　D. 面值

4. 证券可以客户预期的价格或更有利的价格成交,有利于客户实现预期投资计划的委托方式是(　　)。

A. 市价委托　　B. 零数委托　　C. 限价委托　　D. 整数委托

5. 按金融资产到期期限,金融市场划分为(　　)。

A. 长期市场和短期市场　　B. 一级市场和二级市场

C. 现货市场和期货市场　　D. 货币市场和资本市场

6. 保险公司次级债务的偿还只有在确保偿还次级债务本息后偿付能力充足率不低于(　　)的前提下,募集人才能偿付本息。

A. 100%　　B. 50%　　C. 75%　　D. 90%

7. 当基金投资标的为(　　)时,对其资产进行估值较为容易。

A. 问题证券　　B. 交易不活跃的证券

C. 非交易证券　　D. 交易活跃的证券

8. 在多数情况下,并不进行实物交收,而是在合约到期前进行反向交易、平仓了结的是(　　)。

A. 期货交易　　B. 远期合约　　C. 互换　　D. 期权合约

9. 下列各项中,不属于金融机构的是(　　)。

A. 保险公司　　B. 信托投资公司　　C. 财政部　　D. 企业集团财务公司

10. 下列关于国家股的说法中,错误的是(　　)。

A. 国家股不能转让

B. 是国有股权的组成部分

C. 国有股股利收入纳入国有资产经营预算

D. 国有资产折价入股须按规定进行评估确认

11. 下列关于上市开放式基金特点的说法,错误的是(　　)。

A. 可以在交易所申购、赎回　　B. 申购和赎回以现金进行

C. 对申购、赎回有规模上的限制　　D. 可以在代销网点申购、赎回

12. 基金监管机构对基金业实行严格的监管,对各种有损于投资者利益的行为进行严厉打击,并强制基金进行及时、准确、充分的信息披露。这体现了证券投资基金的(　　)特点。

A. 严格监管,信息透明　　B. 集合理财,专业管理

C. 独立托管,保障安全　　D. 利益共享,风险共担

13. 下列关于我国证券交易所理事会的有关说法,错误的是(　　)。

A. 理事会会议至少每半年召开一次

B. 理事会会议决议应当在会议结束后2个工作日向中国证监会报告

C. 理事会会议须有2/3以上理事出席

D. 理事会会议决议应当经出席会议的2/3以上理事表决同意方为有效

14. 被称为金边债券的是(　　)。

A. 可转换债　　B. 政府债券　　C. 金融债券　　D. 公司债券

15. 全国中小企业股份转让系统俗称为(　　)。

A. 创业板　　B. 中小企业板　　C. 二板　　D. 新三板

16. 关于债券估值,下列说法错误的是(　　)。

A. 有利于债券发行人的条款会相应降低债券价值

B. 债券估值的基本原理是现金流贴现

C. 债券的贴现率是名义无风险收益率与风险溢价之和

D. 债券的利率类型(浮动利率、固定利率)不会影响债券的价值

17. 下列不属于全国社会保障基金来源的是(　　)。

A. 用人单位和劳动者缴纳的社会保险费

B. 国有股减持和股权划拨资产

C. 中央财政拨入资金

D. 经国务院批准以其他方式筹集的资金及投资收益形成的资金

18. 在向投资者推介私募基金之前,募集机构应对投资者风险识别能力和风险承担能力进行评估。投资者的评估结果有效期最长不得超过(　　)年。

A. 1　　B. 3　　C. 5　　D. 10

19. 关于股票性质,下列说法错误的是(　　)。

A. 股票是有价证券、要式证券　　B. 股票是证权证券、资本证券

C. 股票是综合权利证券　　D. 股票是物权证券、债权证券

20. 根据《合格境内机构投资者境外证券投资管理试行办法》规定,符合条件的境内基金管理公司和(　　),经中国证监会批准,可在境内募集资金进行境外证券投资管理。

A. 工商企业　　B. 私募基金　　C. 证券公司　　D. 投资咨询公司

21. 在不采用信用交易的情况下,投资者(　　)。

A. 可以卖出账户上不存在的证券,但必须在5个交易日内平仓

B. 可以根据个人的信用卡资金额度买入证券

C. 可以卖出账户上不存在的证券,但必须得到经纪商的授信

D. 必须用自己账户上的资金买入证券,或者卖出自己账户上实际存在的证券

22. 通过限价申报买卖科创板股票的,单笔申报数量应当不小于(　　)股。

A. 100　　B. 200　　C. 300　　D. 500

23. 下列有关储蓄国债(凭证式)的说法,正确的是(　　)。

A. 对在发行期内已缴纳但未售完及购买者提前兑取的储蓄国债(凭证式),不能在原额度内继续发售

B. 储蓄国债(凭证式)是一种可上市流通的储蓄型债券

C. 各金融机构均有资格申请加入储蓄国债(凭证式)承销团

D. 利率按实际持有天数分档计付

24. 根据《国债跨市场转托管业务操作指引》的规定,国债付息日后的第(　　)个工作日恢复转托管。

A. 1　　B. 2　　C. 3　　D. 5

25. 赋予公司老股东优先认股权的主要目的之一是(　　)。

A. 保证公司资产的增值

B. 保证公司货币资金的增加

C. 保证普通股股东在公司中保持原有的持股比例

D. 保证公司权益的增加

26. 下列不属于货币市场的是(　　)。

A. 银行间同业拆借市场　　B. 中长期银行贷款市场

C. 短期国库券市场　　D. 商业票据市场

27. 下列关于股票风险性特征的说法,错误的是(　　)。

A. 风险本身是一个中性概念,但是,高风险一般对应着高收益,因此投资者一般喜欢投资那些风险性较高的股票

B. 股票风险的内涵是股票投资收益的不确定性,或者说实际收益与预期收益之间的偏离

C. 投资者在买入股票时,对其未来收益会有一个估计,但事后看,真正实现的收益可能会高于或低于原先的估计,这就是股票的风险

D. 风险不等于损失,高风险的股票可能给投资者带来较大的损失,也可能带来较大的收益

28. 证券、期货投资咨询人员申请取得证券、期货投资咨询从业资格,应当具备(　　)以上学历。

A. 中专　　B. 大学专科　　C. 高中　　D. 大学本科

29. (　　)为上海证券交易所科创板开盘竞价阶段。

A. 9:15—9:25　　B. 9:20—9:35

C. 9:20—9:30　　D. 9:15—9:30

30. 下列属于交易所交易的衍生工具的是(　　)。

A. 公司债券条款中包含的赎回条款　　B. 公司债券条款中包含的返售条款

C. 公司债券条款中包含的转股条款　　D. 在期货交易所交易的期货合约

31. 证券公司设立集合资产管理计划的投资人数不得超过(　　)人。

A. 50　　B. 100　　C. 200　　D. 500

32. 证券机构应该建立健全(　　)体系,定期对公司所面临的风险状况进行检测,编制风险报告,确保各类风险信息顺畅和及时地在公司内部传递。

A. 风险预警　　B. 风险监测　　C. 风险报告　　D. 风险控制

33. 下列不属于股票特征的是(　　)。

A. 收益性　　B. 风险性　　C. 保本性　　D. 流动性

34. QFII 在批准的投资额度内,可以投资于中国证监会批准的(　　)。

A. 债券(不包括可转债发行)　　B. 人民币金融工具

C. 股票(不包括新股发行)　　D. 私募股权投资基金

35. (　　)是公司发行的由第三者作为还本付息担保人的债券,是担保证券的一种。

A. 收益公司债券　　B. 可转换公司债券

C. 保证公司债券　　D. 信用公司债券

36. 长期国债的偿还期一般为(　　)。
A. 5 年以上　　B. 10 年　　C. 10 年以上　　D. 15 年以上

37. 深圳证券交易所中小企业板块的交易由独立于主板市场交易系统的第二交易系统承担,这是指(　　)。
A. 监察独立　　B. 运行独立　　C. 代码独立　　D. 指数独立

38. 关于商业银行金融债券发行的操作要求,下列说法正确的是(　　)。
A. 金融债券可以在深圳证券交易所债券市场公开发行
B. 金融债券可以采取一次足额发行或限期内分期发行方式
C. 商业银行发行金融债券有强制担保要求
D. 金融债券可以在上海证券交易所债券市场公开发行

39. 在采用证券经纪商场内交易员进行申报的情况下,场内交易员操作确定客户撤单的委托指令后,应(　　)将执行结果告知客户。
A. 在当天交易时间结束前　　B. 在一个工作日内
C. 立即　　D. 在一个交易日内

40. 一般来说,下列投资标的中风险最小且收益较为稳定的投资标的是(　　)。
A. 可转换债券　　B. 政府债券　　C. 公司债券　　D. 股票

二、多选题(共 40 题,每小题 1 分,共 40 分)以下备选项中有两项或两项以上符合题目要求,多选、少选、错选均不得分。

41. 证券金融公司在转融通业务中将(　　)的资金和证券出借给证券公司。
A. 自有　　B. 依法筹集　　C. 承销　　D. 代销

42. 下列属于压力测试原则的有(　　)。
A. 全面性原则　　B. 实践性原则　　C. 审慎性原则　　D. 前瞻性原则

43. 下列关于期货合约的说法,错误的有(　　)。
A. 期货合约在交易所内交易,具有公开性
B. 期货合约是标准化合约
C. 期货合约的结算通过专门的结算公司,投资者需要对对方负责,存在信用风险
D. 期货合约具备对冲机制,履约回旋余地较大,实物交割比例极低,交易价格不受最小价格变动单位限定和日交易振幅限定

44. 基金的募集一般要经过一定的步骤,其中主要包括(　　)。
A. 注册　　B. 申请　　C. 基金合同生效　　D. 发售

45. 债券利息的支付方式主要有(　　)。
A. 息票方式　　B. 折扣利息　　C. 本息合一　　D. 债券替换

46. 股份公司定向增发的特定对象包括(　　)。
A. 公司控股股东、实际控制人及其控制的企业
B. 与公司业务有关的企业
C. 证券投资基金、证券公司、信托投资公司等金融机构
D. 公司董事、员工

47. 在我国,参与证券投资的金融机构包括(　　)。
A. 证券公司
B. 银行业金融机构
C. 保险资产管理公司
D. 合格境外机构投资者与合格境内机构投资者

48. 体现风险的本质和内在特性的概念有(　　)。
A. 不确定性　　B. 损失
C. 波动性　　D. 危险
49. 记名股票是指在(　　)上记载股东姓名的股票。
A. 公司章程　　B. 股票票面
C. 股份公司的股东名册　　D. 招股说明书
50. 关于委托受理,证券经纪商在收到客户委托后,应对(　　)进行审查。
A. 委托人身份　　B. 委托内容
C. 委托卖出的实际证券的数量　　D. 委托买入的实际资金余额
51. 股票投资的主要分析方法包括(　　)。
A. 基本分析法　　B. 定性分析法
C. 技术分析法　　D. 量化分析法
52. 下列关于金融衍生工具的说法,正确的有(　　)。
A. 又称金融衍生产品,与基础金融产品相对应
B. 其价格取决于基础金融产品价格的变动和赋予投资者的权利大小
C. 包括独立衍生工具和嵌入式衍生工具
D. 衍生工具包括远期合同、期货合同、互换和期权等
53. 不同的投资者对风险的态度各不相同,理论上可分为(　　)。
A. 风险偏好型　　B. 风险中立型
C. 风险规避型　　D. 无风险型
54. 下列关于证券承销制度相关内容的描述,正确的有(　　)。
A. 发行人推销证券的方法有自销和承销两种,其中承销方式又可分为包销和代销两种
B. 证券全额包销方式中由承销商和投资者共同承担风险
C. 证券代销方式中,在承销期结束后,未售完的证券由承销商全部购入
D. 我国证券法规定向不特定对象发行证券,承销团应当由主承销和参与承销的证券公司组成
55. 与普通股票相比较,属于优先股票的特点有(　　)。
A. 收益稳定　　B. 先于普通股获得股息
C. 适宜短期投资　　D. 一般没有表决权
56. 证券经纪人可以代理证券公司进行(　　)。
A. 产品销售　　B. 客户服务
C. 代理客户下单　　D. 客户招揽
57. 关于股票价值,下列表述正确的有(　　)。
A. 票面价值又称面值,即在股票票面上标明的金额
B. 没有优先股的情况下,每股账面价值等于公司净资产除以发行在外的普通股票的股数
C. 从理论上来说,股票的清算价值应与账面价值一致,但大多数公司的实际清算价值总是高于账面价值
D. 内在价值即理论价值,也即股票未来收益的现值
58. 在西方货币政策传导机制理论中,托宾 Q 理论的传导机制基本思路是(　　)。
A. 企业的市场价值小于重置成本
B. 企业的市场价值大于重置成本
C. 此时企业很容易以相对较高的价格来发行较少的股票
D. 此时企业很难以相对较高的价格来发行较少的股票

59. 中国证券业协会是根据(　　)的有关规定设立的证券业自律性组织。

A.《中华人民共和国证券法》 B.《社会团体登记管理条例》

C.《中华人民共和国公司法》 D.《公司登记管理条例》

60. 中国外汇交易中心暨全国银行间同业拆借中心在(　　)等方面发挥了重要作用。

A. 保持人民币汇率稳定 B. 传导央行货币政策

C. 服务金融机构 D. 监管市场运行

61. 期权的买方具有在约定期限内按协定价格卖出一定数量基础金融工具的权利,这被称为(　　)。

A. 看涨期权 B. 认购期权 C. 看跌期权 D. 认沽期权

62. 下列属于1981年后我国发行的普通国债品种的有(　　)。

A. 记账式国债 B. 储蓄国债(凭证式)

C. 储蓄国债(电子式) D. 联名国债

63. 目前,我国证券投资者保护基金的资金运用限于(　　)等形式。

A. 购买股票 B. 银行存款

C. 购买国债 D. 购买中央银行债券

64. 操作风险分为(　　)所引发的4类风险。

A. 人员 B. 系统 C. 流程 D. 外部事件

65. 企业的组织形式有(　　)。

A. 合资制 B. 独资制 C. 合伙制 D. 公司制

66. 投资咨询机构及其从业人员从事证券服务业务时(　　)。

A. 不得代理委托人从事证券投资

B. 不得与委托人约定分享证券投资收益

C. 不得与委托人约定分担证券投资损失

D. 不得买卖本咨询机构正在提供服务的上市公司股票

67. 网上委托的上网终端包括(　　)等设备。

A. 普通电话 B. 电子计算机 C. 手机 D. 传真机

68. 全国性社会保障基金属于国家控制的财政收入,主要用于支付(　　),是社会福利网的最后一道防线。

A. 退休金 B. 救灾款 C. 失业救济 D. 市政建设

69. 公司在发行不动产抵押公司债券时通常用作抵押的有(　　)。

A. 有价证券 B. 艺术品 C. 房屋 D. 土地

70. 场外交易市场的特征包括(　　)。

A. 挂牌标准相对较低 B. 信息披露要求较低

C. 监管较为宽松 D. 交易制度通常采用做市商制度

71. 基金收益项目中,不属于其他收入的项目有(　　)。

A. 权证行权损益 B. ETF替代损益

C. 公允价值变动损益 D. 手续费返还

72. 证券公司为期货公司介绍客户时,应当(　　)。

A. 向客户明示其与期货公司的介绍业务委托关系

B. 向客户解释期货交易的方式、流程及风险

C. 向客户做获利保证、共担风险等承诺

D. 不得向客户虚假宣传、误导客户

73. 以下属于选择性货币政策工具的有(　　)。

A. 消费信用控制　　B. 证券市场信用控制

C. 不动产信用控制　　D. 公开市场业务

74. 根据金融学对企业价值的定义,作为未来现金流贴现值之和的价值受(　　)因素影响。

A. 每期的现金流　　B. 贴现率

C. 收益率　　D. 期限

75. 下列各项经济活动中,属于直接融资的有(　　)。

A. A 商业银行通过发行 CDS 筹集了 2000 万元资金

B. B 商业银行向 C 商业银行出售了价值 1000 万元的贷款

C. D 公司以支付租金的方式从 H 租赁公司处获得了价值 300 万元设备的使用权

D. 美国政府通过发行国库券筹集了 200 亿美元资金

76. 在我国,按投资主体的不同性质,将股票分为(　　)。

A. 国家股　　B. 法人股　　C. 社会公众股　　D. 外资股

77. 私募基金的特点包括(　　)。

A. 不能进行公开发售和宣传推广

B. 投资金额较高,风险较大

C. 监管机构不限制私募基金投资者的资格和人数

D. 在基金运作和信息披露方面所受的限制和约束较少

78. 证券经纪商要根据证券交易所的交易规则,对客户的证件和委托单在(　　)方面进行审查。

A. 合法性　　B. 真实性　　C. 可靠性　　D. 同一性

79. 报价系统的核心功能包括(　　)。

A. 私募产品发行　　B. 所有产品的报价

C. 信息服务　　D. 登记结算

80. 影响上市公司未来收益、引起股票内在价值变化的因素包括(　　)。

A. 经济形势的变化　　B. 宏观经济政策的调整

C. 清算方式的变化　　D. 公司产品供求关系的变化

三、判断题(共 30 题,每小题 1 分,共 30 分)正确的选 A,错误的选 B。不选、错选均不得分。

81. 在我国,储蓄国债(凭证式)由具备储蓄国债(凭证式)承销团资格的机构承销。这种资格一般由财政部、中国人民银行和中国证监会每年确定。(　　)

A. 正确　　B. 错误

82. 我国在买入证券时可采用零数委托。(　　)

A. 正确　　B. 错误

83. 记名股票发行时一般留有存根联,它在形式上分为两部分:一部分是股票的主体,记载了公司的有关事项,如公司名称、股票所代表的股数等;另一部分是股息票,用于进行股息结算和行使增资权利。(　　)

A. 正确　　B. 错误

84. 直接融资也称直接金融,主要包括股票市场融资、债券市场融资、风险投资融资、商业信用融资、银行信用融资等。最典型的直接融资就是证券市场融资。(　　)

A. 正确　　B. 错误

85. 区域性股权交易市场是为特定区域内的企业提供股权、债权的转让和融资服务的私募市场,是我国多层次资本市场的建设中必不可少的重要组成部分。(　　)

A. 正确　　B. 错误

86. 期货合约具备对冲机制,履约回旋余地较大,实物交割比例极低,交易价格不受最小价格变动单位限定和日交易振幅规定。(　　)

A. 正确　　B. 错误

87. 现代证券交易所的计算机运行系统通常包括交易系统、结算系统、信息系统和监察系统四个部分。(　　)

A. 正确　　B. 错误

88. 党的十九大提出加强和改进中央银行宏观调控职能,健全维持经济增长政策和货币政策双支柱调控框架。(　　)

A. 正确　　B. 错误

89. 融资融券业务是指证券公司指向客户出借资金供其买入证券或者出借证券供其卖出,并收取担保物的经营活动。(　　)

A. 正确　　B. 错误

90. 垂直领导全国证券监管机构,对证券期货市场实行集中统一监管的是中国证监会。(　　)

A. 正确　　B. 错误

91. 证券公司将自有资金投资于依法公开发行的国债、投资级公司债、货币市场基金、央行票据等,且投资规模合计不超过净资本 90% 的,无须取得证券自营业务资格。(　　)

A. 正确　　B. 错误

92. 风险是结果的确定性,是未来损失的可能性。(　　)

A. 正确　　B. 错误

93. 金融市场是经济运行状态的晴雨表,繁荣的金融市场往往对应着实体经济的兴旺发达,而金融市场的萧条通常也意味着真实经济部门的不景气。这体现了金融市场能够反映经济状态。(　　)

A. 正确　　B. 错误

94. 私募证券投资基金主要投资于二级市场的股票、债券、期货等上市交易品种。(　　)

A. 正确　　B. 错误

95. 根据《北京证券交易所交易规则(试行)》,在北京证券交易所交易的股票实行价格涨跌幅限制,涨跌幅限制比例为 20%。(　　)

A. 正确　　B. 错误

96. 国债几乎没有风险,可以看成是无违约风险的债券。一般地,把某种有风险的债券与无风险的国债之间的利率差额称为“风险补偿”或“风险溢价”。(　　)

A. 正确　　B. 错误

97. 对国际开发机构人民币债券的发行规模及所筹资金用途进行审核的机构是财政部和国家外汇管理局。(　　)

A. 正确　　B. 错误

98. 国际保险监督官协会(IAIS)1994 年在德国成立,它的宗旨是制定保险监管原则与标准,提高成员国监管水平。(　　)

A. 正确　　B. 错误

99. 金融市场的首要功能是价格发现功能。(　　)

A. 正确　　B. 错误

100. 折现率越大,债券价值越大。(　　)

A. 正确　　B. 错误

101. 维权服务主要包括证券特别代表人诉讼、支持诉讼、股东诉讼。(　　)
A. 正确　　B. 错误

102. 信息报送制度应当自每一个会计年度结束之日起 3 个月内,向中国证监会报送年度报告,自每月结束之日起 7 个工作日内,报送月度报告。(　　)
A. 正确　　B. 错误

103. 同一投资人开立的两个账户之间的托管债券的转移是债券托管。(　　)
A. 正确　　B. 错误

104. 法定存款准备金越高,则银行吸收的存款用于贷款的数额就越少,货币供应量也会越少,反之则越多。(　　)
A. 正确　　B. 错误

105. 金融租赁公司、汽车金融公司和消费金融公司发行金融债券,应具备以下条件包括最近 5 年没有重大违法、违规行为。(　　)
A. 正确　　B. 错误

106. 在债券报价中,全价报价的优点是把利息累积因素从债券价格中剔除,能更好地反映债券价格的波动程度。(　　)
A. 正确　　B. 错误

107. 融资融券交易又称证券信用交易或保证金交易,是指投资者向具有融资融券业务资格的证券公司提供担保物,借入资金买入证券(融资交易)或者借入证券并卖出(融券交易)的行为。(　　)
A. 正确　　B. 错误

108. 地方政府债券是地方政府根据本地区经济发展、社会保障、资金需求及财政预算,以承担还本付息责任为前提,向社会筹集资金的债务凭证。(　　)
A. 正确　　B. 错误

109. 首次公开发行股票采用询价方式的,公开发行股票后总股本在 4 亿股(含)以下的,网下初始发行比例不低于本次公开发行股票数量的 60%。(　　)
A. 正确　　B. 错误

110. 银行间外汇市场分为竞价和询价两种交易方式,其中占据主导地位的是询价交易。(　　)
A. 正确　　B. 错误

四、综合题(共 10 题,每小题 1 分,共 10 分)以下备选项中有一项或多项符合题目要求,不选、错选均不得分。

已知某商业银行的相关数据如下:法定准备金比率为 0.1,现金为 2800 亿元,存款 8000 亿元,超额准备金 400 亿元。

根据以上信息,回答下列三题。

111. 下列关于存款准备金制度的说法中,正确的是(　　)。
A. 法定存款准备金率是以法律的形式确定的
B. 超额存款准备金率是中央银行控制货币供应量的最重要手段之一
C. 存款准备金制度是银行创造信用货币的基本前提条件
D. 即使银行实行零准备金制度,在理论上也不可能无限扩大货币供应量

112. 通过以上数据,计算出货币乘数为(　　)。
A. 10　　B. 4　　C. 0.1　　D. 2.7

113. 通过以上数据,计算出基础货币为(　　)亿元。
A. 4000　　B. 10800　　C. 12000　　D. 9200

金融中介机构有狭义和广义之分。狭义的金融机构一般是指在金融活动中,处于信用关系中借贷双方之间的中介,一般指商业银行。广义的金融中介机构则泛指参与或服务于金融市场活动而获取收益的各类组织合并机构。

根据以上信息,回答下列三题。

114. 按照业务特征及货币创造、交换媒介和支付手段的能力可将金融中介机构划分为(　　)。

A. 融资类金融中介机构和投资类金融中介机构

B. 商业性金融机构和政策性金融中介机构

C. 银行金融中介机构和非银行金融中介机构

D. 保障类金融中介机构和服务类金融中介机构

115. 下列关于各类金融中介机构业务的说法,正确的有(　　)。

A. 证券公司的主要业务包括证券经纪业务、证券投资咨询业务、证券承销与保荐业务、证券自营业务、融资融券业务等

B. 机动车商业保险和责任保险均属于财产保险公司的基础类业务

C. 健康保险、变额年金、意外伤害保险均属于人身保险公司的基础类业务

D. 银行承兑汇票和保函均属于商业银行的担保承诺类业务

116. 我国金融中介体系包括(　　)。

A. 银行机构体系　　B. 房地产中介体系

C. 保险中介体系　　D. 投资中介体系

甲的好友乙在一家私募基金管理公司从事投资管理工作,甲通过乙的微信朋友圈得知乙公司正在推介一款自己管理的基金产品,且乙已经以自有资金购买了100万元该基金产品。甲打电话询问乙,得知单个投资人最少投资额需要100万元,但甲手头只有60万元。乙建议甲找其他人一起凑齐100万元进行联合投资,后来甲找到同事丙和丁,丙只有15万元,丁只有10万元。甲将凑齐的85万元转账给了乙,乙自己出资65万元,以自己的名义购买。

根据以上信息,回答下列两题。

117. 私募基金的特点包括(　　)。

A. 不能进行公开发售和宣传推广

B. 投资金额较高,风险较大

C. 监管机构不限制私募基金投资者的资格和人数

D. 在基金运作和信息披露方面所受的限制和约束较少

118. 在以上案例中符合购买该基金产品条件的人员是(　　)。

A. 甲　　B. 丁　　C. 丙　　D. 乙

近年来,我国金融衍生产品发展迅速,金融衍生产品,是与基础金融产品相对应的一个概念,一般指建立在基础产品或基础变量之上,其价格取决于基础金融产品价格变动的派生金融产品。

根据以上信息,回答下列两题。

119. 从基础工具分类角度,金融衍生工具可以分为(　　)等。

A. 信用衍生工具　　B. 股权类产品的衍生工具

C. 货币衍生工具　　D. 利率衍生工具

120. 下列不属于金融衍生工具基本特征的有(　　)。

A. 杠杆性　　B. 联动性　　C. 同期性　　D. 确定性

机考题库·真题试卷参考答案及解析

机考题库·真题试卷(三)

答题卡

便捷速查答案及详细解析，难题典型题有视频讲解

考生用微信扫描右侧二维码，可以按题号迅速查解析，难题、典型题配视频讲解

一、单选题

1. B 【解析】证券发行市场又称一级市场或初级市场,是发行人以筹集资金为目的,按照一定的法律规定和发行程序,向投资者出售新证券所形成的市场。
2. B 【解析】金融债券是由银行和其他金融机构经特别批准而发行的债券。金融债券包括政策性金融债券、商业银行债券、特种金融债券、非银行金融机构债券、证券公司债券、证券公司短期融资券等。政策性金融债券的发行人是政策性金融机构。商业银行债券的发行人是商业银行。特种金融债券是指经中国人民银行批准,由部分金融机构发行的,所筹集的资金专门用于偿还不规范证券回购债务的有价证券。非银行金融机构债券由非银行金融机构发行。证券公司债券和证券公司短期融资券由证券公司发行。
3. C 【解析】在调查操纵证券市场、内幕交易等重大证券违法行为时,经国务院证券监督管理机构主要负责人批准,可以限制被调查事件当事人的证券买卖,但限制的期限不得超过3个月;案情复杂的,可以延长3个月。
4. C 【解析】按照基金的投资目标划分,证券投资基金可分为成长型基金、收入型基金、平衡型基金。
5. C 【解析】与其他风险管理策略相比,风险控制策略最突出的特征是控制措施的目的是降低风险本身,即降低损失发生的可能性或者严重程度,而不是将风险转嫁给外部或从外部获得补偿。
6. A 【解析】韦莱保险经纪公司是我国首家获准扩大经营范围的外资保险经纪机构。
7. D 【解析】对股份公司而言,发行优先股票的作用在于可以筹集长期稳定的公司股本,又因其股息率固定,可以减轻利润的分派负担。
8. A 【解析】上海证券交易所编制的成分指数包括上证180指数、上证50指数、上证380指数、上证综指、上证100指数、上证150指数等。
9. D 【解析】《银行间债券市场非金融企业短期融资券业务指引》规定,非金融企业发行短期融资券所募集的资金应用于企业生产经营活动,并在发行文件中应明确披露具体资金用途。
10. D 【解析】非国债承销团成员通过分销获得的国债债权额度,在分销期内不得转让。选项D说法错误。
11. B 【解析】根据投资人持有期限不同分段设置申购费,持有期低于3年的投资人,不得免收其后端申购费用。
12. C 【解析】联动性是指金融衍生工具的价值与基础产品或基础变量紧密联系、规则变动。通常,金融衍生工具与基础变量相联系的支付特征由衍生工具合约规定,其联动关系既可以是简单的线性关系,也可以表达为非线性函数或者分段函数。
13. A 【解析】对于开放式基金,每个交易日估值,并于次日公告基金份额净值。
14. A 【解析】目前,我国已经形成了多层次的金融中介机构体系,拥有以中央银行(中国人民银行)为主导、国有商业银行为主体,包括股份制商业银行、城市商业银行、农村商业银行、跨国银行、农村信用社在内的多层次银行机构体系。
15. A 【解析】沪股通的股票范围是上海证券交易所上证180指数、上证380指数的成分股,以及A+H股上市公司的上海证券交易所上市A股。
16. A 【解析】根据《中华人民共和国证券投资基金法》的规定,下列事项应当通过召开基金份额持有人大会审议决定:①提前终止基金合同;②基金扩募或者延长基金合同期限;③转换基金运作方式;④提高基金管理人、基金托管人的报酬标准;⑤更换基金管理人、基金托管人;⑥基金合同约定的其他事项。
17. B 【解析】证券市场融资是一种直接融资。
18. C 【解析】特定目的机构是以资产证券化为目的而特别组建的独立法律主体,是连接发起人和投资者之间的中介机构,是资产支持证券的真正发行人,可采用信托、公司、有限合伙的形式。选项

C说法错误。

19. B 【解析】经全国股份转让系统公司同意，挂牌股票可以转换转让方式。挂牌股票采取协议转让方式的，全国股份转让系统公司同时提供集合竞价转让安排；挂牌股票采取做市转让方式的，须有2家以上从事做市业务的主办券商为其提供做市报价服务。

20. B 【解析】基金份额持有人即基金投资者，是基金的出资人、基金资产的所有者和基金投资回报的受益人。

21. B 【解析】ETF是英文"Exchange Traded Funds"的简称，常被译为交易所交易基金，上海证券交易所则将其定名为交易型开放式指数基金。

22. A 【解析】为了便于掌握发行进度，承担储蓄国债(凭证式)发行任务的各个系统一般每月要汇总本系统内的累计发行数据，上报财政部及中国人民银行。

23. B 【解析】中国证券业协会的职责之一是对会员之间发生的证券业务纠纷进行调解。

24. D 【解析】证券法律业务是指律师事务所接受当事人委托，为其证券发行、上市和交易等证券业务活动提供的制作、出具法律意见书等文件的法律服务。

25. B 【解析】1602年，荷兰成立了世界上第一个证券交易所——阿姆斯特丹证券交易所。

26. C 【解析】证券公司借入或发行次级债务应符合以下条件：①借入或募集资金有合理用途；②次级债应以现金或中国证监会认可的其他形式借入或融入；③借入或发行次级债数额应符合以下规定：长期次级债计入净资本的数额不得超过净资本(不含长期次级债累计计入净资本的数额)的50%；净资本与负债的比例、净资产与负债的比例等各项风险控制指标不触及预警标准；④募集说明书内容或次级债务合同条款符合证券公司监管规定。

27. A 【解析】《首次公开发行股票并在创业板上市管理办法》规定，中国证监会依法对发行人申请文件的合法合规性进行审核，依法核准发行人的首次公开发行股票申请，并对发行人股票发行进行监督管理。

28. C 【解析】投资者在开放式基金的基金合同生效后，申请购买基金份额的行为通常被称为基金的申购。

29. C 【解析】货币政策是政府重要的宏观经济政策，中央银行通常采用存款准备金制度、再贴现政策、公开市场业务等货币政策手段调控货币供应量，从而实现发展经济、稳定货币等政策目标。选项A、选项B、选项D是财政政策手段。

30. C 【解析】净申购金额＝申购金额÷(1＋申购费率)＝10000÷(1＋1.5%)≈9852.22(元)；申购份额＝净申购金额÷申购当日基金份额净值＝9852.22÷1.05≈9383.07(份)。

31. A 【解析】《慈善组织保值增值投资活动管理暂行办法》规定，自2019年1月1日起慈善组织开展投资活动应采用下列方式：①直接购买银行、信托、证券、基金、期货、保险资产管理机构、金融资产投资公司等金融机构发行的资产管理产品；②通过发起设立、并购、参股等方式直接进行股权投资；③将财产委托给受金融监督管理部门监管的机构进行投资。此外，《慈善组织保值增值投资活动管理暂行办法》还规定，慈善组织的财产不得直接买卖股票；不得直接购买商品及金融衍生品类产品；不得投资人身保险产品；不得以投资名义向个人、企业提供借款等。

32. C 【解析】投资者向经纪商下达买进或卖出证券的指令，称为委托。

33. A 【解析】企业自由现金流是指企业在保持正常运营的情况下，可以向所有出资人(股东和债权人)进行自由分配的现金流。

34. A 【解析】双重选择权是可转换公司债券最主要的金融特征。

35. D 【解析】金融衍生工具产生的最根本原因是避险。

36. B 【解析】可转换公司债券是指发行人依照法定程序发行、在一定期限内依据约定的条件可以转换成股份的公司债券，通常转化为普通股票。

37. A 【解析】开放式基金的赎回是指基金份额持有人要求基金管理人购回其所持有的开放式基金份额的行为。

38. D 【解析】证券公司IB业务的业务范围：①协助办理开户手续；②提供期货行情信息、交易设施；③中国证监会规定的其他服务。证券公司不得代理客户进行期货交易、结算或者交割，不得代期货公司、客户收付期货保证金，不得利用证券资金账户为客户存取、划转期货保证金。

39. B 【解析】短期融资券是指企业依照《短期融资券管理办法》规定的条件和程序在银行间债券市场发行和交易，约定在一定期限内还本付息，最长期限不超过365天的有价证券。

40. D 【解析】个人投资者须同时符合下列条件，上海证券交易所才为其开通风险警示债券买入权限：①名下各类证券账户、资金账户、资产管理账户中金融资产价值合计不低于500万元人民币。②签署风险警示债券风险揭示书。

二、多选题

41. AD 【解析】国际间接投资也就是国际证券投资，是指国际证券市场上发行和交易中长期有价证券所形成的国际资本流动。这些有价证券包括优先股股票、普通股股票、政府债券、企业债券以及一些国际组织发行的债券等。故选项A、选项D符合题意。选项B、选项C属于国际直接投资。

42. ACD 【解析】《证券期货投资者适当性管理办

法》第二十二条规定，禁止经营机构进行下列销售产品或者提供服务的活动：①向不符合准入要求的投资者销售产品或者提供服务；②向投资者就不确定事项提供确定性的判断，或者告知投资者有可能使其误认为具有确定性的意见；③向普通投资者主动推介风险等级高于其风险承受能力的产品或者服务；④向普通投资者主动推介不符合其投资目标的产品或者服务；⑤向风险承受能力最低类别的投资者销售或者提供风险等级高于其风险承受能力的产品或者服务；⑥其他违背适当性要求，损害投资者合法权益的行为。

43. BCD 【解析】中国证监会基金监管的主要职责：①制定有关证券投资基金活动监督管理的规章、规则，并行使审批、核准或者注册权；②办理基金备案；③对基金管理人、基金托管人及其他机构从事证券投资基金活动进行监督管理，对违法行为进行查处，并予以公告；④制定基金从业人员的资格标准和行为准则，并监督实施；⑤监督检查基金信息的披露情况；⑥指导和监督基金业协会的活动；⑦法律、行政法规规定的其他职责。第 A 项属于基金业协会的职责。

44. ABC 【解析】资产证券化最基本的功能是提高资产的流动性，选项 A、选项 B、选项 C 符合题意。

45. ABCD 【解析】一般而言，基金投资管理的流程包括以下环节：①研究部门提供研究报告；②投资决策委员会决定基金总体投资计划；③基金经理拟订投资组合具体方案；④交易部依据基金经理的投资指令执行交易。

46. ABD 【解析】作为发起人的企业法人或具有法人资格的事业单位和社会团体在认购股份时，可以用货币出资，也可以用其他形式的资产，如实物、工业产权、非专利技术、土地使用权等作价出资。但对其他形式资产必须进行评估作价，核实财产，不得高估或者低估作价。选项 A、选项 B、选项 D 正确。

47. ABCD 【解析】股票作为证明股东所持有公司股份的凭证，具有收益性、风险性、流动性、永久性和参与性的特征。

48. ABCD 【解析】特殊类型的基金包括 ETF、LOF、避险策略基金、分级基金、QDII 基金、FOF、伞形基金和养老目标基金等。

49. ABCD 【解析】金融期货交易与金融现货交易相比，在交易对象、交易目的、交易价格的含义、交易方式和结算方式等方面上均不同。

50. ABCD 【解析】中小非金融企业发行集合票据应制定偿债保障措施，并在发行文件中披露，包括信用增进措施、资金偿付安排以及其他偿债保障措施。还应披露集合票据债项评级、各企业主体信用评级以及专业信用增进机构（若有）主体信用评级。

51. ABC 【解析】政府债券的特征：①安全性高；②流通性强；③收益稳定；④免税待遇。

52. AB 【解析】国际开发机构申请在中国境内发行人民币债券，所募集资金应用于向中国境内的建设项目提供中长期固定资产贷款或提供股本资金，投资项目符合中国国家产业政策、利用外资政策和固定资产投资管理规定。

53. ABD 【解析】影响股票投资价值的外部因素包括宏观经济因素、行业因素和市场因素。

54. ABC 【解析】证监会依法统一监管证券期货经营机构、证券投资基金管理公司、证券登记清算公司、期货清算机构、证券期货投资咨询机构、证券资信评级机构。

55. ABCD 【解析】QDII 不得投资的金融产品或工具包括购买不动产；购买房地产抵押按揭；购买贵重金属或代表贵重金属的凭证；购买实物商品；除应付赎回、交易清算等临时用途以外，借入现金，该临时用途借入现金的比例不得超过基金、集合计划资产净值的10%；利用融资购买证券，但投资金融衍生产品除外；参与未持有基础资产的卖空交易；从事证券承销业务；中国证监会禁止的其他行为。

56. ACD 【解析】债券是直接投资工具，选项 B 说法错误。

57. BD 【解析】场外市场包括私募基金市场、区域性股权交易市场、券商柜台市场和机构间私募产品报价与服务系统。

58. AC 【解析】商业银行金融债券是指依法在中华人民共和国境内设立的商业银行在全国银行间债券市场发行的、按约定还本付息的有价证券。主要包括金融债券、次级债券和资本补充债券。其中次级债券是指由商业银行发行的、本金和利息的清偿顺序列于商业银行其他负债之后、先于商业银行股权资本的债券。选项 A、选项 C 表述正确。

59. CD 【解析】债券买卖交易中有公开报价、对话报价、双边报价和小额报价 4 种报价方式，前两者属于询价交易方式的范畴，后两者可通过点击确认、单向撮合的方式成交。

60. AC 【解析】股票价值是指股票能在未来给持有者带来的预期收益，而股票的未来股息收入和未来资本利得收入是股票的主要预期收入，也是股票价值的主要构成。

61. ABC 【解析】我国的上海证券交易所和深圳证券交易所均采用会员制组织形式，是非营利性的事业法人，设会员大会、理事会、总经理和监事会。其中，会员大会为证券交易所的最高权力机构，理事会为证券交易所的决策机构。选项 A、选项 C 错误，选项 D 正确；《中华人民共和国证券法》规定，设立证券交易所必须制定章程，证券交易所章程的制定和修改，必须经国务院证券监督管理机构批准。选项 B 说法错误。

62. ACD 【解析】2004年5月,经国务院批准,中国证监会批复同意深圳证券交易所在主板市场内设立中小企业板块市场。设立中小企业板块的宗旨是为主业突出、具有成长性和科技含量的中小企业提供直接融资平台,是我国多层次资本市场体系建设的一项重要内容。

63. AB 【解析】货币乘数也称货币扩张系数或货币扩张乘数,指在基础货币和货币供给之间的倍数关系。货币乘数的计算公式:$m=1/r=(c+1)/(c+r+e)$,其中:m为货币乘数,r为法定准备金率,c为提现率,e为超额准备金率。由此可得,选项A、选项B说法正确;法定存款准备金率越高货币乘数越小,选项C说法错误;提现率也影响货币乘数,选项D说法错误。

64. ABC 【解析】证券登记结算公司的职能:①证券账户、结算账户的设立;②证券的存管和过户;③证券持有人名册登记;④证券交易的清算和交收;⑤受发行人委托派发证券权益;⑥办理与上述业务有关的查询、信息服务;⑦国务院证券监督管理机构批准的其他业务。

65. ABCD 【解析】非公开发行股票,也称定向增发,是股份公司向特定对象发行股票的增资方式。特定对象包括公司控股股东、实际控制人及其控制的企业;与公司业务有关的企业、往来银行;证券投资基金、证券公司等金融机构;公司董事、员工等。

66. ACD 【解析】《上海证券交易所科创板股票上市规则》规定了科创板以市值为核心的5套上市指标,具体包括:①预计市值不低于人民币10亿元,最近2年净利润均为正且累计净利润不低于人民币5000万元,或者预计市值不低于人民币10亿元,最近1年净利润为正且营业收入不低于人民币1亿元;②预计市值不低于人民币15亿元,最近1年营业收入不低于人民币2亿元,且最近3年研发投入合计占最近3年营业收入的比例不低于15%;③预计市值不低于人民币20亿元,最近1年营业收入不低于人民币3亿元,且最近3年经营活动产生的现金流量净额累计不低于人民币1亿元;④预计市值不低于人民币30亿元,且最近1年营业收入不低于人民币3亿元;⑤预计市值不低于人民币40亿元,主要业务或产品须经国家有关部门批准,市场空间大,目前已取得阶段性成果。医药行业企业须至少有一项核心产品获准开展二期临床试验,其他符合科创板定位的企业须具备明显的技术优势并满足相应条件。选项B说法错误。

67. CD 【解析】期货合约的结算通过专门的结算公司,这是独立于买卖双方的第三方,投资者无须对对方负责,不存在信用风险,而只有价格变动的风险,选项C说法错误;期货合约具备对冲机制、履约回旋余地较大,实物交割比例极低,交易价格受最小价格变动单位限定和日交易振幅限定,选项D说法错误。

68. ABD 【解析】RMBS以住房抵押贷款为基础资产,选项C说法错误。

69. ABD 【解析】选项A为资产支持证券;选项B为担保债务凭证;选项C为信用违约互换;选项D为基于房地产抵押贷款的证券化产品。

70. ABCD 【解析】根据《证券、期货投资咨询管理暂行办法》的规定,证券、期货投资咨询机构及其投资咨询人员,不得从事下列活动:①代理投资人从事证券、期货买卖;②向投资人承诺证券、期货投资收益;③与投资人约定分享投资收益或者分担投资损失;④为自己买卖股票及具有股票性质、功能的证券以及期货;⑤利用咨询服务与他人合谋操纵市场或者进行内幕交易;⑥法律、法规、规章所禁止的其他证券、期货欺诈行为。

71. ABD 【解析】我国的记账式国债是从1994年开始发行的一个上市券种。它是由财政部面向全社会各类投资者、通过无纸化方式发行的、以电子记账方式记录债权并可以上市和流通转让的债券。

72. BD 【解析】报价驱动是一种连续交易商市场,或称做市商市场。在这一市场中,证券交易的买价和卖价都由做市商给出,做市商将根据市场的买卖力量和自身情况进行证券的双向报价。

73. ACD 【解析】金融期货交易双方的权利与义务对称,即对任何一方而言,都既有要求对方履约的权利,又有自己对对方履约的义务,选项A正确,选项B错误;金融期货交易双方均需开立保证金账户,并按规定缴纳违约保证金,选项C正确;金融期货交易双方都必须保有一定的流动性较高的资产,以备不时之需,选项D正确。

74. AD 【解析】根据《上海证券交易所科创板股票上市规则》,发行人申请在上交所科创板上市,应当符合下列条件:发行后股本总额不低于人民币3000万元;首次公开发行的股份达到公司股份总数的25%以上,公司股本总额超过人民币4亿元的,首次公开发行股份的比例为10%以上。

75. ABC 【解析】附认股权证的公司债券是公司发行的一种附有认购该公司股票权利的债券。此债券的购买者可以按照预先规定的条件在公司发行股票时享有优先购买权。按照附认股权和债券本身能否分开可划分为可分离型和非分离型。选项A、选项B、选项C正确。

76. ABCD 【解析】目前,我国的基金主要投资于国内依法公开发行上市的股票、非公开发行的股票、国债、企业债券和金融债券、公司债券、货币市场工具、资产支持证券、权证等。

77. ABCD 【解析】非公开募集基金不得向合格投资者之外的单位和自然人募集资金,不得使用报刊、电台、电视台、互联网等公众传播媒体形式或者讲座、报告会、分析会等方式向不特定对象宣传推介。

78. AC 【解析】由于有政府信用背书，正常情况下利率债的信用风险很小，但不一定对于信用违约绝对“免疫”，也可能出现本息兑付延期乃至实质性违约的情况，选项A说法错误；信用债券与政府债券相比最显著的差异就是存在信用风险，所以信用债券比国债有着更高的收益，某些情况下收益率甚至高达百分之几十，选项C说法错误。

79. ABD 【解析】《证券期货投资者适当性管理办法》要求对投资者进行分类评估和分类管理，为经营机构提供差异化服务奠定了基础，选项C说法错误。

80. ABC 【解析】证券投资者保护基金公司的职责：①筹集、管理和运作基金；②监测证券公司风险，参与证券公司风险处置工作；③证券公司被撤销、关闭和破产或被中国证监会实施行政接管、托管经营等强制性监管措施时，按照国家有关政策规定对债权人予以偿付；④组织、参与被撤销、关闭或破产证券公司的清算工作；⑤管理和处分受偿资产，维护基金权益；⑥发现证券公司经营管理中出现可能危及投资者利益和证券市场安全的重大风险时，向中国证监会提出监管、处置建议；⑦对证券公司运营中存在的风险隐患会同有关部门建立纠正机制；⑧国务院批准的其他职责。选项A、选项B、选项C正确。

三、判断题

81. B 【解析】国际证监会组织（IOSCO）成立于1983年，包括正式会员、联系会员和附属会员。

82. B 【解析】特别国债是为了特定的政策目标而发行的、具有明确用途的国债，具有专款专用、用途灵活、不列入财政赤字、即收即支的特点。我国共发过三次特别国债，第三次为2020年抗疫特别国债。

83. B 【解析】股东会作出决议，应当经出席会议的股东所持表决权过半数通过。

84. B 【解析】中国证券业协会监事长、副监事长、监事任期4年，可连选连任。

85. B 【解析】结构化金融衍生产品按发行方式分类，可分为公开募集的结构化产品和私募结构化产品，前者通常可以在交易所交易。

86. B 【解析】中国人民银行从2003年起开始发行央行票据，期限从3个月到3年不等，主要用于对冲金融体系中过多的流动性。

87. B 【解析】上海证券交易所于1990年12月19日正式营业；深圳证券交易所于1991年7月3日正式营业。

88. A 【解析】当基金投资于交易活跃的证券时，对其资产进行估值较为容易，直接采用市场交易价格就可以对基金资产估值。

89. B 【解析】会员大会制定证券业协会的章程后，需要报中国证监会备案。

90. A 【解析】股票分割与合并：股票分割又称拆股、拆细，是将1股股票均等地拆成若干股。股票合并又称并股，是将若干股票合并为1股。从理论上说，股票分割或合并后股价会以相同的比例向下或向上调整，但股东所持股票的市值不发生变化。

91. B 【解析】货币市场工具包括银行存款、可转让存单、银行承兑汇票、银行票据、商业票据、回购协议、短期政府债券等。

92. B 【解析】投资者对证券市场发展趋势的心理预期对股票价格走势会产生重要的影响。尤其是散户投资者的跟风心里往往会对股市产生助涨或助跌的作用。

93. B 【解析】以2020年底流通股市值口径衡量中国股票市场的投资者持股结构，各类投资者按持股比重大小排序为：一般法人、个人投资者、机构投资者、外资。故本题表述错误。

94. B 【解析】私募证券投资基金收益来源基本为资本利得和分红；而私募股权基金的收益来源根据退出方式的不同而有所差异，但相较私募证券投资基金，私募股权基金通常收益更高，但风险更大。

95. A 【解析】国家财政发行的国库券和国家银行发行的金融债券，由于有政府的保证，因此不参加债券信用评级。

96. A 【解析】我国混合资本债券的清偿顺序位于股权资本之前但列在一般债务和次级债务之后。

97. A 【解析】我国《上市公司证券发行管理办法》规定，可转换债券的期限最短为1年，最长为6年，自发行结束之日起6个月后方可转换为公司股票。

98. A 【解析】科创板制度规则体系可以总结为“1+2+6+N”，其中“2”指的是中国证监会发布的《科创板首次公开发行股票注册管理办法（试行）》和《科创板上市公司持续监管办法（试行）》。

99. A 【解析】《中华人民共和国期货和衍生品法》，于2022年8月1日起施行。

100. B 【解析】国际债券是指一国借款人在国际证券市场上以外国货币为面值、向外国投资者发行的债券。

101. B 【解析】国有股股利收入由国有资产管理部门监督收缴，依法纳入国有资产经营预算，并根据国家有关规定安排使用国家股股权可以转让但转让应符合国家的有关规定。

102. A 【解析】持股行权是指投服中心持有沪深交易所每家上市公司一手（100股）股票，行使质询、建议、表决、诉讼等股东权利，通过发挥示范作用，引领中小投资者主动行权、依法维权，规范上市公司治理。

103. A 【解析】证券公司对子公司的风险管理主要包括子公司风险管理负责人任免、风险限额管理、日常风险监测、风险报告、子公司重大事项审核或审批、风险考核等。

104. A 【解析】《证券账户管理规则》规定,一个自然人、法人可以开立不同类别和用途的证券账户。

105. B 【解析】经济形势的变化、宏观经济政策的调整、供求关系的变化等都会影响上市公司未来的收益,引起内在价值的变化。

106. A 【解析】基金管理人、基金托管人既是基金的当事人,又是基金的主要服务机构。

107. A 【解析】基金份额持有人即基金投资者,是基金的出资人、基金资产的所有者和基金投资收益的受益人,基金份额持有人是基金一切活动的中心。

108. A 【解析】《期货和衍生品法》在立法上的特点包括以期货为主,兼顾其他衍生品;以场内为主,兼顾场外;以境内为主,兼顾境外;以标准化产品为主,兼顾非标产品。

109. B 【解析】金融债券发行后,信用评级机构应每年对该金融债券进行跟踪信用评级。

110. B 【解析】投资咨询机构、财务顾问机构、资信评级机构从事证券服务业务的人员必须具备证券专业知识与从事证券业务或者证券服务业务2年以上的经验。

四、综合题

111. ABD 【解析】重点推荐六大领域的科技创新企业包括:一是新一代信息技术领域,主要包括半导体和集成电路、电子信息、下一代信息网络、人工智能、大数据、云计算、新兴软件、互联网、物联网和智能硬件等,选项A、选项B、选项D表述正确;二是高端装备领域,主要包括智能制造、航空航天、先进轨道交通、海洋工程装备及相关技术服务等,选项C表述错误;三是新材料领域;四是新能源领域;五是节能环保领域;六是生物医药领域。

112. C 【解析】科创板股票竞价交易实行价格涨跌幅限制,涨跌幅比例为20%。

113. BCD 【解析】】根据《上海证券交易所科创板股票交易特别规定》规定,投资者通过以下方式参与科创板股票交易:①竞价交易;②盘后固定价格交易;③大宗交易。

114. AD 【解析】面粉供应商不履约是指信用风险,而面粉价格波动则是市场风险。选项A、选项D说法正确。

115. ABCD 【解析】解析信用风险分析中,对信用风险的描述和量化以违约为中心,主要包括违约概率、违约损失率、违约风险暴露,预期损失和非预期损失。

116. AB 【解析】常见的风险对冲手段是套期保值,选项A正确。风险对冲对管理市场风险非常有效,与风险分散策略不同,风险对冲可以管理系统性风险和非系统性风险,还可以根据投资者的风险承受能力和偏好,通过对冲比率的调节,将风险降低到预期水平,选项B正确。为了防范和化解系统性风险,人们需要借助于金融衍生工具进行风险对冲,选项C错误。风险对冲,是指通过投资或购买与标的资产收益波动负相关的某种资产或衍生产品,来冲销标的资产潜在损失的一种策略性选择。风险转移,是指投资者通过购买某种金融产品或采取某些合法的手段将风险转移给愿意和有能力承接的主体。选项D错误。

117. A 【解析】股票内在价值 $=1.89/(0.11-0.05)=31.5$(元)。市场价格(40元) > 内在价值(31.5元),股票被高估,投资者应出售该股票,故选项A正确。

118. D 【解析】根据不变增长模型,该公司股票的内部收益率为:$k^* = [1.8\times(1+0.05)/40+0.05]\times 100\% = 9.73\%$。

119. D 【解析】二级市场是已发行金融资产的流通市场,金融资产的持有者可以在这个市场中将持有的证券出售,以达到变现的目的。选项D正确。

120. AD 【解析】该债券折现率高于债券利率,债券的价值低于面值,是折价发行。该债券每年末付息一次,到期后还本,是到期一次还本付息债券。选项A、选项D正确。

机考题库·真题试卷(四)

便捷速查答案及详细解析,难题典型题有视频讲解

考生用微信扫描右侧二维码,可以按题号迅速查解析,难题、典型题配视频讲解

一、单选题

1. C 【解析】港股通交易以港币报价,投资者以人民币交收。

2. D 【解析】中国证券业协会依据行业规范发展的需要,推动会员信息化建设和信息安全保障能力的提高,经政府有关部门批准,开展行业科学技术奖励,组织制定行业技术标准和指引。

3. D 【解析】当股份公司因解散或破产进行清算时,

在对公司剩余资产的分配上，优先股股东排在债权人之后、普通股股东之前。也就是说，优先股股东可优先于普通股股东分配公司的剩余资产，但一般是按优先股的面值清偿。

4. C 【解析】限价委托是指证券可以客户预期的价格或更有利的价格成交，有利于客户实现预期投资计划的委托方式。

5. D 【解析】按金融资产到期期限，金融市场划分为货币市场和资本市场。

6. A 【解析】《保险公司次级定期债务管理暂行办法》规定，保险公司次级债务的偿还只有在确保偿还次级债本息后偿付能力充足率不低于100%的前提下，募集人才能偿付本息；并且募集人在无法按时支付利息或偿还本金时，债权人无权向法院申请对募集人实施破产清偿。

7. D 【解析】当基金投资标的为交易活跃的证券时，对其资产进行估值较为容易。

8. A 【解析】期货交易是指交易双方在集中的交易所市场以公开竞价方式所进行的标准化期货合约的交易。其基本特点：①不进行实物交收，而是在合约到期前进行反向交易、平仓了结；②交易双方对各自的情况并不了解。

9. C 【解析】选项C属于政府部门。

10. A 【解析】国家股可以转让，但是需要按照国家的有关规定。

11. C 【解析】上市开放式基金的特点：①可以是指数型基金，也可以是主动型基金；②申购和赎回均以现金进行，且没有规模和场所限制，可以在交易所或者代销网点进行申购和赎回。选项C说法错误。

12. A 【解析】严格监管、信息透明的特点要求各国（地区）的基金监管机构都对证券投资基金实行严格监管，并强制基金进行信息披露，符合题意。

13. A 【解析】理事会会议至少每季度召开一次，选项A说法错误。

14. B 【解析】在各类债券中，政府债券的信用等级是最高的，通常被称为金边债券。

15. D 【解析】从20世纪80年代发展至今，我国多层次股票市场体系初步形成，分为场内交易市场和场外交易市场。其中，场内交易市场包括主板（含中小板）、科创板、创业板（俗称二板）和全国中小企业股份转让系统（俗称新三板）。

16. D 【解析】债券利率类型，如浮动利率、固定利率均会影响债券的价值。

17. A 【解析】社保基金分为社会保障基金和社会保险基金，用人单位和劳动者缴纳的社会保险费属于社会保险基金。经国务院批准以其他方式筹集的资金及投资收益形成的资金、中央财政拨入资金、国有股减持和股权划拨资产都属于社会保障基金。

18. B 【解析】在向投资者推介私募基金之前，募集机构应对投资者风险识别能力和风险承担能力进行评估。投资者的评估结果有效期最长不得超过3年。

19. D 【解析】股票具有以下性质：①股票是有价证券；②股票是要式证券；③股票是证权证券；④股票是资本证券；⑤股票是综合权利证券，即股票既不属于物权证券，也不属于债权证券。

20. C 【解析】合格境内机构投资者是指符合《合格境内机构投资者境外证券投资管理试行办法》规定，经中国证监会在中华人民共和国境内募集资金，运用所募集资金以资产组合方式进行境外证券投资管理的境内基金管理公司和证券公司等证券经营机构。

21. D 【解析】在不采用信用交易的情况下，投资者必须用自己账户上的资金买入证券，或者卖出自己账户上实际存在的证券。

22. B 【解析】通过限价申报买卖科创板股票的，单笔申报数量应当不小于200股，且不超过10万股；通过市价申报买卖的单笔申报数量应当不小于200股，且不超过5万股。卖出时，余额不足200股的部分，应当一次性申报卖出。

23. D 【解析】储蓄国债（凭证式）是一种不可上市流通的储蓄型债券，由具备储蓄国债（凭证式）承销团资格的机构承销。财政部和中国人民银行一般每年确定一次凭证式国债承销团资格，各类商业银行、邮政储蓄银行均有资格申请加入凭证式国债承销团。承销机构通过开具储蓄国债（凭证式）收款凭证的方式进行发售。各经办单位对在发行期内已缴款但未售完及购买者提前兑取的储蓄国债（凭证式），仍可在原额度内继续发售，继续发售的储蓄国债（凭证式）仍按面值售出。财政部一般委托中国人民银行分配承销，采取“随买随卖”、利率按实际持有天数分档计付的交易方式。选项D说法正确。

24. A 【解析】根据《国债跨市场转托管业务操作指引》，国债发行期结束后可以进行转托管；到期或付息日前6个工作日暂停转入业务，到期或付息日前7个工作日暂停转出业务；付息日后的第1个工作日恢复转托管。

25. C 【解析】赋予公司老股东优先认股权的目的主要有2个：①能保证普通股股东在股份公司中保持原有的持股比例；②能保护原普通股股东的利益和持股价值。

26. B 【解析】货币市场是指以期限为1年以内（含1年）的金融资产为交易标的物的短期资金融通市场。主要包括商业票据市场、回购协议市场、大额可转让定期存单市场、短期国库券市场、银行间同业拆借市场和银行承兑汇票市场。选项B属于资本市场。

27. A 【解析】风险本身是一个中性概念，但是，多数理性的投资者厌恶风险，如果要引导投资者投资风险较高的股票,就必须提供更高的预期收益,这就是“高风险、高收益”的含义。选项A说法错误。

28. D 【解析】证券、期货投资咨询人员申请取得证券、期货投资咨询从业资格,必须具备的条件之一是具有大学本科以上学历。

29. A 【解析】9:15~9:25是上海证券交易所科创板开盘竞价阶段。

30. D 【解析】交易所交易的衍生工具是指在有组织的交易所上市交易的衍生工具。例如,在股票交易所交易的股票期权产品,在期货交易所和专门的期权交易所交易的各类期货合约、期权合约等。

31. C 【解析】证券公司设立集合资产管理计划的投资人数不得少于2人,不得超过200人。

32. C 【解析】证券机构应该建立健全风险报告体系,定期对公司所面临的风险状况进行检测,编制风险报告,确保各类风险信息顺畅和及时地在公司内部传递。

33. C 【解析】股票的特征有收益性、风险性、流动性、永久性和参与性。

34. B 【解析】按照《合格境外机构投资者境内证券投资管理办法》,合格境外机构投资者在经批准的投资额度内,可以投资于中国证监会批准的人民币金融工具,具体包括在证券交易所挂牌交易的股票、在证券交易所挂牌交易的债券、证券投资基金、在证券交易所挂牌交易的权证以及中国证监会允许的其他金融工具。

35. C 【解析】保证公司债券是公司发行的由第三者作为还本付息担保人的债券,是担保证券的一种。

36. C 【解析】长期国债的偿还期一般为10年以上。

37. B 【解析】运行独立是指中小企业板块的交易由独立于主板市场交易系统的第二交易系统承担;监察独立是指深圳证券交易所建立独立的监察系统实施对中小企业板块的实施监控,该系统针对中小企业板块的交易特点和风险特征设置独立的监控指标和报警阈值;代码独立是指将中小企业板块股票作为一个整体,使用与主板市场不同的股票编码;指数独立是指中小企业板块在上市股票达到一定数量后,发布该板块独立的指数。

38. B 【解析】金融债券可在全国银行间债券市场公开发行或定向发行,可以采取一次足额发行或限额内分期发行的方式。商业银行发行金融债券没有强制担保要求。

39. C 【解析】在委托未成交之前,客户变更或撤销委托,在采用证券经纪商场内交易员进行申报的情况下,证券经纪商营业部业务员须即刻通知场内交易员,经场内交易员操作确认后,立即将执行结果告知客户。

40. B 【解析】在各类债券中,政府债券的信用度最高,风险最小,收益比较稳定。

二、多选题

41. AB 【解析】转融通业务是指证券金融公司将自有或者依法筹集的资金和证券出借给证券公司,以供其办理融资融券业务的经营活动。

42. ABCD 【解析】压力测试的原则:①全面性原则;②实践性原则;③审慎性原则;④前瞻性原则。

43. CD 【解析】期货合约的结算通过专门的结算公司,这是独立于买卖双方的第三方,投资者无须对对方负责,不存在信用风险,而只有价格变动的风险,选项C说法错误;期货合约具备对冲机制、履约回旋余地较大,实物交割比例极低,交易价格受最小价格变动单位限定和日交易振幅限定,选项D说法错误。

44. ABCD 【解析】基金募集是指基金管理公司根据相关规定向国务院证券监督管理机构,即中国证监会提交募集申请文件、发售基金份额、募集基金的行为。其步骤包括申请、注册、发售、基金合同生效。

45. ABC 【解析】债券利息的支付方式主要有3种:息票方式、折扣利息和本息合一。

46. ABCD 【解析】非公开发行股票,又称为定向增发,是股份公司向特定对象发行股票的增资方式。特定对象包括:①公司控股股东、实际控制人及其控制的企业;②与公司业务有关的企业、往来银行;③证券投资基金、证券公司、信托投资公司等金融机构;④公司董事、员工等。

47. ABC 【解析】参与证券投资的金融机构包括证券经营机构、银行业金融机构、保险经营机构以及其他金融机构等。我国证券经营机构主要为证券公司。

48. ABCD 【解析】体现风险的本质和内在特性的概念包括不确定性、损失、波动性(即对期望的偏离)和危险。

49. BC 【解析】记名股票是指在股票票面和股份公司的股东名册上记载股东姓名的股票。

50. ABCD 【解析】证券经纪商在收到客户委托后,应对委托人身份、委托内容、委托卖出的实际证券数量及委托买入的实际资金余额进行审查。

51. ACD 【解析】目前,进行证券投资分析所采用的分析方法主要有3大类:基本分析法、技术分析法、量化分析法。

52. ACD 【解析】金融衍生工具的价格取决于基础金融产品价格(或数值)变动的派生金融产品,故选项B说法错误。选项A、选项C、选项D说法正确。

53. ABC 【解析】不同的投资者对风险的态度各不相同,理论上可分为风险偏好型、风险中立型和风险规避型三种。

54. AD 【解析】选项B全额包销,是指由承销商先全额购买发行人该次发行的证券,再向投资者发售,由承销商承担全部风险的承销方式。选项C证券包销方式中,在承销期结束后,未售完的证券由承销商全部购入。

55. ABD 【解析】与普通股票相比较，属于优先股票的特点有收益相对稳定、股息分派优先、清偿顺序优先、权利范围小，一般无表决权。选项A、选项B、选项D正确。

56. ABD 【解析】根据《证券公司监督管理条例》的规定，证券公司从事证券经纪业务，可以委托证券公司以外的人员作为证券经纪人，代理其进行客户招揽、客户服务及产品销售等活动。

57. ABD 【解析】股票的清算价值是公司清算时每一股份所代表的实际价值。从理论上说，股票的清算价值应与账面价值一致，但公司清算时，其资产往往只能折价出售，再加上必要且数目颇高的清算费用，绝大多数公司的实际清算价值是低于其账面价值的。选项C表述错误。

58. BC 【解析】托宾Q理论的传导机制可以表示为货币供应量↑→股价↑→托宾Q↑→投资↑→总产出↑。当Q值大于1时，企业的市场价值将会大于重置成本，此时企业很容易以相对较高的价格来发行较少的股票，并买到较多的新投资品，这会导致投资增加，最终会提高社会总需求和总产品。

59. AB 【解析】中国证券业协会是依据《中华人民共和国证券法》和《社会团体登记管理条例》的有关规定设立的证券业自律性组织。

60. ABCD 【解析】中国外汇交易中心暨全国银行间同业拆借中心以电子交易和声讯经纪等多种方式，为银行间外汇市场、人民币拆借市场、债券市场和票据市场，提供交易、清算、信息和监管等服务，在保证人民币汇率稳定、传导央行货币政策、服务金融机构和监管市场运行等方面发挥了重要的作用。

61. CD 【解析】看跌期权也称认沽期权，指期权的买方具有在约定期限内按行权价格（也称敲定价格或执行价格）卖出一定数量基础金融工具的权利。选项C、选项D正确。

62. ABC 【解析】1981年后，我国发行的普通国债有记账式国债、储蓄国债（凭证式）和储蓄国债（电子式）。

63. BCD 【解析】保护基金的资金运用限于银行存款、购买国债、购买中央银行债券（包括中央银行票据）和中央级金融机构发行的金融债券以及国务院批准的其他资金运用形式。选项B、选项C、选项D均正确。

64. ABCD 【解析】操作风险是指由不完善或有问题的人员、信息科技系统、内部流程以及外部事件造成损失的风险。

65. BCD 【解析】企业的组织形式可分为独资制、合伙制和公司制。

66. ABCD 【解析】《中华人民共和国证券法》第一百六十一条规定，投资咨询机构及其从业人员从事证券服务业务不得有下列行为：①代理委托人从事证券投资；②与委托人约定分享证券投资收益或者分担证券投资损失；③买卖本证券投资咨询机构提供服务的证券；④法律、行政法规禁止的其他行为。

67. BC 【解析】网上委托是指证券公司通过基于互联网或移动通信网络的网上证券交易系统，向客户提供用于下达证券交易指令、获取成交结果的一种服务方式，包括需下载软件的客户端委托和无须下载软件、直接利用证券公司网站的页面客户端委托。网上委托的上网终端包括电子计算机、手机等设备。

68. AC 【解析】全国性社会保障基金属于国家控制的财政收入，主要用于支付失业救济和退休金，是社会福利网的最后一道防线，对资金的安全性和流动性要求非常高。

69. CD 【解析】不动产抵押公司债券是以公司的不动产（如房屋、土地、设备等）作抵押而发行的债券，是抵押证券的一种。

70. ABCD 【解析】场外交易市场的特征：①挂牌标准相对较低，通常不对企业规模和盈利情况等作要求；②信息披露要求较低，监管较为宽松；③交易制度通常采用做市商制度。

71. AC 【解析】基金其他收入是指除利息收入和投资收益以外的其他各项收入，包括赎回费扣除基本手续费后的余额、手续费返还、ETF替代损益，以及基金管理人等机构为弥补基金财产损失而支付给基金的赔偿款项等。选项A、选项C不属于其他收入。

72. ABD 【解析】证券公司为期货公司介绍客户时，应当向客户明示其与期货公司的介绍业务委托关系，解释期货交易的方式、流程及风险，不得做获利保证、共担风险等承诺，不得向客户虚假宣传、误导客户。

73. ABC 【解析】选择性货币政策工具包括消费信用控制、证券市场信用控制、不动产信用控制、直接信用控制和间接信用控制。

74. ABD 【解析】根据金融学对企业价值的定义，作为未来现金流贴现值之和的价值受3个因素影响：每期的现金流、贴现率与期限。

75. ABD 【解析】常见的直接融资方式有股票市场融资、债券市场融资、风险投资融资、商业信用融资、民间借贷等。发行CDS、国库券、出售贷款都属于直接融资，而选项C中，D公司和H租赁公司没有直接形成债权债务关系，属于间接融资。

76. ABCD 【解析】在我国，按投资主体的不同性质，可将股票划分为国家股、法人股、社会公众股和外资股几种不同的类型。

77. ABD 【解析】私募基金投资者的资格和人数常常受到严格的限制，选项C说法错误。选项A、选项B、选项D为私募基金的特点。

78. AD 【解析】证券经纪商要根据证券交易所的交易规则，对客户的证件和委托单在合法性和同一性方面进行审查。

79. ACD 【解析】报价系统以私募市场、机构间市场、互联互通市场、互联网市场为基础定位，以为参与人提供私募产品报价发行、转让及互联互通、登记结算、信息服务等为核心功能，以私募产品发行转让市场、私募股权发行转让市场、场外衍生品市场、大宗商品市场为主体架构，是多层次资本市场基础金融设施之一。选项B说法错误。

80. ABD 【解析】经济形势的变化、宏观经济政策的调整、供求关系的变化等都会影响上市公司未来的收益，引起股票内在价值的变化。

三、判断题

81. B 【解析】在我国，储蓄国债（凭证式）由具备储蓄国债（凭证式）承销团资格的机构承销。这种资格一般由财政部和中国人民银行每年确定。

82. B 【解析】目前，我国只在卖出证券时才有零数委托。

83. B 【解析】无记名股票发行时一般留有存根联，它在形式上分为两部分：一部分是股票的主体，记载了公司的有关事项，如公司名称、股票所代表的股数等；另一部分是股息票，用于进行股息结算和行使增资权利。

84. B 【解析】直接融资也称直接金融，主要包括股票市场融资、债券市场融资、风险投资融资、商业信用融资（如企业间的商品赊销、预付定金、预付货款）、民间借贷等。最典型的直接融资就是证券市场融资。银行信用融资属于间接融资。

85. A 【解析】区域性股权交易市场是为特定区域内的企业提供股权、债权的转让和融资服务的私募市场，是我国多层次资本市场的建设中必不可少的重要组成部分。

86. B 【解析】期货合约具备对冲机制，履约回旋余地较大，实物交割比例极低，交易价格受最小价格变动单位限定和日交易振幅限定。

87. A 【解析】现代证券交易所的计算机运行系统通常包括交易系统、结算系统、信息系统和监察系统四部分。

88. B 【解析】党的十九大提出加强和改进中央银行宏观调控功能，健全货币政策和宏观审慎政策双支出调控框架，深化利率和汇率市场化改革。

89. A 【解析】融资融券业务是指证券公司指向客户出借资金供其买入证券或者出借证券供其卖出，并收取担保物的经营活动。

90. A 【解析】中国证监会垂直领导全国证券监管机构，对证券期货市场实行集中统一监管。管理有关证券公司的领导班子和领导成员，负责有关证券公司监事会的日常管理工作。

91. B 【解析】证券公司将自有资金投资于依法公开发行的国债、投资级公司债、货币市场基金、央行票据等，且投资规模合计不超过净资本80%的，无须取得证券自营业务资格。

92. B 【解析】风险是结果的不确定性，是变化的（经济学中的定义）。风险是未来损失的可能性（传统定义）。

93. A 【解析】金融市场能够反映经济状态，金融市场是经济运行状态的晴雨表，繁荣的金融市场往往对应着实体经济的兴旺发达，而金融市场的萧条通常也意味着真实经济部门的不景气。故本题表述正确。

94. A 【解析】私募证券投资基金主要投资于二级市场的股票、债券、期货等上市交易品种；而私募股权基金主要投资于资非上市公司股权或上市公司非公开交易股权。

95. B 【解析】根据《北京证券交易所交易规则（试行）》，在北京证券交易所交易的股票实行价格涨跌幅限制，涨跌幅限制比例为30%。价格涨跌幅限制以内的申报为有效申报，超过价格涨跌幅限制的申报为无效申报。

96. A 【解析】信用工具的违约风险越大，利率越高；反之，利率越低。国债几乎没有风险，可以看成是无违约风险的债券。一般地，把某种有风险的债券与无风险的国债之间的利率差额称为"风险补偿"或"风险溢价"。

97. B 【解析】国家发改委会同财政部，根据国家产业政策，外资外债情况、宏观经济和国际收支状况，对人民币债券的发行规模及所筹资金用途进行审核。

98. B 【解析】国际保险监督官协会（IAIS）1994年在瑞士成立，它的宗旨是制定保险监管原则与标准，提高成员国监管水平。

99. B 【解析】金融市场的功能主要有：①资金融通功能；②价格发现功能；③提供流动性功能；④风险管理功能；⑤降低搜寻成本和信息成本。其中，资金融通功能是金融市场的首要功能。因为，首先金融市场通过金融资产交易实现货币资金在供给者和需求者之间的转移，促进有形资本形成。在有形资本形成后，才继而产生其他功能。故本题表述错误。

100. B 【解析】折现率越大，债券价值越小（反向）。债券定价的基本原则是：折现率等于债券利率，债券价值就是其面值；如果折现率高于债券利率，债券的价值就低于面值；如果折现率低于债券利率，债券的价值就高于面值。

101. A 【解析】维权服务主要包括证券特别代表人诉讼、支持诉讼、股东诉讼。

102. B 【解析】信息报送制度应当自每一个会计年度结束之日起4个月内，向中国证监会报送年度报告，自每月结束之日起7个工作日内，报送月度报告。

103. B 【解析】债券转托管是指同一投资人持有的

债券从一个托管账户转移到属于该投资人的另一个托管账户。

104. A 【解析】法定存款准备金越高，则银行吸收的存款用于贷款的数额就越少，货币供应量也会越少，反之则越多。

105. B 【解析】金融租赁公司、汽车金融公司和消费金融公司发行金融债券，应具备以下条件：①具有良好的公司治理结构、完善的内部控制体系和健全的风险管理制度；②资本充足率不低于监管部门的最低要求；③最近 3 年连续盈利；④风险监管指标符合审慎监管要求；⑤最近 3 年没有重大违法、违规行为；⑥中国人民银行和原中国银监会要求的其他条件。

106. B 【解析】在债券报价中，全价报价的优点是所见即所得，比较方便。净价报价的优点是把利息累积因素从债券价格中剔除，能更好地反映债券价格的波动程度。

107. A 【解析】融资融券交易又称证券信用交易或保证金交易，是指投资者向具有融资融券业务资格的证券公司提供担保物，借入资金买入证券（融资交易）或借入证券并卖出（融券交易）的行为。

108. B 【解析】地方政府债券是地方政府根据本地区经济发展和资金需求状况，以承担还本付息责任为前提，向社会筹集资金的债务凭证。

109. A 【解析】首次公开发行股票采用询价方式的，公开发行股票后总股本在 4 亿股（含）以下的，网下初始发行比例不低于本次公开发行股票数量的 60%。

110. A 【解析】银行间外汇市场分为竞价和询价两种交易方式，其中占据主导地位的是询价交易。

四、综合题

111. AC 【解析】选项 B，法定存款准备金率是中央银行控制货币供应量的最重要手段之一。选项 D，如果银行实行零准备金制度，则商业银行可以将存款以贷款的形式全额放出，这些贷款会重新回到商业银行称为存款，如此不断循环，在理论上可以无限扩大货币供应量。

112. D 【解析】现金比率 = 2800/8000 = 0.35；超额准备金率 = 400/8000 = 0.05；货币乘数 = (1 + 0.35)/(0.1 + 0.05 + 0.35) = 2.7。故选 D。

113. A 【解析】法定准备金 = 8000 × 0.1 = 800 亿元；准备金 = 800 + 400 = 1200；基础货币 = 流通中现金 + 银行准备金 = 2800 + 1200 = 4000 亿元。

114. C 【解析】按业务特征及货币创造、交换媒介和支付手段的能力划分，可划分为银行金融中介机构和非银行金融中介机构。

115. ABD 【解析】证券公司的主要业务包括证券经纪业务，证券投资咨询业务，与证券交易、证券投资活动有关的财务顾问业务，证券承销与保荐业务，证券自营业务，证券资产管理业务，融资融券业务，证券公司中间介绍业务，私募投资基金业务和另类投资业务等，选项 A 表述正确。财产保险公司的基础类业务包括以下五项：①机动车保险，包括机动车交通事故责任强制保险和机动车商业保险；②企业/家庭财产保险及工程保险（特殊风险保险除外）；③责任保险；④船舶/货运保险；⑤短期健康/意外伤害保险，选项 B 表述正确。人身保险公司扩展类业务包括以下两项：①投资连结型保险；②变额年金。选项 C 表述错误。担保类业务是指商业银行对第三方承担偿还责任的业务，包括但不限于银行承兑汇票、保函、信用证、信用风险仍在银行的销售与购买协议等，选项 D 表述正确。

116. ACD 【解析】目前，我国已经形成了多层次的金融中介机构体系，拥有以中央银行为主导、国有商业银行为主体，包括股份制商业银行、城市商业银行、农村商业银行、跨国银行、农村信用社在内的多层次银行机构体系，选项 A 表述正确；拥有人寿保险公司、财产保险公司、再保险公司以及提供多种多样保险服务的保险中介体系，选项 C 表述正确，拥有以证券公司、期货公司和证券投资基金为主，以各类投资咨询中介、信托机构为辅的多元化投资中介体系，选项 D 表述正确。

117. ABD 【解析】私募基金是向特定合格投资者发售基金份额，募集资金而设立的基金。私募基金不能进行公开发售和宣传推广，只能采取非公开方式发行，选项 A 正确。私募基金的投资金额较高，风险较大，监管机构对投资者的资格和人数会加以限制（并非不限制），选项 B 正确，选项 C 错误。私募基金的投资范围较广，在基金运作和信息披露方面所受的限制和约束较少，选项 D 正确。

118. D 【解析】私募基金合格投资者要求：具备相应风险识别和承担能力，投资于单只私募基金的金额不低于 100 万元且符合：①净资产不低于 1000 万元的单位；②金融资产不低于 300 万元或最近 3 年个人年均收入不低于 50 万元的个人。乙通过自有资金购买了 100 万元该基金产品，故乙作为私募基金管理公司员工，属于合格投资者。甲丙丁的自有资金都低于 100 万元，不属于私募基金合规投资者。故仅乙有资格购买该基金产品。

119. ABCD 【解析】金融衍生工具从基础工具分类角度，可以划分为股权类产品的衍生工具、货币衍生工具、利率衍生工具、信用衍生工具以及其他衍生工具。

120. CD 【解析】根据金融衍生工具的定义可知，金融衍生工具的特征包括跨期性、杠杆性、联动性及不确定性或高风险性性。

证券行业专业人员一般业务水平评价测试

机考题库与高频考点

金融市场基础知识

◆机考题库·真题试卷（五）
◆机考题库·真题试卷（六）
（含参考答案及解析）

《金融市场基础知识》机考题库·真题试卷

机考题库·真题试卷(五)

答题卡

本试卷采用虚拟答题卡技术,自动评分

考生扫描右侧二维码,将答题选项填入虚拟答题卡中,题库系统可自动统计答题得分,生成完整的答案及解析。题库系统根据考生答题数据,自动收集整理错题,记录考生薄弱知识点,方便考生在题库系统中查漏补缺。

一、单选题(共40题,每小题0.5分,共20分)以下备选项中只有一项最符合题目要求,不选、错选均不得分。

1. 从事证券、期货投资咨询业务,必须依法取得(　　)的业务许可,并遵循客观、公正和诚实信用的原则。

A. 中国证监会　　B. 上海证券交易所
C. 深圳证券交易所　　D. 中国金融期货交易所

2. 同一基金管理人管理的全部基金持有一家公司发行的证券,不得超过该证券的(　　)。

A. 5%　　B. 10%　　C. 15%　　D. 20%

3. 企业年金基金财产以投资组合为单位按照公允价值计算应当符合:投资股票等权益类产品以及股票基金、混合基金、投资连结保险产品(股票投资比例高于或者等于30%)的比例,不得高于投资组合企业年金基金财产净值的(　　)。

A. 10%　　B. 20%　　C. 30%　　D. 40%

4. (　　)年,内地和香港地区联合推出"债券通"。

A. 2016　　B. 2017　　C. 2018　　D. 2019

5. 运用金融工程结构化方法,将若干种基础金融商品和金融衍生产品相结合设计出的新型金融产品是(　　)。

A. 组合化金融衍生产品　　B. 证券化金融衍生产品
C. 结构化金融衍生产品　　D. 复合化金融衍生产品

6. 我国开放式基金的存续期为(　　)。

A. 一般无固定期限　　B. 15年至50年
C. 5年　　D. 15年

7. 储蓄国债(凭证式)应由具备储蓄国债(凭证式)承销团资格的机构承销,(　　)和中国人民银行一般每年确定一次储蓄国债(凭证式)承销团资格。

A. 发改委　　B. 中国证监会
C. 财政部　　D. 国家金融监督管理总局

8. 证券业协会的宗旨:遵守国家宪法、法律、法规和经济方针政策,遵守社会道德风尚,坚持中国共产党的领导,在国家对证券业实行(　　)的前提下,进行证券业自律管理。

A. 分层监督管理　　B. 特许监督管理
C. 混业监督管理　　D. 集中统一监督管理

9. 证券金融公司转融通的期限一般不超过(　　)个月。

A. 3　　B. 6　　C. 9　　D. 12

10. 下列关于可转换债券的说法中,错误的是(　　)。

A. 可转换债券在转股以前具备债券的一切特征

B. 目前我国的可转换债券按照发行时证券的性质,可以分为可转换债券和可转换优先股票两种

C. 可转换债券持有人拥有转股选择权,应承担转债利率较低的机会成本

D. 可转换债券是一种附有股权的特殊债券

11. 申购开放式基金时,基金申购价格未知,申购份额通常在(　　)日内确认,确认后的下一个工作日就可以赎回基金份额。

A. T　　B. T+1　　C. T+2　　D. T+3

12. 下列关于权证的说法,错误的是(　　)。

A. 权证具有期权的性质　　B. 权证有交易的价值

C. 权证持有人只有权买入股票　　D. 欧式权证仅可以在到期日当日行权

13. 普通股票是标准的股票,通过发行普通股票所筹集的资金成为股份公司(　　)的基础。

A. 负债　　B. 虚拟资本债

C. 注册资本　　D. 次级资本

14. 下列关于债券估值的说法,错误的是(　　)。

A. 有利于债券发行人的条款会相应降低债券价值

B. 债券估值的基本原理是现金流贴现

C. 债券的贴现率是名义无风险收益率与风险溢价之和

D. 债券的利率类型(浮动利率、固定利率)不会影响债券的价值

15. 在转融通业务中,向证券金融公司借入资金和证券的是(　　)。

A. 证券交易所　　B. 证券登记结算公司

C. 证券公司　　D. 证券市场投资者

16. 根据(　　)规定,证券登记结算机构应当按照规定为投资者开立证券账户。

A.《证券公司监督管理条例》

B.《中华人民共和国证券法》

C.《中华人民共和公司法》

D.《中国证券登记结算有限责任公司证券账户管理规则》

17. 关于委托指令中的数量,下列说法错误的是(　　)。

A. 零数委托指买卖的证券不足交易所规定的 1 个交易单位

B. 我国在买入证券时可采用零数委托

C. 整数委托指委托买卖证券的数量为 1 个交易单位或交易单位的整数倍

D. 可分为整数委托和零数委托

18. 党的十九大提出加强和改进中央银行宏观调控职能,健全(　　)双支柱调控框架。

A. 货币政策和维持物价稳定政策

B. 货币政策和宏观审慎政策

C. 维持经济增长政策和货币政策

D. 维持经济增长政策和维持物价稳定政策

19. 基金管理公司注册资本不得低于人民币(　　)亿元,且必须为实缴货币资本。

A. 1　　B. 2.5　　C. 5　　D. 3

20. (　　)是金融交易和风险管理行为的基本特征。

A. 以风险换收益　　B. 风险收益平衡选择

C. 风险和收益的二元结构　　D. 风险与收益组合

21. 我国的货币市场基金通常的申购费率为(　　)。

A. 0　　B. 0.05%　　C. 0.1%　　D. 0.15%

22. 众多的证券市场投资者保证了证券发行和交易的连续性，也是推动证券市场价格形成和(　　)的根本动力。

A. 参与性　B. 流动性　C. 安全性　D. 收益性

23. 上海证券交易所交易的证券，其托管制度是(　　)。

A. 合法交易、合法持有、合法买卖

B. 证券登记结算中心登记、交易所买卖

C. 自动托管、随处通买、哪买哪卖，转托不限

D. 和指定交易制度联系在一起的

24. 如果可转换公司债券的面额为1000元，规定其转换价格为20元，当前公司股票的市场价格为18元，则转换比例为(　　)。

A. 18　B. 20　C. 50　D. 55.56

25. 下列关于商业银行次级债务的说法，错误的是(　　)。

A. 次级定期债务不得与其他债权相抵销

B. 商业银行次级债券可在全国银行间债券市场公开发行

C. 次级债务是指由银行发行的，固定期限不低于5年，索偿权排在存款和其他负债之前的商业银行长期债务

D. 由次级债务所形成的商业银行附属资本不得超过商业银行核心资本的50%

26. 下列是以不动产作为担保的债券是(　　)。

A. 信用债券　B. 质押债券　C. 抵押债券　D. 保证债券

27. 对于商业银行而言，其自有资金主要构成中不包括(　　)。

A. 储备资金　B. 股本金　C. 长期次级债券　D. 未分配利润

28. 中国证券业协会于(　　)年成立。

A. 1987　B. 1990　C. 1991　D. 1993

29. 交易双方在场外市场上通过协商，按约定价格在未来日期买卖基础金融资产合约称为(　　)。

A. 金融期权　B. 金融互换　C. 金融期货　D. 金融远期合约

30. 我国证券交易所采用的交易方式为(　　)。

A. 专家经纪人制　B. 做市商制　C. 经纪制　D. 自助方式

31. 为具有高成长性的中小企业和高科技企业提供融资服务，又称二板市场的是(　　)。

A. 中小企业板市场　B. 交易所市场

C. 银行间市场　D. 创业板市场

32. 下列时间点中，不能进行科创板连续竞价的是(　　)。

A. 13:20　B. 11:30　C. 9:20　D. 14:50

33. 投资人可通过办理(　　)实现其变更办理基金业务销售渠道的需要。

A. 份额转换　B. 非交易过户

C. 变更管理人业务　D. 转托管业务

34. 金融机构通常采用客户调查问卷、产品风险评估、充分披露等方法，根据客户分级和(　　)匹配原则，避免误导投资者和错误销售。

A. 资产收益　B. 客户风险　C. 资产规模　D. 资产分级

35. 证券公司和基金管理公司等特殊法人机构开立证券账户，由(　　)直接受理。

A. 中国结算公司上海分公司和深圳分公司

B. 证券交易所

C. 证券公司

D. 商业银行

36. QDII基金份额净值应当至少(　　)计算并披露一次。

A. 每旬　B. 每周　C. 每月　D. 每个工作日

37. 下列关于股票价格指数期货的表述中,错误的是(　　)。

A. 股票价格指数期货是为适应人们控制股市风险,尤其是系统性风险的需要而产生的

B. 股票价格指数期货的交易单位等于基础指数的数值与交易所规定的每点价值之乘积

C. 股票价格指数期货是以实物结算方式来结束交易的

D. 股票价格指数期货以股票价格指数作为基础变量

38. (　　)制度是一国在货币没有实现完全可自由兑换、资本项目尚未完全开放的情况下,有限度地引进外资、开放资本市场的一项过渡性的制度。

A. ETF　B. LOF　C. QDII　D. QFII

39. 债券现券交易是(　　)。

A. 远期交易,交易双方以债券为交易标的,一方出让资金,另一方出让债券,现券买卖均按全价交易

B. 即期交易,交易双方以债券为交易标的,一方出让资金,另一方出让债券,现券买卖均按全价交易

C. 远期交易,交易双方以债券为交易标的,一方出让资金,另一方出让债券,现券买卖均按净价交易

D. 即期交易,交易双方以债券为交易标的,一方出让资金,另一方出让债券,现券买卖均按净价交易

40. 企业债与公司债在担保要求方面不同,下列说法错误的是(　　)。

A. 公司债券市场大部分是无担保信用债

B. 实践中企业债券相对较多采用了担保的方式

C. 企业债券包括无担保信用债券、资产抵押债券和第三方担保债券

D. 公司债券发行市场包括银行间债券市场和证券交易所市场

二、多选题(共40题,每小题1分,共40分)以下备选项中有两项或两项以上符合题目要求,多选、少选、错选均不得分。

41. 与现货市场投机相比,期货市场投机的特点有(　　)。

A. 期货市场实行T+0清算制度,可以进行日内投机

B. 期货市场实行T+1清算制度,可以进行日内投机

C. 具有更高的风险性

D. 具有较低的风险性

42. 全球金融体系的主要参与者包括(　　)。

A. 金融公司　B. 公共部门

C. 非金融公司　D. 为住户服务的非营利性机构

43. 债券成交的竞价方式包括(　　)。

A. 口头报唱　B. 板牌竞价

C. 电话申报　D. 计算机终端申报竞价

44. 下列关于科创板重点服务的行业领域的说法中,正确的有(　　)。

A. 新一代信息技术领域　B. 新材料领域

C. 节能环保领域　D. 新能源领域

45. 下列关于证券公司次级债的说法中,正确的有(　　)。

A. 证券公司向其他证券公司借入长期次级债务或发行长期次级债券,作为债权人的证券公司在计算自身净资本时应将借出或融出资金全额扣除

B. 证券公司不得向其实际控制的子公司借入或发行次级债

C. 证券公司风险控制指标不符合规定或偿还次级债务后将导致风险控制指标不符合规定标准的,不得偿还到期次级债务本息

D. 证券公司提前偿还长期次级债务后 1 年之内不得再次借入新的长期次级债务,1 年之后新借入的次级债务应先按照提前偿还的长期次级债务剩余到期期限对应的比例计入净资本;在提前偿还的次级债务合同期限届满后,再按规定比例计入净资本

46. 按收益保障性分类,可将结构化金融衍生产品分为(　　)。

A. 本金保障型产品　　B. 非收益保证型产品

C. 保证最高收益型产品　　D. 保证最低收益型产品

47. 目前,我国证券投资基金的基本特征主要有(　　)。

A. 内部运作　　B. 专业管理　　C. 组合投资　　D. 独立托管

48. 开放式基金的特点有(　　)。

A. 没有固定期限

B. 没有发行规模限制

C. 基金份额资产净值每周公布一次

D. 全部资金可用于长期投资

49. 广义的融资融券交易包括(　　)。

A. 融资交易　　B. 融券交易

C. 融通交易　　D. 转融通交易

50. 证券公司申请从事期货投资咨询业务,应当具备的条件有(　　)。

A. 有人民币 100 万元以上的注册资本

B. 有固定的业务场所和与业务相适应的通信及其他信息传递设施

C. 有健全的内部管理制度

D. 近 2 年内未因违法违规经营受到行政、刑事处罚,且不存在因涉嫌重大违法违规正被有权机关调查的情形

51. 简单算术股价指数的计算方法为(　　)。

A. 相对法为首先计算各样本股的个别指数,再加总求出算术平均数

B. 相对法为首先将样本股票基期价格和计算期价格分别加总,再求指数

C. 综合法为首先将样本股票基期价格和计算期价格分别加总,再求指数

D. 综合法为首先计算各样本股的个别指数,再加总求出算术平均数

52. 根据《中华人民共和国证券法》的规定,向不特定对象发行证券聘请承销团承销的,承销团应当由(　　)和(　　)的证券公司组成。

A. 主承销　　B. 第一承销　　C. 参与承销　　D. 代理承销

53. 货币期权也可以称为(　　)。

A. 外币期权　　B. 外汇期权　　C. 本币期权　　D. 资金期权

54. 关于记账式国债,下列说法正确的有(　　)。

A. 记账式国债是一种无纸化国债

B. 记账式国债主要通过银行间债券市场向具备全国银行间债券市场国债承购包销团资格的商业银行、证券公司、保险公司、信托投资公司等机构,以及通过证券交易所的交易系统向具备证券交易所国债承购包销团资格的证券公司、保险公司和信托投资公司及其他投资者发行

C. 对于交易所市场发行国债的分销,承销商可以选择场内挂牌分销或场外分销两种方法

D. 国债承销团成员间不得分销

55. 已办理指定交易的投资者,根据需要可以变更指定交易,但投资者具有下列(　　)情况之一的,交易参与人不得为其申报撤销指定交易。

A. 撤销当日有交易行为的
B. 撤销当日有申报的
C. 新股申购未到期的
D. 因回购或其他事项未了结的

56. 关于不同证券投资收益与风险的差异,下列说法正确的有(　　)。

A. 相较债券,股票价格的波动性较大
B. 相较债券,股票是一种高风险、低收益的投资品种
C. 相较股票,基金是一种风险适中,收益相对稳健的投资品种
D. 相较股票,基金投资于众多金融工具或产品,能分散风险

57. 下列关于风险对冲的说法,正确的有(　　)。

A. 套期保值是常见的风险对冲工具
B. 风险对冲对管理系统性风险和非系统性风险都有效
C. 为了防范和化解非系统性风险,人们需要借助于金融衍生工具进行风险对冲
D. 风险对冲是指投资者通过购买某种金融产品或采取某些合法的手段将风险转嫁给愿意和有能力承接的主体

58. 国家股由(　　)持有。

A. 国务院授权的部门
B. 国务院授权的机构
C. 财政部授权的部门
D. 根据国务院规定,由地方人民政府授权的部门或机构

59. 证券公司受期货公司委托从事中间介绍业务,可以提供的服务包括(　　)。

A. 代期货公司收取期货保证金
B. 协助办理开户手续
C. 代理客户进行期货交易
D. 提供期货行情信息、交易设施

60.《中华人民共和国证券投资基金法》规定,基金份额持有人享有的权利有(　　)。

A. 分享基金财产收益
B. 参与分配清算后的剩余基金财产
C. 按照规定要求召开基金份额持有人大会
D. 在封闭式基金存续期间,可以赎回基金份额

61. 股票分析中,量化分析法的显著特点包括(　　)。

A. 使用大量数据
B. 使用大量模型
C. 使用电脑
D. 以价格判断为基础

62. 关于股票的收益,下列表述正确的有(　　)。

A. 收益性是股票的基本特征之一
B. 认购股票后,持有者即对发行公司享有经济权益,其实现形式是公司派发的股息、红利
C. 资本利得是股票获取收益的主要来源之一
D. 股东取得股份公司的收益多少仅取决于个人所持股票的多少

63. 货币市场基金的投资对象包括(　　)。

A. 现金
B. 剩余期限在 397 天以内(含 397 天)的 AA 级企业债
C. 期限在 1 年以内(含 1 年)的债券回购
D. 期限在 1 年以内(含 1 年)的中央银行票据

64.《中华人民共和国公司法》规定，公司财产在分别支付(　　)，缴纳所欠税款，清偿公司债务后的剩余财产，按照股东持有的股份比例分配给股东。
A. 清算费用　　B. 职工的工资
C. 社会保险费用　　D. 法定补偿金
65. 配股的价格是由(　　)协商确定的。
A. 证券交易所　　B. 发行人
C. 承销的证券公司　　D. 中国证券登记结算有限责任公司
66. 金融期货与金融期权的不同之处包括(　　)。
A. 履约保证不同　　B. 现金流转不同
C. 盈亏特点不同　　D. 交易者权利与义务的对称性不同
67. 下列行为中，可能引发操作风险的有(　　)。
A. 员工操作失误　　B. 系统存在缺陷
C. 物价水平波动　　D. 外部事件的影响
68. 地方政府一般债券的发行主体可以有(　　)。
A. 县级政府　　B. 省政府　　C. 自治区政府　　D. 直辖市政府
69. 买卖价差法常用的价差指标包括(　　)。
A. 买卖价差　　B. 有效价差
C. 实现的价差　　D. 合理价差
70. 中国证券业协会依据《证券法》等相关规定，结合行业发展需要行使其职责，主要有(　　)。
A. 教育和组织会员及其从业人员遵守证券法律、行政法规，组织开展证券行业诚信建设和行业文化建设，督促证券行业履行社会责任
B. 督促会员开展投资者教育和保护活动，维护投资者合法权益
C. 对会员之间、会员与客户之间发生的证券业务纠纷进行调解
D. 对会员及会员间开展与证券非公开发行、交易相关业务活动进行自律管理
71. 目前，我国证券市场上的投资者包括(　　)。
A. 个人投资者　　B. 政府机构投资者
C. 合格境外机构投资者　　D. 金融机构投资者
72. 按照《中华人民共和国证券投资基金法》和其他相关法规的规定，证券投资基金可投资的品种包括(　　)。
A. 公开发行上市的股票　　B. 非公开发行股票
C. 资产支持证券　　D. 金融债券
73. 下列关于证券交易所特征的说法中，正确的有(　　)。
A. 有固定的交易场所和交易时间
B. 交易的对象限于合乎一定标准的上市证券
C. 一般投资者可以直接进行交易所买卖证券
D. 通过公开竞价的方式决定交易价格
74. 对一国经济来说，严重的通货膨胀将影响(　　)。
A. 证券市场走势　　B. 收入和财富的再分配
C. 资源配置效率　　D. 商品相对价格
75. 国际债券在国际市场上发行，其计价货币往往是国际通用货币，一般以(　　)为主。
A. 美元　　B. 英镑　　C. 欧元　　D. 人民币
76. 下列关于利息计算的说法中，正确的有(　　)。
A. 短期债券通常全年天数定为 360 天，半年天数定为 180 天

B. 我国交易所市场对附息债券的计息规定是全年天数统一按365天计算

C. 我国交易所市场对附息债券的计息规定是利息累积天数按实际天数计算,算头不算尾,闰年2月29日不计利息

D. 我国对贴现发行的零息债券按照实际天数计算累计利息,闰年2月29日也计利息

77. 下列关于证券交易所的说法,正确的有(　　)。

A. 自律管理的法人

B. 依法对基金在交易所的投资交易实行监控

C. 依法对基金上市及相关信息披露等活动进行管理

D. 指导和监督中国证券投资基金业协会的活动

78. 关于新中国成立以来金融市场发展中一些事件,下列说法正确的有(　　)。

A. 中国人民银行成立于1948年11月

B. 1979年,我国陆续恢复设立了中国农业银行、中国银行和中国建设银行

C. 1985年,我国全面推行“拨改贷”政策

D. 1999年8月,财政部发行了2700特别国债,用于补充国有商业银行的资本金

79. 资产证券化的有关当事人包括(　　)。

A. 信用增级机构和信用评级机构　　B. 特定目的机构或特定目的受托人

C. 原始权益人　　D. 资金和资产存管机构

80. 从证券投资基金的运作关系来看,基金的主要当事人包括(　　)。

A. 监管机构　　B. 基金投资者

C. 基金管理人　　D. 基金托管人

三、判断题(共30题,每小题1分,共30分)正确的选A,错误的选B。不选、错选均不得分。

81. 商业银行次级债券是指商业银行发行的、本金和利息的清偿顺序列于商业银行其他负债之后、先于商业银行股权资本的债券。(　　)

A. 正确　　B. 错误

82. 风险调整资本收益率是最常用的经风险调整后的评估业务绩效指标的工具,它等于“经风险调整的收益”与净资产的比值。(　　)

A. 正确　　B. 错误

83. 金融市场能够平稳运行的根本保障是具有完备的金融法律和高效的执法效率。(　　)

A. 正确　　B. 错误

84. 影响股票投资价值的外部因素包括宏观经济因素、行业因素和市场因素。(　　)

A. 正确　　B. 错误

85. 股票的收益来源可分为两类:一是来自股份公司的股息和红利,二是来自股票流通中的资本利得(差价收益)。(　　)

A. 正确　　B. 错误

86. 表外业务是指商业银行从事的,按照现行的会计准则不计入资产负债表内,不形成现实资产负债,但能够引起当期损益变动的业务。(　　)

A. 正确　　B. 错误

87. QFII制度是一国(地区)在货币没有实现完全可自由兑换、资本项目尚未完全开放的情况下,有限度地引进外资、开放证券市场的一项过渡性的制度。(　　)

A. 正确　　B. 错误

88. 在认购基金份额时支付的认购费用称为后端收费模式。(　　)

A. 正确　　B. 错误

89. 强行平仓制度是指交易所当日以涨跌停板价格申报的未成交平仓报单，以当日涨跌停板价格与该合约净持仓盈利客户按照持仓比例自动撮合成交。（　　）

A. 正确　　B. 错误

90. 债券种类很多，依据不同的标准会有不同的分类。债券按照发行主体分类，可分为政府债券、金融债券和公司债券；债券按付息方式分类，可分为零息债券、附息债券、息票累积债券；债券按形态分类，可分为公募债券和私募债券。（　　）

A. 正确　　B. 错误

91.《北京证券交易所交易规则（试行）》规定，投资者买入的证券可以通过原买入证券的交易单元委托卖出，也可以向原买入证券的交易单元发出转托管指令，转托管完成后，在转入的交易单元委托卖出。（　　）

A. 正确　　B. 错误

92. 在向投资者推介私募基金之前，募集机构应对投资者风险识别能力和风险承担能力进行评估。投资者的评估结果有效期最长不得超过 1 年。（　　）

A. 正确　　B. 错误

93. 2022 年 4 月 6 日，中国人民银行会同有关部门研究起草了《中华人民共和国金融稳定法（草案征求意见稿）》夯实了我国金融稳定的法律基础。（　　）

A. 正确　　B. 错误

94. 上市公司最近一期末存在持有金额较大的财务性投资的，保荐人应当对上市公司本次募集资金的必要性和合理性审慎发表核查意见。（　　）

A. 正确　　B. 错误

95. 证券金融公司开展转融通业务，应当以自己的名义，在证券登记结算机构分别开立转融通专用证券账户、转融通担保证券账户和转融通证券交收账户；在商业银行开立转融通专用资金账户，在证券登记结算机构分别开立转融通担保资金账户和转融通资金交收账户。（　　）

A. 正确　　B. 错误

96. 证券投资基金在中国台湾地区称为“集合投资基金”。（　　）

A. 正确　　B. 错误

97. 在委托指令中，根据委托时效的限制，可分为当日委托、当周委托、无期限委托、开市委托和收市委托等。（　　）

A. 正确　　B. 错误

98. 一般来说，在政府债券、金融债券、企业债券和公司债券中，信用风险最小的是公司债券。（　　）

A. 正确　　B. 错误

99. 次级定期债务指保险公司为弥补临时性或阶段性资本不足，经批准募集的、期限在 10 年以上（含 10 年），本金和利息的清偿顺序列于保单责任和其他负债之后、先于保险公司股权资本的保险公司债务。（　　）

A. 正确　　B. 错误

100. 在金融期货交易中，绝大多数的期货合约是进行实物交割，通常在到期日之前即已对冲平仓。（　　）

A. 正确　　B. 错误

101. 公开发行的公司债券上市后 15 个工作日内，主承销商应当将专项法律意见、承销总结报告等文件一并报证券交易场所。（　　）

A. 正确　　B. 错误

102. 汇率风险是国际债券的重要风险。（　　）

A. 正确　　B. 错误

103. 国际资金流动指资本跨越国界从一个国家或地区向另一个国家或地区流动,仅包括资金流入。(　　)

A. 正确　　B. 错误

104. 证券交易所实行“公开、公平、公正”原则,并对证券交易加以严格管理。(　　)

A. 正确　　B. 错误

105. 贴现国债是指券面上不附有息票,发行时按某一折扣率,以低于票面金额的价格发行,发行价格与票面金额之间的差额相当于预先支付的利息,到期时按面值偿还本息的国债。(　　)

A. 正确　　B. 错误

106. 短期融资券的期限最长不超过半年,证券公司自主确定每期短期融资券的期限。(　　)

A. 正确　　B. 错误

107. 在调查操纵证券市场、内幕交易等重大证券违法行为时,经国务院证券监督管理机构主要负责人或者其授权的其他负责人批准,可以限制被调查的当事人的证券买卖,但限制的期限不得超过 15 天;案情复杂的,可以延长 15 天。(　　)

A. 正确　　B. 错误

108. 证券公司开展压力测试的流程与方法应当具备针对性和可操作性,与经营管理实践紧密结合,压力测试结果应当在风险管理和经营决策中得到有效应用,这是审慎性原则。(　　)

A. 正确　　B. 错误

109. 股指期货包括以沪深 300 指数、中证 500 指数、上证 50 指数、中证 1000 指数为标的的四个产品。(　　)

A. 正确　　B. 错误

110. 收入政策对金融市场有着直接、主要的影响。(　　)

A. 正确　　B. 错误

四、综合题(共 10 题,每小题 1 分,共 10 分)以下备选项中有一项或多项符合题目要求,不选、错选均不得分。

假设投资者 A 预期 M 公司的股票将上涨,而投资者 B 认为不会上涨。他们达成看涨期权合约,投资者 A 作为买方,投资者 B 作为卖方。期权的有效期 3 个月,协议价格(X)为 20 元/股,期权费(c)为 3 元/股,合约规定股票数量为 100 股,该期权只能在期权到期日执行。

根据以上信息,回答下列三题。

111. 交易者买入看涨期权,是因为其预期基础金融工具的价格在合约期限内将会(　　)。

A. 上涨　　B. 难以判断　　C. 不变　　D. 下跌

112. 只能在期权到期日行权的期权是(　　)。

A. 看涨期权　　B. 美式期权　　C. 欧式期权　　D. 百慕大期权

113. 下列关于金融期权的说法中,错误的有(　　)。

A. 期权交易实际上是一种权利的双方面有偿让渡

B. 期权的买方承担买卖基础工具的义务

C. 期权的卖方可以选择履行合约

D. 期权交易是对选择权的买卖

假定某公司在未来每期支付的每股股息为 8 元,必要收益率为 10%,此时市场该股票价格为 65 元。

根据以上信息,回答下列两题。

114. 该股票的内部收益率为(　　)。

A. 8%　　B. 10%　　C. 12.3%　　D. 不确定

115. 关于零增长模型与内部收益率的说法,正确的是(　　)。

A. 内部收益率就是指使得投资净现值等于零的折现

B. 如果股票的内部收益率 > 必要收益率,则可以考虑购买这种股票

C. 如果股票的内部收益率 > 必要收益率,则说明该股票被高估

D. 在决定优先股的内在价值时零增长模型更有用

某投资者持有面值1000元的可转换债券100张,该债券可按转换比例40转换为A股票,A股票目前二级市场价格为28元每股,该投资者欲把债券转为A股票。

根据以上信息,回答下列三题。

116. 可转换债券的双重选择权是指(　　)。

A. 投资者可自行选择是否修正转股价

B. 转债发行人拥有是否实施赎回条款的选择权

C. 转债发行人可自行选择是否修正利率

D. 投资者可自行选择是否转股

117. 关于可转换债券,下列说法正确的有(　　)。

A. 转换价格是指可转换债券转换为每股优先股份所支付的价格

B. 转换价格是指可转换债券转换为每股普通股份所支付的价格

C. 我国可转换公司债券应半年或1年付息1次

D. 我国的可转换公司债券的期限最短为1年

118. 若该投资者行使转换权可(　　)。

A. 获利7500元　　　　B. 亏损7500元

C. 获利12000元　　　　D. 亏损12000元

某上市公司成立于2015年,并于2018年5月在深交所创业板上市,曾经是A股医疗器械第一股。然而自2019年起,该上市公司陷入经营亏损、债务违约、违规担保、资金占用、虚假陈述等一系列问题,终因连续三年被出具无法表示意见的审计报告等原因,触及了股票终止上市情形,于2022年7月14日被深交所决定终止上市。同时,按照创业板不接受公司股票重新上市申请的规定,该公司退市后不能重新上市。

根据以上信息,回答下列两题。

119. 下列有关退市制度的各项说法中,错误的是(　　)。

A. 深化退市制度改革,形成"有进有出、优胜劣汰"的市场化、常态化退出机制是全面深化资本市场改革的重要安排

B. 深化退市制度改革对进一步优化资源配置、提高上市公司质量、保护投资者合法权益等具有重要意义

C. 股票终止上市情形由证券交易所的业务规则规定

D. 新《证券法》优化了上市公司退市情形的规定,与注册制理念一致,但没有取消对退市的具体要求

120. 上市公司出现下列描述的情形中,属于可以向证券交易所申请主动退市的有(　　)。

A. 上市公司股东会决议主动撤回其股票在证券交易所的交易,并决定不在该交易所交易

B. 上市公司向所有股东发出回购全部股份或部分股份的要约,导致公司股本总额、股权分布等发生变化,不再具备上市条件

C. 上市公司被法院宣告破产

D. 上市公司因新设合并或者吸收合并,不再具有独立主体资格并被注销

机考题库·真题试卷(六)

本试卷采用虚拟答题卡技术，自动评分

考生扫描右侧二维码，将答题选项填入虚拟答题卡中，题库系统可自动统计答题得分，生成完整的答案及解析。题库系统根据考生答题数据，自动收集整理错题，记录考生薄弱知识点，方便考生在题库系统中查漏补缺。

一、单选题(共40题,每小题0.5分,共20分)以下备选项中只有一项最符合题目要求,不选、错选均不得分。

1. 证券发行一般包括证券创设、资金募集和证券交付3个环节。证券无纸化发行初始登记不发行实物证券,而是直接通过证券公司的证券簿记系统进行(　　)。
   A. 资金的募集和证券的登记　　B. 发行初始登记
   C. 证券制作　　D. 证券签章
2. 关于股利政策,下列说法错误的是(　　)。
   A. 股利政策体现了公司的发展战略和经营思路
   B. 股利政策是股份公司稳健经营的重要指标
   C. 股利政策是股份公司资本管理事项中经常要涉及的一个与股票相关的资本管理概念
   D. 稳定可预测的股利政策与股东利益最大化负相关
3. 债券的必要回报率等于(　　)。
   A. 实际无风险收益率与预期通货膨胀率之和
   B. 名义无风险收益率与风险溢价之和
   C. 实际无风险收益率与风险溢价之和
   D. 名义无风险收益率与预期通货膨胀率之和
4. 信息披露要求较低,监管较为宽松是(　　)的特点。
   A. 场内交易市场　　B. 场外交易市场
   C. 证券交易所市场　　D. 集中交易市场
5. 2019年3月6日,某年息5%、面值100元、每半年付息1次的1年期债券,上次付息为2018年12月31日。若按30/180计算,累计利息为(　　)元。
   A. 0.51　　B. 0.88　　C. 0.90　　D. 1.05
6. 按照债券形态分类,无记名国债属于(　　)。
   A. 实物债券　　B. 记账式债券　　C. 凭证式债券　　D. 电子式债券
7. 社会公众股是指社会公众依法以其拥有的财产投入公司时形成的(　　)股份。
   A. 可上市流通　　B. 限制流通　　C. 可在柜台交易　　D. 分散持有
8. 通常,在金融期权交易中,(　　)需要开立保证金账户,并按照规定缴纳保证金。
   A. 期权买卖双方　　B. 期权买卖双方均不
   C. 期权购入者　　D. 期权出售者
9. 债券的回购交易具有(　　)的属性。
   A. 长期融资　　B. 信用交易　　C. 短期融资　　D. 远期交易
10. 下列属于货币衍生工具的是(　　)。
    A. 股票期货　　B. 股票指数期权　　C. 远期外汇合约　　D. 利率互换
11. (　　)对证券账户实施统一管理。
    A. 中国证监会　　B. 中国证券登记结算有限责任公司
    C. 证券公司　　D. 证券交易所
12. 基金一般都按照(　　)的时间间隔对基金资产进行估值。
    A. 固定　　B. 绝对　　C. 相对　　D. 变动

13. 基金份额持有人与托管人之间的关系是(　　)。
A. 委托与受托的关系　　B. 管理与被管理的关系
C. 相互制衡的关系　　D. 监督与被监督的关系
14. 开展(　　)业务的目的是拓宽证券公司融资融券业务资金和证券来源。
A. 股份融资　　B. 定向增发　　C. 转融通　　D. 债券承销
15. 银行间债券市场参与者不包括(　　)。
A. 地方政府　　B. 证券公司　　C. 保险公司　　D. 商业银行
16. 下列关于金融市场运行影响因素的说法中,错误的是(　　)。
A. 全球化及科技发展对金融市场运行有重大意义
B. 市场预期是影响金融市场运行的重要因素
C. 金融监管机构的独立性对金融市场的运行影响较弱
D. 金融市场运行受到经济所处不同周期的影响
17. 可转换公司债券持有人可按事先约定的条件和价格,将所持债券卖给上市公司的行为,称为(　　)。
A. 回售　　B. 回购　　C. 赎回　　D. 赎买
18. 在合格境外机构投资者中,对证券公司的资产规模的要求如下:经营证券业务 5 年以上,净资产不少于 5 亿美元,最近一个会计年度管理的证券资产不少于(　　)亿美元。
A. 5　　B. 20　　C. 50　　D. 70
19. 证券公司申请债券上市时,其实际发行额最低应为(　　)。
A. 5000 万元　　B. 1 亿元　　C. 2 亿元　　D. 3 亿元
20. 下列关于场外交易市场的说法,错误的是(　　)。
A. 在交易场所外进行
B. 挂牌标准相对较低,通常不对企业规模和盈利情况等进行要求
C. 信息披露要求较高,监管较为严格
D. 交易制度通常采用做市商制度
21. 下列关于开立证券账户的说法,错误的是(　　)。
A. 子账户用于记载投资者参与特定交易场所或用于投资特定证券品种的证券持有及变动的具体情况
B. 开立证券账户应坚持真实性原则
C. 开立证券账户应坚持合法性原则
D. 子账户用于汇总记载投资者各个子账户下证券持有及变动的情况
22. 既是基金的当事人,又是基金的主要服务机构的是(　　)。
A. 基金评价机构　　B. 基金托管人
C. 基金投资顾问机构　　D. 基金份额持有人
23. 既可进行股票和债券代理买卖,也可进行股票和债券自营买卖的金融机构是(　　)。
A. 证券经营机构　　B. 银行业金融机构
C. 主权财富基金　　D. 保险经营机构
24. 根据现行证券交易规则,连续竞价时,成交价格确定原则包括(　　)。
A. 卖出申报价格低于即时揭示的最高买入申报价格时,以中间价成交
B. 最高买入申报与最低卖出申报价位相同,不成交
C. 买入申报价格高于即时揭示的最低卖出申报价格时,以中间价成交
D. 最高买入申报与最低卖出申报价位相同,以该价格为成交价
25. 证券投资咨询人员应当具有从事证券业务(　　)以上的经历。
A. 半年　　B. 1 年　　C. 2 年　　D. 3 年
26. 下列属于影响债券期限的主要因素的是(　　)。
A. 借贷资金市场利率水平　　B. 筹资者的资信
C. 债券期限长短　　D. 债券的变现能力

27. 下列不属于我国证券交易所集合竞价成交价确定原则的是(　　)。
A. 低于该价格的卖出申报全部成交的价格
B. 可实现最大成交量的价格
C. 使集合竞价期内的所有委托全部成交的价格
D. 高于该价格的买入申报全部成交的价格

28. 在无纸化发行条件下,权利人只能通过(　　)来实现占有无纸化证券。
A. 证券账户的控制　　B. 实物的控制
C. 资金账户的控制　　D. 公司的控制

29. 上海证券交易所托管制度的特点是(　　)。
A. 投资者的证券托管是自动实现
B. 投资者持有的证券需在自己选定的证券营业部托管
C. 自动托管,随处通买,哪买哪卖,转托不限
D. 托管制度是和指定交易制度联系在一起

30. 目前,我国证券投资基金托管费按(　　)的一定比例逐日计提。
A. 基金发行规模　　B. 基金资产总值
C. 基金资产净值　　D. 基金投资规模

31. 银行间债券市场长期债券信用等级划分为(　　)。
A. 三等九级　　B. 四等六级　　C. 三等六级　　D. 四等九级

32. 就证券市场监管原则看来,证券监管机构的首要任务和宗旨是(　　)。
A. 严格证券市场执法　　B. 保护投资者利益
C. 加强证券市场监管　　D. 维护证券市场稳定

33. 不属于债券买卖交易报价方式的是(　　)。
A. 对话报价　　B. 大额报价　　C. 公开报价　　D. 双边报价

34. 2005 年我国允许符合条件的国际开发机构在国内发行(　　)。
A. 武士债券　　B. 熊猫债券　　C. 扬基债券　　D. 龙债券

35. 关于科创板申报要求,下列说法不正确的是(　　)。
A. 无论通过市价还是限价申报买卖科创板股票的,单笔申报数量均应当不小于 200 股
B. 卖出科创板股票时,余额不足 200 股的部分,应当分次申报卖出
C. 通过市价申报买卖科创板股票的,单笔申报数量应不超过 5 万股
D. 通过限价申报买卖科创板股票的,单笔申报数量应不超过 10 万股

36. 购买者在向出售者支付一定费用后,就获得了能在规定期限内以某一特定价格向出售者买进或卖出一定数量的某种金融工具的权利的是(　　)。
A. 期货　　B. 远期　　C. 期权　　D. 互换

37. 西方某些国家中央银行发行股票,其股东并不享有决定中央银行政策的权利,只能按期收取固定的红利,其股票类似于(　　)。
A. 优先股　　B. 中央银行票据
C. 长期债券　　D. 短期债券

38. 下列关于中国证券业协会的说法,错误的是(　　)。
A. 中国证券业协会采取会员制的组织形式,最高权力机构是由全体会员组成的会员大会
B. 中国证券业协会是行业自律性组织
C. 中国证券业协会是按有关规定设立的非营利性社会团体法人
D. 中国证券业协会章程由会员大会制定,并报中国证监会批准

39. 地方政府债券以(　　)作为还本付息的担保。
A. 地方政府的财政资金　　B. 中央政府向地方政府的拨款
C. 地方政府的税收能力　　D. 地方政府官员的收入

40. 按照狭义的货币政策的界定,我国制定货币政策的部门是(　　)。
A. 中国人民银行　　B. 中国证监会　　C. 财政部　　D. 中国银保监会

二、多选题(共40题,每小题1分,共40分)以下备选项中有两项或两项以上符合题目要求,多选、少选、错选均不得分。

41. 按照《中华人民共和国证券法》的规定,我国证券自律管理机构包括(　　)。
A. 证券交易所
B. 证券业协会
B. 全国中小企业股份转让系统有限责任公司
D. 证券投资者保护基金有限责任公司

42. 公司上市的资格并不是永久的,当不能满足证券上市条件时,证券监管机构可以对股票采取的措施包括(　　)。
A. 实行特别处理　B. 退市风险警示　C. 暂停上市　D. 终止上市

43. 下列关于流通国债和非流通国债的说法中,正确的有(　　)。
A. 流通国债可以自由转让,转让价格取决于市场利率
B. 流通国债的转让一般在证券市场上进行
C. 非流通国债不能自由转让,通常必须记名
D. 非流通国债的发行对象有的是个人,有的是一些特殊的机构

44. 证券公司在向客户融资、融券前,应办理客户征信,了解客户的(　　),并以书面和电子方式予以记载、保存。
A. 身份　B. 财产与收入状况
C. 证券投资经验　D. 风险偏好

45. 证券公司应当按《证券公司融资融券业务管理办法》规定的有关条件和征信的要求制定选择客户的具体标准,一般主要包括(　　)。
A. 从事证券交易时间　B. 账户状态
C. 投资风格及业绩　D. 关联关系

46. 我国的企业债券和公司债券在(　　)等方面有所不同。
A. 发行主体　B. 发行制度和监管机构
C. 担保要求　D. 发行市场

47. 中国证券业协会的机构设置包括(　　)。
A. 会员大会　B. 理事会　C. 监事会　D. 常务理事会

48. 货币政策的传导机制包括(　　)。
A. 利率传导机制　B. 信用传导机制
C. 资产价格传导机制　D. 汇率传导机制

49. 基金份额持有人的基本权利包括(　　)。
A. 对基金收益的享有权　B. 对基金份额的转让权
C. 对基金资产的管理权　D. 在一定程度上对基金经营决策的参与权

50. 关于股票,下列说法正确的有(　　)。
A. 股票是一种有价证券　B. 股票属于物权证券
C. 股票属于债权证券　D. 股票是证权证券

51. 上海证券交易所目前公布的指数包括(　　)等。
A. 上证综合指数　B. 上证50指数　C. 上证180指数　D. 上证380指数

52. 2005年12月,我国金融机构发行了第一期资产支持证券,其基础资产有(　　)。
A. 基础设施收费权　B. 个人住房抵押贷款
C. 信贷资产　D. 租赁资产

53. 下列关于证券自营业务的描述中,正确的有(　　)。
A. 自营业务证券公司自主买卖证券,所以具有确定的收益
B. 证券自营买卖的对象有股票、债券、权证等
C. 证券自营业务有交易的风险性
D. 自营业务是证券公司以盈利为目的、为自己买卖证券,通过买卖价差获利

54. 风险管理具体表现为( )。
A. 金融机构要认真分析和衡量风险
B. 金融机构要主动有意识地承担风险
C. 金融机构要被动无意识地承担风险
D. 金融机构要对风险采取系统和科学的管理措施,以保证最终能够稳妥地获取风险收益

55. 政府债券的举债主体包括( )。
A. 中央政府 B. 地方政府 C. 国有企业 D. 国有金融机构

56. 可以在证券交易所挂牌交易的有( )。
A. ETF B. 债券 C. 封闭式基金 D. LOF

57. 关于基金管理费,下列说法正确的有( )。
A. 基金规模越大,风险越大,管理费率越低
B. 基金管理费率通常与基金规模成反比,与风险成正比
C. 管理费通常从基金资产中扣除
D. 管理费是向投资者另收取的费用

58. 记名股票的特点包括( )。
A. 股东权利归属于记名股东 B. 股东认购时必须一次性缴纳出资
C. 转让相对复杂或受限制 D. 便于挂失,相对安全

59. 从基本性质上理解,债券属于( )。
A. 有价证券 B. 设权证券 C. 虚拟资本 D. 商品证券

60. 下列( )属于经济指标中的先行性指标。
A. 利率水平 B. 国内生产总值 C. 货币供给 D. 消费者预期

61. 中央银行是代表一国政府( )的重要机构。
A. 发行法偿货币 B. 制定和执行货币政策
C. 创造利润 D. 实施金融监管

62. 下列关于有限责任公司股东用于出资的非货币财产的说法中,正确的有( )。
A. 应当是无形资产 B. 可以用货币估价
C. 可以依法转让 D. 不违背相关法律、行政法规规定

63. 下列关于新股网上网下申购的说法,正确的有( )。
A. 机构投资者既可以参加网上申购,也可以参加网下申购,但不得同时参加
B. 网上申购与网下申购同步进行
C. 网下申购和网上申购中签率一般是相同的
D. 网下申购和网上申购投资者在申购时均无须缴付申购资金

64. 关于交易所市场说法错误的是( )。
A. 交易所是有组织的市场 B. 所有的交易所都是公司制
C. 投资者可以直接进行场内交易 D. 交易所可以决定证券的价格

65. 具有股权稀释效应的公司债券有( )。
A. 可转换公司债券 B. 可分离交易的可转换债券
C. 附股权证公司债券 D. 可交换公司债券

66. 美国上市公司股票交易场所主要分为( )。
A. 全国性股票交易所 B. 另类交易系统
C. 经纪商－交易商内部撮合 D. 专业证券市场

67. 风险管理的流程主要包括( )。
A. 风险的识别 B. 风险的衡量
C. 风险的应对 D. 风险的监测、预警与报告

68. 我国金融衍生工具市场分为( )。
A. 银行间市场 B. 银行柜台市场
C. 交易所交易市场 D. 创业板市场

69. 证券服务机构应当对所依据的文件资料内容的(　　)进行核查和验证。
A. 真实性　　B. 准确性　　C. 完整性　　D. 公开性
70.《中华人民共和国证券法》规定,证券公司的注册资本最低限额与证券公司从事的业务种类直接挂钩,可分为(　　)3 个标准。
A. 5 亿元　　B. 5000 万元　　C. 1 亿元　　D. 3000 万元
71. 我国证券登记结算机构为证券交易提供集中(　　)服务。
A. 登记　　B. 存管　　C. 结算　　D. 代理买卖
72. 地方政府债券按资金用途和偿还资金来源不同,通常可以分为(　　)。
A. 一般债券　　B. 特殊债券　　C. 专项债券　　D. 金融债券
73. 金融衍生工具的发展现状包括(　　)。
A. 金融衍生工具以场外交易为主
B. 按基础产品比较,利率衍生品无论在场内还是场外,均是名义金额最大的衍生品种类
C. 按产品形态比较,远期和互换这两类具有对称性收益的衍生产品比收益不对称的期权类产品大得多,但是,在交易所市场上则正好相反
D. 衍生品的市场结构和品种结构发生了较大变化
74. 自《中华人民共和国证券投资基金法》实施以来,我国基金业的发展变化有(　　)。
A. 基金业监管的法律体系日益完善
B. 基金公司业务开始走向多元化,出现了一批规模较大的基金管理公司
C. 基金业市场营销和服务创新有所减少
D. 基金投资者队伍迅速壮大
75. 与国内债券相比,国际债券具有(　　)特点。
A. 存在信用风险　　B. 存在汇率风险
C. 发行规模大　　D. 资金来源广
76. 下列关于主板市场的说法中,正确的有(　　)。
A. 主板市场是独立于中小板市场之外的市场
B. 主板市场对发行人具有高标准要求
C. 主板市场是主要的场外市场
D. 在主板市场上市的企业多为成熟企业
77. 下列关于撤单的说法中,正确的有(　　)。
A. 在委托未成交之前,委托人有权变更委托
B. 对委托人撤销的委托,证券营业部须在次日将冻结的资金或证券解冻
C. 委托成交部分不得撤单
D. 在委托未成交之前,委托人有权撤销委托
78. 在分析和评价风险严重性时,需要考虑(　　)。
A. 风险损失的相对性
B. 单一风险事件和所有风险事件产生的不同类型损失及其对主体的综合影响
C. 综合考量风险发生的时间、持续的时间、发生频率等因素
D. 考虑风险损失的绝对量,同时考虑到主体的风险承受能力
79. 下列属于美国住房抵押贷款种类的有(　　)。
A. 次级贷款　　B. 优级贷款
C. 个人担保贷款　　D. 机构担保贷款
80. 债券按照其券面形态可分为(　　)。
A. 实物债券　　B. 附息债券
C. 凭证式债券　　D. 记账式债券

三、判断题(共 30 题,每小题 1 分,共 30 分)正确的选 A,错误的选 B。不选、错选均不得分。

81. 基金管理人应当在基金份额上市交易的 7 个工作日内,公告上市交易公告书。(　　)
A. 正确　　B. 错误

82. 看涨期权可从市场上以较低的价格买入该项金融工具,再按行权价格卖给期权的卖方,将赚取行权价格与市价的差额;如果判断失误,将放弃行权,损失期权费。(　　)

A. 正确　　B. 错误

83. 财政部代理发行地方政府债券和地方政府自行发债均采用招标方式。(　　)

A. 正确　　B. 错误

84.《上海证券交易所科创板股票上市规则》规定,发行人申请在本所科创板上市,公司股本总额超过人民币4亿元的,首次公开发行股份的比例为15%以上。(　　)

A. 正确　　B. 错误

85. 公司发行可转换债券的主要动因是为了增强证券对投资者的吸引力,能以较低的成本筹集到所需要的资金。(　　)

A. 正确　　B. 错误

86. 增发的目的是按股东的持股比例向原股东募集资金,分散股权,增强股票的流通性,并可避免股份过分集中。(　　)

A. 正确　　B. 错误

87. 影响我国金融市场运行的最重要因素是市场因素。(　　)

A. 正确　　B. 错误

88. 公募基金在运作上具有较大的灵活性,所受到的限制和约束也较少,投资风险较高。(　　)

A. 正确　　B. 错误

89. 金融债券登记、托管和兑付工作主要由中央国债登记结算有限责任公司来完成。(　　)

A. 正确　　B. 错误

90. 有面额股票的票面金额是股票发行价格的最低界限。(　　)

A. 正确　　B. 错误

91. 对于开放式指数基金来说,投资者申购基金份额的,应当拥有对应的足额组合证券及替代现金。投资者赎回基金份额的,应当拥有对应的足额基金份额。(　　)

A. 正确　　B. 错误

92. 股票价格指数期货的交易单位等于基础指数的数值与交易所规定的每点价值之乘积,采用现金结算。(　　)

A. 正确　　B. 错误

93. 证券登记结算机构一般以证券公司各营业部为单位,采用电脑记账方式记载证券公司交给的证券。(　　)

A. 正确　　B. 错误

94. 我国证券投资者保护基金的资金运用限于银行存款、购买国债、购买股票和中央级金融机构发行的金融债券以及国务院批准的其他资金运用形式。(　　)

A. 正确　　B. 错误

95. 中央银行是"银行的银行",即中央银行不以营利为目的,通过国家授权,集中垄断货币发行权,向社会提供经济活动所需要的货币,并保证货币流通的正常运行,维护币值稳定。(　　)

A. 正确　　B. 错误

96. 基金管理人应当自收到核准文件之日起6个月内进行基金份额的发售。基金的募集期限自基金份额发售日开始计算,募集期限不得超过6个月。(　　)

A. 正确　　B. 错误

97. 私募基金运行期间,信息披露义务人应当在每季度结束之日起10个工作日以内向投资者披露基金净值、主要财务指标以及投资组合情况等信息。(　　)

A. 正确　　B. 错误

98. 金融远期合约是指交易双方约定在未来的某一确定的时间,按约定的价格买入或卖出一定数量的某种标的金融资产的合约。(　　)

A. 正确　　B. 错误

99. 商业信用融资是企业之间相互提供的，和商品交易直接相联系的资金融通方式是企业普遍采用的短期融资手段。(　　)
A. 正确　　B. 错误
100. 到期兑付、提前兑付、债券替换、分期兑付和转换为普通股兑付都属于债券兑付方式。(　　)
A. 正确　　B. 错误
101. 2018 年 5 月 26 日，我国首个国际化期货品种原油期货在上海期货交易所子公司上海国际能源交易中心挂牌交易。(　　)
A. 正确　　B. 错误
102. 地方政府债券有财政部代理发行和自行发行两种方式。(　　)
A. 正确　　B. 错误
103. 发行金融债券是金融机构的被动负债，有利于提高金融机构资产负债管理能力，化解金融风险。(　　)
A. 正确　　B. 错误
104. 经济萧条时期，低等级债券与无风险债券之间的收益率差通常比较小。(　　)
A. 正确　　B. 错误
105. 股票发行监管制度的核心内容是股票发行决定权的归属。(　　)
A. 正确　　B. 错误
106. 北京证券交易所是经国务院批准设立的我国第三家公司制证券交易所。(　　)
A. 正确　　B. 错误
107. 当日申购的基金份额，同日可以卖出，但不得赎回。(　　)
A. 正确　　B. 错误
108. 上海证券交易所在《上海证券交易所科创板企业上市推荐指引》中指出，根据科创板定位，保荐机构优先推荐的新一代信息技术领域中的企业不包括从事智能制造的科技创新企业。(　　)
A. 正确　　B. 错误
109. 规范类强制退市，包括公司财务重大报告差错与虚假记录、信息披露、定期报告发布、公司股本总额或股权分布发生变化、依法被强制解散、公司重整、破产和清算等方面触及相关合规性指标等。(　　)
A. 正确　　B. 错误
110. 银行间债券市场中长期债券信用评级，共划分为三等九级，其中 BBB 级表示偿还债务能力一般，受不利经济环境影响较大，违约风险一般。(　　)
A. 正确　　B. 错误

四、综合题(共 10 题，每小题 1 分，共 10 分)以下备选项中有一项或多项符合题目要求，不选、错选均不得分。

A 公司于 2015 年 5 月 6 日由 B 企业、C 企业等 6 家企业作为发起人共同以发起设立方式成立，成立时的股本总额为 8200 万股(每股面值为人民币 1 元)。2018 年 8 月 9 日，A 公司获准发行 5000 万股社会公众股，并于同年 10 月 10 日在证券交易所上市。此次发行完毕后，A 公司的股本总额达到 13200 万股。

根据以上信息，回答下列三题。

111. 股票市场发展初期采用的股票发行方式是(　　)，此时，发行股票的首要条件是取得指标和额度。
A. 核准制　　B. 审批制　　C. 注册制　　D. 配额制
112. 下列关于我国首次公开发行股票发行制度的说法，正确的是(　　)。
A. 股票发行方式(配售制度)不仅直接影响有关参与各方的利益分配，也间接影响到发货行定价
B. 在沪、深证券交易所成立以后新股发行经历了“定价 - 竞价 - 定价”的反复演变过程
C. 发行定价机制，是指关于获准首次公开发行股票资格的上市公司与其承销商在事前确定股票发行价格并出售给投资者的一种制度安排
D. 在沪、深证券交易所成立以前，定价没有制度可循，发行价格大部分由发行人自行定价

113. 关于有面额股票和无面额股票的说法中,正确的有(　　)。

A. 同次发行的有面额股票的每股票面金额是相等的

B. 我国股票发行价格可以按票面金额,也可以超过票面金额或低于票面金额

C. 无面额股票也称为比例股票

D. 无面额股票只注明它在公司总股本中所占的比例

老王的朋友购买基金获得了较好的收益。老王也希望购买基金来赚钱。他在网站上看到某开放式基金正处于募集期,决定投资20万元认购该基金,对应的认购费率为1.5%。老王在募集期间产生了100元的利息。

根据以上信息,回答下列三题。

114. 按(　　)划分,证券投资基金可划分为封闭式基金和开放式基金。

A. 基金组织形式　　B. 基金运作方式

C. 基金的投资标的　　D. 基金的投资目标

115. 关于开放式基金的认购,下列说法正确的是(　　)。

A. 在基金合同生效后,申请购买基金份额的行为就是认购

B. 开放式基金的认购一般分为开户、认购和确认三个步骤

C. 开放式基金的认购采取金额认购的方式

D. 基金份额的认购一般采取前端收费的模式

116. 老王认购本基金,可认购费用为(　　)。

A. 2900　　B. 2956　　C. 3000　　D. 3100

2021年8月1日,王先生以95元价格在上海交易所购买了A公司于2021年1月1日发行的公司债券。该债券面值为100元,票面利率年息4%,到期日为2024年1月1日,每年末付息一次,到期后还本。假设1此期间贴现率为5%。

根据以上信息,回答下列两题。

117. 假设王先生与2022年1月31日以98.6元的价格将债券卖出,则其中每只债券获得的收益为(　　)。

A. 3.6　　B. 4　　C. 5　　D. 7.6

118. 影响公司债券再次公开发行的情形有(　　)。

A. 前一次公开发行的企业债券尚未募足

B. 违反法律规定改变募集资金用途

C. 公开发行的公司债券有违约,仍处于继续状态

D. 其他债务发生延迟支付本息,但不处于继续状态

2021年某公司支付每股股息为1.8元,预计在未来日子里该公司股票的股息按每年5%的速率增长。因此,预期下一年的股息为1.89元,假设必要收益率为11%。

根据以上信息,回答下列两题。

119. 下列关于派发股利的说法,正确的有(　　)。

A. 股利宣布日,即公司董事会将分红派息的消息公布于众的时间

B. 股权登记日,即统计和确认参加本期股利分配给股东的日期

C. 除息除权日,通常为股权登记日之后的3个工作日

D. 派发日,即股利正式发放给股东的日期

120. 根据不变增长模型,该公司的股票的价值为(　　)元。

A. 28.6　　B. 30.7　　C. 31.5　　D. 32.8

机考题库·真题试卷参考答案及解析

机考题库·真题试卷(五)

答题卡

便捷速查答案及详细解析，难题典型题有视频讲解

考生用微信扫描右侧二维码，可以按题号迅速查解析，难题、典型题配视频讲解

一、单选题

1. A 【解析】从事证券、期货投资咨询业务，必须依法取得中国证监会的业务许可。从事证券、期货投资咨询业务，必须遵守有关法律、法规和中国证监会的有关规定，遵循客观、公正和诚实信用的原则。

2. B 【解析】同一基金管理人管理的全部基金持有一家公司发行的证券，不得超过该证券的10%。

3. C 【解析】每个投资组合的企业年金基金财产应当由一个投资管理人管理，企业年金基金财产以投资组合为单位按照公允价值计算应当符合的规定之一为投资股票等权益类产品以及股票基金、混合基金、投资连结保险产品(股票投资比例高于或者等于30%)的比例，不得高于投资组合企业年金基金财产净值的30%。其中，企业年金基金不得直接投资于权证，但因投资股票、分离交易可转换债等投资品种而衍生获得的权证，应当在权证上市交易之日起10个交易日内卖出。

4. B 【解析】2017年，内地和中国香港地区推出“债券通”。

5. C 【解析】结构化金融衍生产品是运用金融工程结构化方法，将若干种基础金融商品和金融衍生产品相结合设计出的新型金融产品。

6. A 【解析】我国的开放式基金无特定存续期限。

7. C 【解析】储蓄国债(凭证式)是一种不可上市流通的储蓄型债券，由具备储蓄国债(凭证式)承销团资格的机构承销。财政部和中国人民银行一般每年确定一次储蓄国债(凭证式)承销团资格，各类商业银行、邮政储蓄银行均有资格申请加入储蓄国债(凭证式)承销团。

8. D 【解析】证券业协会的宗旨：遵守国家宪法、法律、法规和经济方针政策，遵守社会道德风尚，坚持中国共产党的领导，在国家对证券业实行集中统一监督管理的前提下，进行证券业自律管理。

9. B 【解析】证券金融公司向证券公司转融通的期限一般不得超过6个月。转融通的期限自资金或者证券实际交付之日起算。

10. B 【解析】在国际市场上，按照发行时证券的性质，可分为可转换债券和可转换优先股票两种。目前，我国只有可转换债券。

11. C 【解析】申购开放式基金时，基金申购价格未知，申购份额通常在T+2日内确认，确认后的下一个工作日就可以赎回基金份额。

12. C 【解析】权证是指标的证券发行人或其以外的第三人(简称发行人)发行的，约定持有人在规定期间内或特定到期日有权按约定价格向发行人购买或出售标的证券，或以现金结算方式收取结算差价的有价证券。

13. C 【解析】普通股票是标准的股票，通过发行普通股票所筹集的资金，成为股份公司注册资本的基础。

14. D 【解析】债券利率类型，如浮动利率、固定利率均会影响债券的价值。

15. C 【解析】转融通业务是指证券金融公司将自有或者依法筹集的资金和证券出借给证券公司，以供其办理融资融券业务的经营活动。

16. B 【解析】《中华人民共和国证券法》第一百五十七条规定，投资者委托证券公司进行证券交易，应当通过证券公司申请在证券登记结算机构开立证券账户。证券登记结算机构应当按照规定为投资者开立证券账户。

17. B 【解析】委托指令中的数量是指买卖证券的数量，可分为整数委托和零数委托。整数委托是指委托买卖证券的数量为1个交易单位或交易单位的整数倍。1个交易单位俗称“1手”。零数委托是指客户委托证券经纪商买卖证券时，买进或卖出的证券不足证券交易所规定的1个交易单位。目前，我国只在卖出证券时才有零数委托。选项A、选项C、选项D说法正确，选项B说法错误。

18. B 【解析】党的十九大要求，“深化金融体制改革，增强金融服务实体经济能力，提高直接融资比重，促进多层次资本市场健康发展。健全货币政策和宏观审慎政策双支柱调控框架，深化利率和汇率市场化改革。健全金融监管体系，守住不发生系统性金融风险的底线”。

19. A 【解析】《中华人民共和国证券投资基金法》规定,设立管理公开募集基金的基金管理公司,注册资本不低于人民币 1 亿元,且必须为实缴货币资本。

20. B 【解析】风险收益平衡选择是金融交易和风险管理行为的基本特征。

21. A 【解析】我国的货币市场基金,通常申购和赎回费为 0。一般是从基金财产中计提不高于 0.25% 的销售服务费,用于基金的持续销售和为基金份额持有人提供服务。

22. B 【解析】众多的证券市场投资者保证了证券发行和交易的连续性,是推动证券市场价格形成和流动性的根本动力。

23. D 【解析】上海证券交易所交易的证券,其托管制度是和指定交易制度联系在一起的。选项 D 正确。

24. C 【解析】转换比例 = 可转换债券面值 ÷ 转换价格 = 1000 ÷ 20 = 50。

25. C 【解析】次级债务是指由银行发行的,固定期限不低于 5 年(包括 5 年),除非银行倒闭或清算,不用于弥补银行日常经营损失,且该项债务的索偿权排在存款和其他负债之后的商业银行长期债务。

26. C 【解析】抵押债券以不动产作为担保,又被称为"不动产抵押债券",是指以土地、房屋等不动产作抵押品而发行的一种债券。

27. C 【解析】自有资金主要包括股本金、储备资金以及未分配利润。

28. C 【解析】1991 年 8 月,中国证券业协会成立。

29. D 【解析】金融远期合约是指交易双方约定在未来的某一确定的时间,按约定的价格买入或卖出一定数量的某种标的金融资产的合约。

30. C 【解析】证券交易所是证券买卖双方公开交易的场所,是一个高度组织化、集中进行证券交易的市场,是整个证券市场的核心。参加交易者为具备会员资格的证券经营机构,交易采取经纪制,即一般投资者不能直接进入交易所买卖证券,只能委托会员作为经纪人间接进行交易。

31. D 【解析】创业板市场又称二板市场,是为具有高成长性的中小企业和高科技企业提供融资服务的资本市场。

32. C 【解析】上海证券交易所科创板连续竞价时间:9:30—11:30、13:00—15:00。

33. D 【解析】开放式基金份额转托管是指基金份额持有人申请将其托管在某一交易账户中的全部或部分基金份额转出并转入另一交易账户的行为。投资人可通过办理转托管业务,实现其变更办理基金业务销售渠道(或网点)的需要。

34. D 【解析】实践中,金融机构通常采用客户调查问卷、产品风险评估与充分披露等方法,根据客户分级和资产分级匹配原则,避免误导投资者和错误销售。

35. A 【解析】证券公司和基金管理公司等特殊法人机构开立证券账户,由中国结算公司上海分公司和深圳分公司直接受理。

36. B 【解析】QDII 基金份额净值应当至少每周计算并披露一次,如基金投资衍生品,应当在每个工作日计算并披露,且应当在估值日后 2 个工作日内披露。

37. C 【解析】股票价格指数期货是以现金结算方式来结束交易的,选项 C 说法错误。

38. D 【解析】QFII 制度是一国(地区)在货币没有实现完全可自由兑换、资本项目尚未完全开放的情况下,有限度地引进外资、开放资本市场的一项过渡性的制度。

39. D 【解析】债券现券交易也被称为债券的即期交易,是指债券买卖双方在成交后就办理交收手续,买入者付出资金并得到债券,卖出者交付债券并得到资金,也就是所谓二级市场的债券交易。现券买卖均按净价交易。

40. D 【解析】选项 D 属于企业债与公司债在发行市场方面的不同,与题意无关。

二、多选题

41. AC 【解析】与现货市场投机相比较,期货市场投机有两个重要区别:一是目前我国股票市场实行 T+1 清算制度,而期货市场实行 T+0,可以进行日内投机;二是期货交易的保证金制度导致期货投机具有较高的杠杆率,盈亏相应放大,具有更高的风险性。

42. ABCD 【解析】根据《金融稳健指标编制指南》,全球金融体系的主要参与者包括金融公司、非金融公司、住户、为住户服务的非营利机构、广义政府、公共部门。选项 A、B、C、D 说法均正确。

43. ABD 【解析】债券成交的竞价方式包括口头报唱、板牌竞价、计算机终端申报竞价。

44. ABCD 【解析】上海证券交易所在《上海证券交易所科创板企业上市推荐指引》中指出,根据科创板定位,保荐机构优先推荐 3 类企业和 6 大领域的科技创新企业上市。其中,6 大领域:①新一代信息技术领域;②高端装备领域;③新材料领域;④新能源领域;⑤节能环保领域;⑥生物医药领域。

45. ABC 【解析】根据《证券公司次级债管理规定》,证券公司提前偿还长期次级债务后 1 年之内再次借入新的长期次级债务的,新借入的次级债务应先按照提前偿还的长期次级债务剩余到期期限对应的比例计入净资本,在提前偿还的次级债务合同期限届满后,再按规定比例计入净资本。选项 D 说法错误。

46. ABD 【解析】结构化金融衍生产品按收益保障性分类,可分为收益保证型产品和非收益保证型产品两大类,其中,前者又可进一步细分为本金保障型产品和保证最低收益型产品。

47. BCD 【解析】证券投资基金的特点包括:①集合

理财、专业管理;②组合投资、分散风险;③利益共享、风险共担;④严格监管、信息透明;⑤独立托管、保障安全。

48. AB 【解析】开放式基金份额净值每日公布一次,第C项说法错误;开放式基金在操作上常常会受到不可预测的资金流进、流出的干扰,特别是为应对投资者赎回的需要,必须高度重视资产的流动性,因此会预留一定比例的现金,不会进行全额投资。选项D说法错误。

49. ABD 【解析】融资融券交易,又被称为信用交易,分为融资交易和融券交易。广义的融资融券交易还包括转融通交易。

50. ABC 【解析】申请证券、期货投资咨询从业资格的机构,应当具备下列条件:①分别从事证券或者期货投资咨询业务的机构,有5名以上取得证券、期货投资咨询从业资格的专职人员;同时从事证券和期货投资咨询业务的机构,有10名以上取得证券、期货投资咨询从业资格的专职人员;其高级管理人员中,至少有1名取得证券或者期货投资咨询从业资格;②有100万元人民币以上的注册资本;③有固定的业务场所和与业务相适应的通信及其他信息传递设施;④有公司章程;⑤有健全的内部管理制度;⑥具备中国证监会要求的其他条件。

51. AC 【解析】简单算数股价指数的计算方法有相对法和综合法。相对法是首先计算各样本股的个别指数,再加总计算算术平均数;综合法是首先将样本股票基期价格和计算期价格加总,再求指数。

52. AC 【解析】按照《中华人民共和国证券法》的规定,向不特定对象发行证券聘请承销团承销的,承销团应当由主承销和参与承销的证券公司组成。

53. AB 【解析】货币期权又称外币期权、外汇期权,指买方在支付了期权费后取得在合约有效期内或到期时以约定的汇率购买或出售一定数额某种外汇资产的权利。

54. ABCD 【解析】记账式国债是一种无纸化国债,主要通过银行间债券市场向具备全国银行间债券市场国债承购包销团资格的商业银行、证券公司、保险公司、信托投资公司等机构,以及通过证券交易所的交易系统向具备证券交易所国债承购包销团资格的证券公司、保险公司和信托投资公司及其他投资者发行。对于交易所市场发行国债的分销,承销商可以选择场内挂牌分销或场外分销两种方法。国债承销团成员间不得分销。

55. ABCD 【解析】投资者具有下列情形之一的,交易参与人不得为其申报撤销指定交易:①撤销当日有交易行为的;②撤销当日有申报的;③新股申购未到期的;④因回购或其他事项未了结的;⑤相关机构未允许撤销的。

56. ACD 【解析】相较债券,股票是一种高风险、高收益的投资品种,选项B说法错误;选项A、选项C、选项D说法正确。

57. AB 【解析】为了防范和化解系统性风险,人们需要借助于金融衍生工具进行风险对冲。选项C说法错误;风险转移是指投资者通过购买某种金融产品或采取某些合法的手段将风险转嫁给愿意和有能力承接的主体。选项D说法错误。

58. ABD 【解析】国家股是指有权代表国家投资的部门或机构以国有资产向公司投资形成的股份,包括公司现有国有资产折算成的股份。国家股由国务院授权的部门或机构持有,或根据国务院决定,由地方人民政府授权的部门或机构持有。

59. BD 【解析】证券公司中间介绍(IB)业务的业务范围:①协助办理开户手续;②提供期货行情信息、交易设施;③中国证监会规定的其他服务。选项B、选项D说法正确。证券公司不得代理客户进行期货交易、结算或者交割,不得代期货公司、客户收付期货保证金,不得利用证券资金账户为客户存取、划转期货保证金。选项A、选项C说法错误。

60. ABC 【解析】《中华人民共和国证券投资基金法》规定,基金份额持有人享有下列权利:分享基金财产收益;参与分配清算后的剩余基金财产;依法转让或者申请赎回其持有的基金份额;按照规定要求召开基金份额持有人大会或召集基金份额持有人大会;查阅或者复制公开披露的基金信息资料;对基金份额持有人大会审议事项行使表决权;对基金管理人、基金托管人、基金服务机构损害其合法权益的行为依法提起诉讼;基金合同约定的其他权利。

61. ABC 【解析】量化分析法是利用统计、数值模拟和其他定量模型进行证券市场相关研究的一种方法,具有"使用大量数据、模型和电脑"的显著特点,广泛应用于解决证券估值、组合构造与优化、策略制定、绩效评估、风险计量与风险管理等投资相关问题,是继传统的基本分析和技术分析之后发展起来的一种重要的证券投资分析方法。

62. ABC 【解析】收益性是股票最基本的特征,选项A表述正确;股票的收益来源可分成两类:一是来自股份公司。认购股票后,持有者即对发行公司享有经济权益,这种经济权益的实现形式是从公司领取股息和分享公司的红利。股息红利的多少取决于股份公司的经营状况和盈利水平。二是来自股票流通。股票持有者可以持股票到依法设立的证券交易场所进行交易,当股票的市场价格高于买入价格时,卖出股票就可以赚取差价收益。这种差价收益称为"资本利得"。选项B、选项C表述正确,选项D表述错误。

63. ABCD 【解析】我国货币市场基金目前能够进行投资的金融工具主要有以下几种:①现金;②期限在1年以内(含1年)的银行存款、债券回购、中央银行票据、同业存单;③剩余期限在397天以内(含397天)的债券、非金融企业债务融资工具、资产支持证券;④中国证监会、中国人民银行认可的其他具有良好流动性的货币市场工具。

64. ABCD 【解析】《中华人民共和国公司法》规定，公司财产在分别支付清算费用、职工的工资、社会保险费用和法定补偿金，缴纳所欠税款，清偿公司债务后的剩余财产，按照股东持有的股份比例分配给股东。公司财产在未按照规定清偿前，不得分配给股东。

65. BC 【解析】配股价格在一定的价格区间内由主承销商和发行人协商确定。

66. ABCD 【解析】金融期货与金融期权的区别包括以下几点：①基础资产不同；②交易者权利与义务的对称性不同；③履约保证不同；④现金流转不同；⑤盈亏特点不同；⑥套期保值的作用与效果不同。

67. ABD 【解析】操作风险是指由不完善或失败的内部流程、人为过失、系统故障或外部因素导致损失的风险。选项A、选项B、选项D属于可能引发操作风险的行为。

68. BCD 【解析】地方政府一般债券是指省、自治区、直辖市政府(含经省级政府批准自办债券发行的计划单列市政府)为没有收益的公益性项目发行的、约定一定期限内主要以一般公共预算收入还本付息的政府债券。

69. ABC 【解析】买卖价差法是利用市场上同一交易标的在同一时间的买入和卖出价格差来衡量其流动性风险的一种方法。该方法常用的价差指标包括买卖价差、有效价差与实现的价差等。

70. ABCD 【解析】中国证券业协会依据《证券法》等相关规定，结合行业发展需要，行使的职责主要有：①教育和组织会员及其从业人员遵守证券法律、行政法规，组织开展证券行业诚信建设和行业文化建设，督促证券行业履行社会责任；②依法维护会员的合法权益，向证监会等部门反映会员的建议和要求；③督促会员开展投资者教育和保护活动，维护投资者合法权益；④对会员之间、会员与客户之间发生的证券业务纠纷进行调解；⑤对网下投资者、非公开发行公司债券、场外市场及场外衍生品业务进行自律管理；⑥对会员及会员间开展与证券非公开发行、交易相关业务活动进行自律管理等，选项均正确。

71. ABCD 【解析】证券投资者根据投资者身份，可分为机构投资者和个人投资者两大类。我国机构投资者主要包括政府机构类投资者、金融机构类投资者、合格境外机构投资者、合格境内机构投资者、企业和事业法人类投资者及基金类投资者等。

72. ABCD 【解析】《中华人民共和国证券投资基金法》规定，证券投资基金可投资于股票、债券和中国证监会规定的其他证券及其衍生品种。

73. ABD 【解析】证券交易所的特征：①有固定的交易场所和交易时间；②参加交易者为具备会员资格的证券经营机构，交易采取经纪制，即一般投资者不能直接进入交易所买卖证券，只能委托会员作为经纪人间接进行交易；③交易的对象限于合乎一定标准的上市证券；④通过公开竞价的方式决定交易价格；⑤集中了证券的供求双方，具有较高的成交速度和成交率；⑥实行“公开、公平、公正”原则，并对证券交易加以严格管理。

74. ABCD 【解析】严重的通货膨胀对社会经济产生的主要影响：①引起收入和财富的再分配；②扭曲商品相对价格；③降低资源配置效率；④引发泡沫经济乃至损害一国的经济基础和政权基础。通货膨胀从程度上有温和的、严重的和恶性的3种。严重的通货膨胀可能从两个方面影响证券价格：①资金流出证券市场，引起股价和债券价格下跌；②企业筹集不到必需的生产资金，同时企业经营严重受挫，盈利水平下降，甚至倒闭。

75. ABC 【解析】国际债券在国际市场上发行，因此，其计价货币往往是国际通用货币，一般以美元、英镑、欧元、日元和瑞士法郎为主。这样，发行人筹集到的资金是一种可通用的自由外汇资金。

76. ABCD 【解析】计算累计利息时，针对不同类别债券，全年天数和利息累计天数的计算分别有行业惯例。①短期债券。通常全年天数定为360天，半年定为180天。利息累计天数则分为按实际天数计算(ACT/360，ACT/180)和按每月30天计算(30/360，30/180)两种。②中长期附息债券。全年天数有的定为实际全年天数，也有的定为365天。累计利息天数也分为实际天数、每月按30天计算两种。我国交易所市场对附息债券的计息规定是，全年天数统一按365天计算；利息累计天数规则是按实际天数计算，算头不算尾，闰年2月29日不计利息。③贴现式债券。我国目前对于贴现发行的零息债券按照实际天数计算累计利息，闰年2月29日也计利息。

77. ABC 【解析】证券交易所的性质是实行自律管理的法人，依法对基金在交易所的投资交易实行监控，依法对基金上市及相关信息披露等活动进行管理。选项A、选项B、选项C正确。选项D属于国务院证券监督管理机构的职责。

78. BC 【解析】1948年12月1日，中国人民银行成立，选项A说法错误；1979年，我国陆续恢复设立了中国农业银行、中国银行和中国建设银行，选项B项说法正确；1985年，我国全面推行“拨改贷”政策，选项C说法正确；1998年8月，财政部发行2700亿元特别国债，用于补充国有商业银行的资本金，以提高资本充足率，选项D说法错误。

79. ABCD 【解析】资产证券化的有关当事人包括发起人(原始权益人)、特定目的机构或特定目的的受托人(SPV)、资金和资产存管机构、信用增级机构、信用评级机构、承销人、证券化产品投资者，即证券化产品发行后的持有人。

80. BCD 【解析】从证券投资基金的运作关系来看，基金的主要当事人包括基金份额持有人(基金投资者)、基金管理人和基金托管人。

三、判断题

81. A 【解析】商业银行次级债券是指商业银行发行的、本金和利息的清偿顺序列于商业银行其他负债之后、先于商业银行股权资本的债券。

82. B 【解析】风险调整资本收益率(RAROC)是最常用、最主流的经风险调整后的评估业务绩效指标的工具,也是经济资本配置的核心工具。它等于"经风险调整的收益"与"经济资本"的比值。

83. A 【解析】金融市场能够平稳运行的根本保障是具有完备的金融法律和高效的执法效率。

84. A 【解析】影响股票投资价值的外部因素包括宏观经济因素、行业因素和市场因素。

85. A 【解析】股票的收益来源可分为两类:一是来自股份公司的股息和红利,二是来自股票流通中的资本利得(差价收益)。

86. A 【解析】表外业务是指商业银行从事的,按照现行的会计准则不计入资产负债表内,不形成现实资产负债,但能够引起当期损益变动的业务。

87. A 【解析】QFII 制度是一国(地区)在货币没有实现完全可自由兑换、资本项目尚未完全开放的情况下,有限度地引进外资、开放证券市场的一项过渡性的制度。

88. B 【解析】前端收费模式指在认购基金份额时支付认购费用。后端收费模式指在赎回基金份额时支付认购费用。

89. B 【解析】强制减仓制度是指交易所当日以涨跌停板价格申报的未成交平仓报单,以当日涨跌停板价格与该合约净持仓盈利客户按照持仓比例自动撮合成交。

90. B 【解析】债券种类很多,依据不同的标准会有不同的分类。债券按照发行主体分类,可分为政府债券、金融债券和公司债券;债券按付息方式分类,可分为零息债券、附息债券、息票累积债券;债券按形态分类,可分为实物债券、凭证式债券和记账式债券;债券按发行方式分类,可分为公募债券和私募债券。

91. A 【解析】《北京证券交易所交易规则(试行)》规定,投资者买入的证券可以通过原买入证券的交易单元委托卖出,也可以向原买入证券的交易单元发出转托管指令,转托管完成后,在转入的交易单元委托卖出。

92. B 【解析】在向投资者推介私募基金之前,募集机构应对投资者风险识别能力和风险承担能力进行评估。投资者的评估结果有效期最长不得超过 3 年。

93. A 【解析】2022 年 4 月 6 日,中国人民银行会同有关部门研究起草了《中华人民共和国金融稳定法(草案征求意见稿)》夯实了我国金融稳定的法律基础。

94. A 【解析】上市公司最近一期末存在持有金额较大的财务性投资的,保荐人应当对上市公司本次募集资金的必要性和合理性审慎发表核查意见。

95. A 【解析】证券金融公司开展转融通业务,应当以自己的名义,在证券登记结算机构分别开立转融通专用证券账户、转融通担保证券账户和转融通证券交收账户;在商业银行开立转融通专用资金账户,在证券登记结算机构分别开立转融通担保资金账户和转融通资金交收账户。

96. B 【解析】证券投资基金在中国台湾地区称为"证券投资信托基金"。在欧洲一些国家和地区称"集合投资基金"或"集合投资计划"。

97. A 【解析】在委托指令中,根据委托时效的限制,可分为当日委托、当周委托、无期限委托、开市委托和收市委托等。

98. B 【解析】信用风险是债券的主风险,因为债券是需按时还本付息的证券。政府债券的信用风险最小,一般认为中央政府债券几乎没有信用风险,其他债券的信用风险依次从低到高排列为地方政府债券、金融债券、公司债券,但大金融机构或跨国公司债券的信用风险有时会低于某些政局不稳的国家的政府债券。

99. B 【解析】次级定期债务指保险公司为弥补临时性或阶段性资本不足,经批准募集的、期限在 5 年以上(含 5 年),本金和利息的清偿顺序列于保单责任和其他负债之后、先于保险公司股权资本的保险公司债务。

100. B 【解析】在金融期货交易中,绝大多数的期货合约并不进行实物交割,通常在到期日之前即已对冲平仓。

101. B 【解析】发行人和主承销商应当聘请律师事务所对发行人发行企业债券的发行过程、配售行为、参与认购的投资者资质条件、资金划拨等事项进行见证,并出具并出具法律意见书。公开发行的公司债券上市后 10 个工作日内,主承销商应当将专项法律意见、承销总结报告等文件一并报证券交易场所。

102. A 【解析】发行国内债券,筹集和还本付息的资金都是本国货币,所以不存在汇率风险。发行国际债券,筹集到的资金是外国货币,汇率一旦发生波动,发行人和投资者都有可能蒙受意外损失或获取意外收益,所以,汇率风险是国际债券的重要风险。

103. B 【解析】国际资金流动指资本跨越国界从一个国家或地区向另一个国家或地区流动,包括资金流入和资金流出。

104. A 【解析】证券交易所实行"公开、公平、公正"原则,并对证券交易加以严格管理。

105. A 【解析】贴现国债是指券面上不附有息票,发行时按某一折扣率,以低于票面金额的价格发行,发行价格与票面金额之间的差额相当于预先支付的利息,到期时按面值偿还本息的国债。

106. B 【解析】短期融资券的期限最长不超过 1 年,证券公司自主确定每期短期融资券的期限。

107. B 【解析】在调查操纵证券市场、内幕交易等重大证券违法行为时,经国务院证券监督管理机构主要负责人或者其授权的其他负责人批准，可以限制被调查的当事人的证券买卖，但限制的期限不得超过3个月；案情复杂的，可以延长3个月。

108. B 【解析】证券公司开展压力测试的流程与方法应当具备针对性和可操作性，与经营管理实践紧密结合，压力测试结果应当在风险管理和经营决策中得到有效应用，这是实践性原则。

109. A 【解析】股指期货包括以沪深300指数、中证500指数、上证50指数、中证1000指数为标的的四个产品。

110. B 【解析】宏观经济政策包括货币、财政和收入政策，货币政策对金融市场有着直接、主要的影响。收入政策具有更高一层次的调节功能，财政政策主要通过税收政策、公共支出政策以及国债发行等发挥作用。

四、综合题

111. A 【解析】交易者之所以买入看涨期权，是因为其他预期基础金融工具的价格在合约期限内将会上涨。

112. C 【解析】按照合约所规定的履约时间的不同，金融期权可以分为欧式期权、美式期权和修正的美式期权。欧式期权只能在期权到期日执行；美式期权则可在期权到期日或到期日之前的任何一个营业日执行；修正的美式期权也被称为百慕大期权或大西洋期权，可以在期权到期日之前的一系列规定日期执行。

113. ABC 【解析】期权又被称为选择权。与金融期货相比，金融期权的主要特征在于它仅仅是买卖权利的交换。期权的买方在支付了期权费后，就获得了期权合约所赋予的权利，即在期权合约规定的时间内，以事先确定的价格向期权的卖方买进或卖出某种金融工具的权利，但并没有必须履行该期权合约的义务。期权的买方可以选择行使他所拥有的权利；期权的卖方在收取期权费后就承担着在规定时间内履行该期权合约的义务。由此可见，期权交易实际上是一种权利的单方面有偿让渡。

114. C 【解析】零增长模型可用于计算投资于零增长证券的内部收益率。用证券的当前价格 P 代替 V，用 K^*（内部收益率）替换 k（必要收益率），零增长模型可变形为：$P=D_0/K^*$ 进行转换，可得：$K^*=D_0/P\times100\%$，故本题中内部收益率为 $=8/65\times100\%=12.3\%$。

115. ABD 【解析】内部收益率就是指使得投资净现值等于零的折现率。内部收益率实际上是使得未来股息流折现值恰好等于股票市场价格的折现率。将内部收益率与具有同等风险水平股票的必要收益率相比较：如果 $K^*>k$，则说明股票被低估，可以考虑购买这种股票；如果 $K^*<k$，则说明股票被高估，不要购买这种股票。零增长模型的应用似乎受到相当的限制，毕竟假定对某一种股票永远支付固定的股息是不合理的，但在特定的情况下，对于决定普通股票的价值仍然是有用的。在决定优先股的内在价值时这种模型相当有用，因为大多数优先股支付的股息是固定的。选项A、选项B、选项D说法正确。

116. BD 【解析】可转换债券具有双重选择权的特征，一方面，投资者可自行选择是否转股，并为此承担转债利率较低的机会成本；另一方面，转债发行人拥有是否实施赎回条款的选择权，并为此要支付比没有赎回条款的转债更高的利率。选项B、选项D说法正确。

117. BCD 【解析】转换价格是指可转换债券转换为每股普通股份所支付的价格。可转换公司债券应半年或1年付息1次。可转换公司债券的期限最短为1年，最长为6年，自发行结束之日起6个月后方可转换为公司股票。

118. C 【解析】转股价格＝债券面值÷转换比例。题中，债券转换比例为40，债券面值为1000元。转股价格＝债券面值÷转换比例＝1000÷40＝25元，即每张债券可按25元价格转换为40股，100张该债券可转换为40×100＝4000股，由于目前A股票市场价格为28元，所以每股获利28－25＝3元，一共获利3×4000＝12000元。

119. D 【解析】新《证券法》规定，股票终止上市情形由证券交易所的业务规则规定。其优化了上市公司退市情形的规定，与注册制理念一致，取消了对退市的具体要求，将退市标准交由证券交易所制定。新《证券法》还取消了暂停上市、恢复上市的相关条款规定，标志着垃圾股可以直接退市，不再需要经过暂停上市半年，大幅度缩短了退市周期和流程，提高了退市效率，强化了市场的优胜劣汰功能。选项D错误。

120. ABD 【解析】根据《上海证券交易所股票上市规则》《深圳证券交易所股票上市规则》，上市公司出现下列情形之一的，可以向证券交易所申请主动退市：①上市公司股东会决议主动撤回其股票在证券交易所的交易，并决定不再在该交易所交易；②上市公司股东会决议主动撤回其股票在证券交易所的交易，并转而申请在其他交易场所交易或转让；③上市公司向所有股东发出回购全部股份或部分股份的要约，导致公司股本总额、股权分布等发生变化，不再具备上市条件；④上市公司股东向所有其他股东发出收购全部股份或部分股份的要约，导致公司股本总额、股权分布等发生变化，不再具备上市条件；⑤除上市公司股东外的其他收购人向所有股东发出收购全部股份或部分股份的要约，导致公司股本总额、股权分布等发生变化，不再具备上市条件；⑥上市公司因新设合并或者吸收合并，不再具有独立主体资格并被撤销；⑦上市公司股东会决议公司解散。选项C说法错误，上市公司被法院宣告破产属于应强制退市的情形。选项A、选项B、选项D正确。

机考题库·真题试卷(六)

答题卡

便捷速查答案及详细解析，难题典型题有视频讲解

考生用微信扫描右侧二维码，可以按题号迅速查解析，难题、典型题配视频讲解

一、单选题

1. A 【解析】证券无纸化发行初始登记不发行实物证券,而是直接通过证券公司的证券簿记系统进行资金的募集和证券的登记。
2. D 【解析】股份公司资本管理事项中经常要涉及一些与股票相关的资本管理概念,常见的包括:①股利政策;②股份变动。其中,股利政策体现了公司的发展战略和经营思路,稳定可预测的股利政策有利于股东利益最大化,是股份公司稳健经营的重要指标。
3. B 【解析】债券的贴现率又称必要回报率,指投资者对该债券要求的最低回报率。其计算公式:债券贴现率(必要回报率)=真实无风险收益率+预期通货膨胀率+风险溢价。其中,前两项之和称为名义无风险收益率。
4. B 【解析】场外交易市场具有信息披露要求较低,监管较为宽松的特点。为适应挂牌公司规模较小,对信息披露、财务审计等挂牌相关费用承受力弱的特点,场外交易市场通常对其信息披露频率和内容要求较低,监管较为宽松,市场透明度不及交易所市场。
5. C 【解析】30/180 即每半年付息 1 次,按每月 30 天计算。累计天数(算头不算尾)=30 天(1 月)+30 天(2 月)+5 天(3 月)=65(天)。累计利息 $=100\times5\%\div2\times65\div180\approx0.90$(元)。
6. A 【解析】根据债券形态可以分为实物债券、凭证式债券和记账式债券。无记名国债属于实物债券。
7. A 【解析】社会公众股是指社会公众依法以其拥有的财产投入公司时形成的可上市流通的股份。
8. D 【解析】在金融期权交易中,只有期权出售者,尤其是无担保期权的出售者才需要开立保证金账户,并按规定缴纳保证金,以保证其履约义务。
9. C 【解析】回购交易是一种超短期的金融工具,一般只有 24 小时,具有短期融资的属性。
10. C 【解析】货币衍生工具是指以各种货币作为基础工具的金融衍生工具,主要包括远期外汇合约、货币期货合约、货币期权合约、货币互换合约以及上述合约的混合交易合约。
11. B 【解析】中国证券登记结算有限责任公司对证券账户实施统一管理,具体账户业务可以委托开户代理机构办理。
12. A 【解析】基金一般都按照固定的时间间隔对基金资产进行估值,通常相关法规会规定一个最小的估值频率。
13. A 【解析】基金份额持有人与托管人的关系是委托与受托的关系,即基金份额持有人将基金资产委托给基金托管人保管。
14. C 【解析】开展转融通业务的目的是拓宽证券公司融资融券业务资金和证券来源。从事转融通业务及相关活动,应当遵循平等、自愿、公平和诚实信用原则,不得损害社会公共利益。
15. A 【解析】银行间债券市场是指依托于中国外汇交易中心暨全国银行间同业拆借中心和中央国债登记结算有限责任公司的,包括商业银行、农村信用联社、保险公司、证券公司等金融机构以及一些非金融机构合格投资人进行债券买卖和回购的市场。由此可知,选项 A 不属于银行间债券市场参与者。
16. C 【解析】金融市场是一个风险与收益并存的市场,可能的高收益会诱使投机者想方设法逃避监管当局监督、管理与控制,妨碍甚至侵害他人的利益。因此,金融监管机构的独立性对金融市场的功能发挥和健康运行至关重要。
17. A 【解析】回售条款是指可转换公司债券持有人有权按照事先约定的价格将债券卖回给发债公司的条件规定。
18. C 【解析】我国要求合格境外机构投资者的财务稳健,资信良好,对证券公司的合格境外机构投资者资产规模等条件要求是经营证券业务 5 年以上,净资产不少于 5 亿美元,最近一个会计年度管理的证券资产不少于 50 亿美元。
19. A 【解析】证券公司债券申请上市应当符合下列条件:①债券发行申请已获批准并发行完毕;②实际发行债券的面值总额不少于 5000 万元;③申请上市时仍符合公开发行的条件;④中国证监会规定的其他条件。
20. C 【解析】场外交易市场的信息披露要求较低,监管较为宽松。选项 C 说法错误。
21. D 【解析】根据《中国证券登记结算有限责任公司证券账户管理规则》的规定,投资者的证券账户由一码通账户及关联的子账户共同组成。一码通账户用于汇总记载投资者各个子账户下证券持有及变动的情况,子账户用于记载投资者参与特定交易场所或用于投资特定证券品种的证券持有及变动的具体情况。选项 D 说法错误。
22. B 【解析】基金管理人、基金托管人既是基金的

当事人,又是基金的主要服务机构。

23. A 【解析】证券公司(证券经营机构)具有证券交易所的会员资格,可以承销发行、自营买卖或自营兼代理买卖证券。

24. D 【解析】连续竞价时,成交价格的确定原则:①最高买入申报与最低卖出申报价位相同,以该价格为成交价;②买入申报价格高于即时揭示的最低卖出申报价格时,以即时揭示的最低卖出申报价格为成交价;③卖出申报价格低于即时揭示的最高买入申报价格时,以即时揭示的最高买入申报价格为成交价。

25. C 【解析】投资咨询机构、财务顾问机构、资信评级机构从事证券服务业务的人员必须具备证券专业知识与从事证券业务或者证券服务业务2年以上的经验。

26. D 【解析】影响债券期限的主要因素有资金使用方向、市场利率变化、债券的变现能力。

27. C 【解析】集合竞价方式是指对在规定的一段时间内接受的买卖申报进行一次性集中撮合的竞价方式。根据我国证券交易所的相关规定,集合竞价确定成交价的原则:①可实现最大成交量的价格;②高于该价格的买入申报与低于该价格的卖出申报全部成交的价格;③与该价格相同的买方或卖方至少有一方全部成交的价格。

28. A 【解析】在无纸化发行条件下,权利人只能通过证券账户的控制来实现占有无纸化证券。

29. D 【解析】对于在上海证券交易所交易的证券,其托管制度是和指定交易制度联系在一起的。

30. C 【解析】目前,我国的基金管理费、基金托管费及基金销售服务费均是按前一日基金资产净值的一定比例逐日计提,按月支付。

31. A 【解析】银行间债券市场中长期债券信用评级共划分为三等九级,依次为 AAA、AA、A、BBB、BB、B、CCC、CC、C 级。

32. B 【解析】保护投资者利益原则,这是证券监管机构的首要任务和宗旨。

33. B 【解析】债券买卖交易报价方式包括对话报价、公开报价、双边报价和小额报价。

34. B 【解析】2005年2月18日,中国人民银行、财政部、国家发改委和中国证监会联合发布了《国际开发机构人民币债券发行管理暂行办法》,允许符合条件的国际开发机构在中国发行人民币债券。根据国际惯例,国外金融机构在一国发行债券时,一般以该国最具特征的吉祥物命名。据此,国际多边金融机构首次在华发行的人民币债券被命名为熊猫债券。

35. B 【解析】通过限价申报买卖科创板股票的,单笔申报数量均应当不小于200股,且不超过10万股;通过市价申报买卖科创板股票的,单笔申报数量均应当不小于200股,且不超过5万股。卖出时,余额不足200股的部分,应当一次性申报卖出,选项B说法错误。

36. C 【解析】金融期权是指以金融工具或金融变量为基础工具的期权交易形式。具体地说,其购买者在向出售者支付一定费用后,就获得了能在规定期限内以某一特定价格向出售者买进或卖出一定数量的某种金融工具的权利。

37. A 【解析】中央银行作为证券发行主体,主要涉及两类证券:第一类是中央银行股票。但是,中央银行的股东并不享有决定中央银行政策的权利,只能按期收取固定的红利,其股票类似于优先股。第二类是中央银行出于调控货币供给量目的而发行的特殊债券。

38. D 【解析】中国证券业协会章程由会员大会制定,并报中国证监会备案,选项D说法错误。

39. C 【解析】地方政府债券一般以当地政府的税收能力作为还本付息的担保。

40. A 【解析】从1984年1月1日起,中国人民银行开始专门行使中央银行的职能,在国务院领导下,制定和执行货币政策,维护金融稳定,提供金融服务。

二、多选题

41. ABD 【解析】我国证券市场经过近30年的发展,逐步形成了五位一体的监管体系,即国务院证券监督管理机构、国务院证券监督管理机构的派出机构、证券交易所、行业协会和证券投资者保护基金公司为一体的监管体系和自律体系。

42. ABCD 【解析】公司上市的资格并不是永久的,当不能满足证券上市条件时,证券监管部门或证券交易所将对该股票做出实行特别处理、退市风险警示、暂停上市、终止上市的决定。

43. BD 【解析】流通国债是指可以在流通市场上交易的国债,投资者可以自由认购、自由转让,通常不记名,转让价格取决于对该国债的供给与需求,选项A错误;流通国债的转让一般在证券市场上进行,选项B正确;非流通国债是指不允许在流通市场上交易的国债,这种国债不能自由转让,可以记名,也可以不记名,选项C错误;非流通国债的发行对象,有的是个人,有的是一些特殊的机构,选项D正确。

44. ABCD 【解析】证券公司在向客户融资、融券前,应办理客户征信,了解客户身份、财产与收入状况、证券投资经验和风险偏好,并以书面和电子方式予以记载、保存。

45. ABCD 【解析】证券公司应当按《证券公司融资融券业务管理办法》规定的有关条件和征信的要求制定选择客户的具体标准:①从事证券交易时间;②账户状态;③信誉状况;④资产状况;⑤投资风格及业绩;⑥关联关系。

46. ABCD 【解析】我国的企业债券和公司债券在发行主体、监管机构、发行制度、担保要求、发行定价方式、募集资金的用途、发行申报程序、发行期限、发行持续时间、发行市场方面均有所不同。

47. ABCD 【解析】中国证券业协会的机构设置包括会员大会、理事会、常务理事会、监事会、会长办公会和负责人。

48. ABCD 【解析】货币政策的传导机制包括利率传导机制、信用传导机制、资产价格传导机制和汇率传导机制。

49. ABD 【解析】《中华人民共和国证券投资基金法》规定，基金份额持有人享有下列权利：①分享基金财产收益；②参与分配清算后的剩余基金财产；③依法转让或者申请赎回其持有的基金份额；④按照规定要求召开基金份额持有人大会；⑤对基金份额持有人大会审议事项行使表决权；⑥查阅或者复制公开披露的基金信息资料；⑦对基金管理人、基金托管人、基金份额发售机构损害其合法权益的行为依法提起诉讼；⑧基金合同约定的其他权利。
50. AD 【解析】股票的性质：①股票是有价证券；②股票是要式证券；③股票是证权证券；④股票是资本证券；⑤股票是综合权利证券。股票既不属于物权证券，也不属于债权证券，而是一种综合权利证券。
51. ABCD 【解析】上海证券交易所目前公布的指数包括上证 180 指数、上证 50 指数、上证 380 指数、上证综合指数、上证 100 指数和上证 150 指数。
52. BC 【解析】2005 年 12 月，国开行、建行分别以个人住房抵押贷款和信贷资产为支持，作为第一批试点单位成功发行了第一期资产支持证券——开元 2005、建元 2005。选项 B、选项 C 正确。
53. BCD 【解析】收益的不确定性是自营业务的特点之一。
54. ABD 【解析】积极主动的风险管理具体表现为金融机构要认真分析和衡量风险，主动有意识地而不是被动无意识地承担风险，进而对风险采取系统和科学的管理措施，以保证最终能够稳妥地获取风险收益(风险溢价)。
55. AB 【解析】政府债券的发行主体是政府，选项 A、选项 B 正确。
56. ABCD 【解析】在证券交易所挂牌交易的品种包括股票、基金、债券、权证和经中国证监会批准的其他交易品种。
57. BC 【解析】基金管理费是指从基金资产中提取的、支付给为基金提供专业化服务的基金管理人的费用，即管理人为管理和操作基金而收取的费用。基金管理费通常按照每个估值日基金净资产的一定比率(年率)逐日计提，累计至每月月底，按月支付。管理费率的大小通常与基金规模成反比，与风险成正比。基金规模越大，风险越小，管理费率就越低；反之，则越高。选项 A 说法错误，选项 B 说法正确；管理费通常从基金的股息、利息收益中或从基金资产中扣除，不另向投资者收取。选项 C 说法正确，选项 D 说法错误。
58. ACD 【解析】记名股票的特点：①股东权利属于记名股东；②可以一次或分次缴纳出资；③转让相对复杂或受限制；④便于挂失，相对安全。选项 B 说法错误，选项 A、选项 C、选项 D 说法正确。
59. AC 【解析】债券有以下基本性质：①债券属于有价证券；②债券是一种虚拟资本；③债券是债权的表现。
60. ACD 【解析】这类指标可以对将来的经济状况提供预示性的信息，如利率水平、货币供给、消费者预期、主要生产资料价格、企业投资规模等。同步性指标。这类指标的变化基本上与总体经济活动的转变同步，如个人收入、企业工资支出、国内生产总值、社会商品销售额等。滞后性指标。这类指标的变化一般滞后于国民经济的变化，如失业率、库存量、银行未收回贷款规模等。选项 A、选项 C、选项 D 属于先行性指标，选项 B 属于同步性指标。
61. ABD 【解析】中央银行是代表一国政府发行法偿货币、制定和执行货币政策、实施金融监管的重要机构。
62. BCD 【解析】《中华人民共和国公司法》规定，股东可以用货币出资，也可以用实物、知识产权、土地使用权等可以用货币估价并可以依法转让的非货币财产作价出资，但是，法律、行政法规规定不得作为出资的财产除外。
63. ABD 【解析】网下申购和网上申购中签率不同，一般网下申购的会略高于网上申购的，选项 C 说法错误。
64. BCD 【解析】交易所市场即有固定交易场所、集中进行交易的市场，一般是指证券交易所、期货交易所、票据交换所等高度组织化的金融市场。交易所分为会员制交易所和公司制交易所，投资者不能直接进入交易所市场进行交易，而是要通过场内证券经纪商进行。选项 A 说法正确；选项 B、选项 C 说法错误；交易所只是证券交易的场所，不能决定证券的价格，选项 D 说法错误。
65. AB 【解析】可转换债券是指发行人依照法定程序发行、在一定时期内依据约定的条件可以转换成股份的公司债券。转换后相当于增发了股票，可以起到股权稀释的效应。可分离交易的可转换债券全称是认股权和债券分离交易的可转换公司债券，是可转换债券的一种，因此也具有股权稀释效应。
66. ABC 【解析】美国上市公司股票交易场所包括全国性股票交易所、另类交易系统(ATS)、经纪商－交易商内部撮合。
67. ABCD 【解析】在一般情况下，风险管理的流程主要包括风险的识别，风险的衡量，风险的应对，风险的监测、预警与报告。
68. ABC 【解析】我国金融衍生工具市场分为交易所交易市场、场外交易市场，其中交易所交易市场包括银行间与银行柜台衍生工具市场、证券公司机构间与证券公司柜台衍生工具市场两大部分。创业板市场是股票交易的二板市场，是根据交易股票的所属公司经营状况不同所做的分类，选项 D 错误。
69. ABC 【解析】证券服务机构应当对所依据的文件资料内容的真实性、准确性和完整性进行核查和验证。
70. ABC 【解析】《中华人民共和国证券法》规定，证券公司经营证券经纪，证券投资咨询，与证券交易、证券投资活动有关的财务顾问业务，注册资本最低限额为人民币 5000 万元；经营证券承销与保荐、证券融资融券、证券做市交易、证券自营和其他证券业务之一的,注册资本最低限额为人民币1亿元;经营证券承销与保荐、证券融资融券、证券做市交易、证券自营和其他证券业务中两项以上的,注册资本最低限额为人民币5亿元。

71. ABC 【解析】证券登记结算机构是为证券交易提供集中登记、存管与结算服务,不以营利为目的的法人。

72. AC 【解析】地方政府债券按资金用途和偿还资金来源不同,通常可以分为一般债券和专项债券。

73. ABCD 【解析】金融衍生工具极强的派生能力和高度杠杆性使其发展速度十分惊人,根据国际清算银行的金融衍生工具统计报告,可以得到以下结论:①金融衍生工具以场外交易为主;②按基础产品比较,利率衍生品无论在场内还是场外,均是名义金额最大的衍生品种类,其中,场外交易的利率互换占所有衍生品名义金额的半数以上,是最大的单个衍生品种类;③按产品形态比较,远期和互换这两类具有对称性收益的衍生产品比收益不对称的期权类产品大得多,但是,在交易所市场上则正好相反;④金融危机发生后,衍生品交易的增长趋势并未改变,但市场结构和品种结构发生了较大变化。

74. ABD 【解析】2004年6月1日开始实施的《中华人民共和国证券投资基金法》为我国基金业的发展奠定了重要的法律基础,标志着我国基金业的发展进入了快速发展阶段。这个阶段基金业的特点:①基金业监管的法律体系日益完善;②基金品种日益丰富,开放式基金取代封闭式基金成为市场发展的主流;③基金公司业务开始走向多元化,出现了一批规模较大的基金管理公司;④基金行业对外开放程度不断提高;⑤基金业市场营销和服务创新日益活跃;⑥基金投资者队伍迅速壮大,个人投资者取代机构投资者成为基金的主要持有者。选项A、选项B、选项D正确。

75. BCD 【解析】国际债券是一种跨国发行的债券,涉及两个或两个以上的国家。同国内债券相比,具有以下特殊性:①资金来源广、发行规模大;②存在汇率风险;③有国家主权保障;④以自由兑换货币作为计量货币。

76. BD 【解析】主板市场是一个国家或地区证券发行、上市交易的主要场所。对发行人的营业期限、股本大小、盈利水平等方面的要求标准较高,上市的企业多为成熟企业。主板市场属于场内市场,它包括中小板市场。因此,选项A、选项C不正确。

77. ACD 【解析】对客户撤销的委托,证券经纪商须及时将冻结的资金或证券解冻,选项B错误。

78. ABCD 【解析】在分析和评价风险严重性时,需要考虑的因素:①风险损失的相对性,即不仅要考虑风险损失的绝对量;②考虑主体的风险承受能力;③考虑单一风险事件和所有风险事件产生的不同类型损失及其对主体的综合影响,既要考虑直接损失和有形损失,也要考虑间接损失和无形损失;④要综合考量风险发生的时间、持续时间、发生频率等因素,以提升对风险影响评估的科学性。

79. ABD 【解析】美国的住房抵押贷款大致可以分为5类:①优级贷款;②Alt-A贷款;③次级贷款;④住房权益贷款;⑤机构担保贷款。

80. ACD 【解析】根据债券券面形态不同,可以将债券分为实物债券、凭证式债券和记账式债券。

三、判断题

81. B 【解析】基金管理人应当在基金份额上市交易的3个工作日前,公告上市交易公告书。

82. B 【解析】看跌期权可从市场上以较低的价格买入该项金融工具,再按行权价格卖给期权的卖方,将赚取行权价格与市价的差额;如果判断失误,将放弃行权,损失期权费

83. B 【解析】财政部代理发行地方政府债券采用招标方式,地方政府自行发债采用招标方式或承销方式。

84. B 【解析】《上海证券交易所科创板股票上市规则》规定,发行人申请在本所科创板上市,公司股本总额超过人民币4亿元的,首次公开发行股份的比例为10%以上。

85. A 【解析】公司发行可转换债券的主要动因是为了增强证券对投资者的吸引力,能以较低的成本筹集到所需要的资金。

86. B 【解析】增发的目的是向社会公众募集资金,扩大股东人数,分散股权,增强股票的流通性,并可避免股份过分集中。

87. B 【解析】经济因素是影响我国金融市场运行的最重要因素,既包括经济增长和经济周期波动这种纯粹的经济因素,也包括政府宏观经济政策及特定的财政金融行为等混合因素,还包括国际经济环境因素。

88. B 【解析】私募基金在运作上具有较大的灵活性,所受到的限制和约束也较少,投资风险较高。

89. A 【解析】中央国债登记结算有限责任公司为金融债券的登记、托管机构。金融债券发行结束后,发行人应及时向中央国债登记结算有限责任公司确认债权债务关系,由中央国债登记结算有限责任公司及时办理债券登记工作。金融债券付息或兑付日前(含当日),发行人应将相应资金划入债券持有人指定的资金账户。

90. A 【解析】有面额股票的票面金额是股票发行价格的最低界限。

91. A 【解析】对于开放式指数基金来说,投资者申购基金份额的,应当拥有对应的足额组合证券及替代现金。投资者赎回基金份额的,应当拥有对应的足额基金份额。

92. A 【解析】股票价格指数期货的交易单位等于基础指数的数值与交易所规定的每点价值之乘积,采用现金结算。

93. B 【解析】证券登记结算机构一般以证券公司为单位,采用电脑记账方式记载证券公司交给的证券。

94. B 【解析】我国证券投资者保护基金的资金运用限于银行存款、购买国债、中央银行债券(包括中央银行票据)和中央级金融机构发行的金融债券以及国务院批准的其他资金运用形式。
95. B 【解析】中央银行是"银行的银行",即中央银行与商业银行之间带有管理和被管理性质的特殊关系,它只与商业银行和其他金融机构发生业务往来,并不与企业和个人发生直接的信用关系,即中央银行具有与商业银行不同的经营业务,中央银行面向银行等金融机构提供的服务包括集中保管商业银行的存款准备金,作为商业银行的最后贷款人,组织全国商业银行之间的清算。
96. B 【解析】基金管理人应当自收到核准文件之日起6个月内进行基金份额的发售。基金的募集期限自基金份额发售日开始计算,募集期限不得超过3个月。
97. A 【解析】私募基金运行期间,信息披露义务人应当在每季度结束之日起10个工作日以内向投资者披露基金净值、主要财务指标以及投资组合情况等信息。
98. A 【解析】金融远期合约是指交易双方约定在未来的某一确定的时间,按约定的价格买入或卖出一定数量的某种标的金融资产的合约。
99. A 【解析】商业信用融资是企业之间相互提供的,和商品交易直接相联系的资金融通方式是企业普遍采用的短期融资手段。
100. A 【解析】债券兑付是偿还本金,债券付息是支付利息。一般情况下,债券有五种兑付方式:到期兑付、提前兑付、债券替换、分期兑付和转换为普通股兑付。
101. B 【解析】2018年3月26日,我国首个国际化期货品种原油期货在上海期货交易所子公司上海国际能源交易中心挂牌交易。
102. A 【解析】地方政府债券有财政部代理发行和自行发行两种方式。
103. B 【解析】发行金融债券是金融机构的主动负债,有利于提高金融机构资产负债管理能力,化解金融风险。
104. B 【解析】在经济繁荣时期,低等级债券与无风险债券之间的收益率差通常比较小,而一旦进入衰退或者萧条,信用利差就会急剧扩大,导致低等级债券价格暴跌。
105. A 【解析】股票发行监管制度的核心内容是股票发行决定权的归属。
106. B 【解析】北京证券交易所(简称"北交所")是经国务院批准设立的我国第一家公司制证券交易所。
107. A 【解析】开放式指数基金的申购、赎回、交易:①当日申购的基金份额,同日可以卖出,但不得赎回;②当日买入的基金份额,同日可以赎回,但不得卖出;③当日赎回的证券,同日可以卖出,但不得用于申购基金份额;④当日买入的证券,同日可以用于申购基金份额,但不得卖出。
108. A 【解析】上海证券交易所在《上海证券交易所科创板企业上市推荐指引》中指出,根据科创板定位,保荐机构优先推荐的新一代信息技术领域中的企业不包括从事智能制造的科技创新企业。
109. A 【解析】规范类强制退市,包括公司财务重大报告差错与虚假记录、信息披露、定期报告发布、公司股本总额或股权分布发生变化、依法被强制解散、公司重整、破产和清算等方面触及相关合规性指标等。
110. A 【解析】银行间债券市场中长期债券信用评级,共划分为三等九级,其中BBB级表示偿还债务能力一般,受不利经济环境影响较大,违约风险一般。

四、综合题

111. B 【解析】股票市场发展初期采用的股票发行方式是审批制,此时,发行股票的首要条件是取得指标和额度。
112. ABC 【解析】在沪、深证券交易所成立以前,发行价格大部分按面值进行,定价没有制度可循,选项D错误,其余选项均正确。
113. ACD 【解析】《中华人民共和国公司法》规定,股票发行价格可以按票面金额,也可以超过票面金额,但不得低于票面金额。选项B说法错误。
114. B 【解析】按基金的组织形式划分,可分为契约型基金和公司型基金。按基金运作方式划分,可分为封闭式基金和开放式基金等类型。按基金的投资标的划分,可分为股票基金、债券基金、混合基金、货币基金。按基金的投资目标划分,可分为成长型基金、收入型基金、平衡型基金。故选B。
115. BC 【解析】选项A,在基金合同生效后,申请购买基金份额的行为是申购。选项D,基金份额的认购通常有前端收费和后端收费两种模式。
116. B 【解析】净认购金额 $= 200000/(1+1.5\%) = 197044.335$(元),认购费用 $= 200000 - 197044.335 = 2955.665$(元)。
117. D 【解析】每年末票面收益为 $100 \times 4\% = 4$ 元。买卖差价为 $98.6 - 95 = 3.6$ 元。每只债券获得的收益为 $4 + 3.6 = 7.6$ 元。
118. BC 【解析】《中华人民共和国证券法》规定,有下列情形的,不得再次公开发行公司债券:对已公开发行的公司债券或者其他债务有违约或者延迟支付本息的事实,仍处于继续状态;违反本法规定,改变公开发行公司债券所募资金的用途。
119. ABD 【解析】股利宣布日,即公司董事会将分红派息的消息公布于众的时间,选项A正确;股权登记日,即统计和确认参加本期股利分配给股东的日期,选项B正确;除息除权日,通常为股权登记日之后的1个工作日,选项C错误;派发日,即股利正式发放给股东的日期,选项D正确。
120. C 【解析】根据不变增长模型,该公司的股票的价值 $= 1.8 \times (1+5\%)/(11\% - 5\%) = 31.5$(元)。

证券行业专业人员一般业务水平评价测试

机考题库与高频考点

金融市场基础知识

◆机考题库·真题试卷（七）

◆机考题库·真题试卷（八）

（含参考答案及解析）

《金融市场基础知识》机考题库·真题试卷

机考题库·真题试卷(七)

一、单选题(共40题,每小题0.5分,共20分)以下备选项中只有一项最符合题目要求,不选、错选均不得分。

1.(　　)是风险偏好、风险限额以及日常风险管理得以有效实施的重要保障。

A. 风险预警　　B. 风险监测　　C. 风险报告　　D. 风险控制

2.(　　)是指财政部在中华人民共和国境内发行,通过试点商业银行面向个人投资者销售的、以电子方式记录债权的不可流通人民币债券。

A. 记账式国债　　B. 储蓄国债(凭证式)

C. 储蓄国债(电子式)　　D. 熊猫债券

3. 下列关于国际债券的说法,错误的是(　　)。

A. 同国内债券相比,具有一定的特殊性,如资金来源广、发行规模大

B. 国际债券是指一国借款人在本国证券市场上以外国货币为面值、向外国投资者发行的债券

C. 国际债券的发行人主要是各国政府、政府所属机构、银行或其他金融机构、工商企业及一些国际组织等

D. 国际债券是一种跨国发行的债券,涉及两个或两个以上的国家

4. 证券交易所会员不能享有的权利是(　　)。

A. 在证券交易所进行证券交易并享有优先申报权

B. 对证券交易所事务的提议权和表决权

C. 参加会员大会

D. 选举权和被选举权

5. 投资者在申购货币基金时,按(　　)进行申购、赎回。

A. 当日收市价　　B. 1元人民币固定价

C. 近7日加权均价　　D. 未知价

6. ETF的申购和赎回在(　　)进行,市场交易在(　　)进行。

A. 一级市场;一级市场　　B. 二级市场;一级市场

C. 二级市场;二级市场　　D. 一级市场;二级市场

7. 中期票据发行业务中,(　　)。

A. 主承销商可以向投资者逆向询价

B. 发行人可以向投资者逆向询价

C. 投资者可以向发行人逆向询价

D. 投资者可以向主承销商逆向询价

8. 买方在支付了一定费用后,即取得在合约有效期内或到期时以约定的汇率购买或出售一定数额某种外汇资产的权利的金融产品是(　　)。

A. 期货合约期权　　B. 货币期权

C. 利率期权　　D. 互换期权

9. 2005 年,国际多边金融机构在(　　)发行熊猫债券。

A. 欧洲市场　B. 全球　C. 中国境内　D. 亚洲市场

10. 投资人可在基金合同约定的时间和场所向基金管理公司申购或赎回的基金被称为(　　)。

A. 风险基金　B. 开放式基金

C. 产业基金　D. 封闭式基金

11. 下列关于股票价格的说法中,错误的是(　　)。

A. 理论上,股票价格应由其价值决定,股票本身没有价值,不是在生产过程中发挥职能作用的现实资本,只是一张凭证

B. 根据现值理论,股票的价值取决于股票的账面价值

C. 股票交易实际上是对未来收益权的转让买卖,股票价格就是对未来收益的评定

D. 股票之所以有价格,其原因之一是因为它代表着收益的价值,即能给它的持有者带来股息红利

12. 在我国,设立证券公司必须经(　　)批准。

A. 中国证券业协会

B. 国务院证券监督管理机构

C. 证券投资者保护基金有限责任公司

D. 国家发展和改革委员会

13. 证券投资基金的出现和发展,能有效地改善证券市场的(　　)结构。

A. 筹资者　B. 管理者　C. 投资者　D. 监管者

14. 一年期中央票据票面面值为 100 元,贴现率是 3.5%,于 1 月 1 日发行,6 月 30 日到期,其实际面值为(　　)元。

A. 92.25　B. 92.5　C. 96.5　D. 98.29

15. 根据利息支付方式的不同,金融债券可分为(　　)。

A. 附息金融债券;贴现金融债券

B. 普通金融债券;累进利息金融债券

C. 信用债券;担保债券

D. 附有选择权的债券;不附有选择权的债券

16. 封闭式基金的存续期应在(　　)年以上。

A. 2　B. 5　C. 10　D. 15

17. (　　)是指金融市场参与者无法以合理成本及时获得充足资金,以偿付到期债务、履行其他支付义务和满足正常业务开展的资金需求的风险。

A. 信用风险　B. 流动性风险

C. 市场风险　D. 操作风险

18. 一般来说,其他条件相同的情况下,流动性较强的债券的收益率(　　)。

A. 没有差异　B. 无法判断

C. 较低　D. 较高

19. 某基金总资产为人民币 60 亿元,总负债为人民币 20 亿元,发行在外的基金份数为 40 亿份,则该基金的基金份额净值为人民币(　　)。

A. 1 元　B. 1 亿元　C. 2 元　D. 2 亿元

20. 财政部代理地方政府债券发行招标,债权确立实行(　　)方式。

A. 中标得券　B. 认购得券

C. 见款付券　D. 见认购单付券

21. 中小板综合指数是(　　)的股价指数。

A. 上海证券交易所　B. 深圳证券交易所

C. 香港证券交易所　D. 纽约证券交易所

22. 地方政府为筹集建设某项具体工程而发行的债券，与特定项目或部分特定税收相联系，其还本付息来自投资项目的收益、收费及政府特定的税收或补贴，这种债券是(　　)。
A. 一般责任债券　　B. 专项债券
C. 长期债券　　D. 普通债券
23. 长期资本流动的主要方式不包括(　　)。
A. 国际直接投资　　B. 银行资金调拨
C. 国际证券投资　　D. 国际信贷
24. 随着市场经济的发展，以(　　)为形式的直接融资已经成为资金需求者最基本的筹资手段。
A. 担保融资　　B. 抵押融资　　C. 银行贷款　　D. 发行证券
25. 我国目前最为流行的结构化金融衍生产品主要是由(　　)开发的各类结构化理财产品以及在交易所市场上可上市交易的各类结构化票据。
A. 基金公司　　B. 证券交易所
C. 商业银行　　D. 投资银行
26. 证券公司、基金管理公司子公司通过设立(　　)开展资产证券化业务。
A. 基金管理人　　B. 特殊目的载体　　C. 基金托管人　　D. 特殊目的机构
27. 货币期权又称为(　　)。
A. 互换期权　　B. 利率期权　　C. 任选期权　　D. 外汇期权
28. 下列关于储蓄国债(凭证式)的发行方式的说法，正确的是(　　)。
A. 只能采用代销方式　　B. 可采用竞争性招标方式
C. 只能采用包销方式　　D. 可采用承购包销方式
29. (　　)制度是一国(地区)在货币没有实现完全可自由兑换、资本项目尚未完全开放的情况下，有限度地引进外资、开放证券市场的一项过渡性的制度。
A. ETF　　B. LOF　　C. QDII　　D. QFII
30. 关于个人投资者开通科创板股票交易权限的符合条件，说法正确的是(　　)。
A. 须核查申请权限开通前10个交易日证券账户及资金账户内的资产日均金额
B. 符合交易日期限规定的个人证券账户及资金账户内的资产日均不低于人民币50万元
C. 个人投资者须参与证券交易12个月以上
D. 核查的证券账户及资金账户包括该投资者通过融资融券融入的资金及证券
31. 下列各项中，不属于委托指令基本内容的是(　　)。
A. 委托价格　　B. 证券账号　　C. 委托方式　　D. 证券品种
32. 公司按股东的持股比例向原股东分配公司的新股认购权，准其优先认购新股的方式，即按老股一股配售若干新股，以保护原股东的权益及其对公司的控制权。上述融资方式是指(　　)。
A. 增发　　B. 配股
C. 定向增发　　D. 首次公开发行股票
33. 下列属于间接融资的是(　　)。
A. 股票市场融资　　B. 债券市场融资
C. 民间借贷　　D. 消费信用融资
34. 证券金融公司从事转融通业务的，转融通期限一般不得超过(　　)个月。
A. 1　　B. 3　　C. 6　　D. 12
35. 对股份有限公司而言，可以避免公司经营决策权改变和分散的行为是(　　)。
A. 发行可转换债券　　B. 引入战略投资者
C. 发行优先股　　D. 发行普通股
36. 在我国，国有股权行政管理的专职机构是(　　)。
A. 资产经营公司　　B. 国有投资公司
C. 国有资产管理部门　　D. 国务院

37. 契约型基金通过(　　)来规范三方当事人的行为。

A. 股东会　　B. 基金契约　　C. 基金章程　　D. 董事会

38. 若法定存款准备金为 r,原始存款为 D_0,则简单货币乘数 m 为(　　)。

A. D_0/r　　B. $1/D_0$　　C. r/D_0　　D. $1/r$

39. 金融服务实体经济的实质就是有效发挥其(　　)的功能。

A. 所有权转移　　B. 媒介资源配置

C. 吸收国际资本　　D. 活跃市场交易

40. 沪股通通过(　　)设立的证券交易服务公司进行交易。

A. 上海证券交易所

B. 上海证券交易所或香港联合交易所

C. 上海证券交易所和香港联合交易所

D. 香港联合交易所

二、多选题(共40题,每小题1分,共40分)以下备选项中有两项或两项以上符合题目要求,多选、少选、错选均不得分。

41. 关于股东的表决权,下列说法正确的有(　　)。

A. 股东会议由股东按出资比例行使表决权,但公司章程另有规定的除外

B. 股东的表决权不可以集中使用

C. 股东委托的代理人可以在授权范围内行使表决权

D. 普通股票股东行使公司重大决策参与权的途径是参加股东会、行使表决权

42. 增发是股份公司向不特定对象公开募集股份的增资方式,其目的主要有(　　)。

A. 向社会公众募集资金

B. 扩大股东人数

C. 增加股票的流通性

D. 分散股权,避免股份过分集中

43. 根据《律师事务所从事证券法律业务管理办法》的规定,律师事务所从事证券法律业务的条件包括(　　)。

A. 已经办理有效的执业责任保险

B. 最近1年未因违法执业行为受到行政处罚

C. 有20名以上执业律师,其中10名以上曾从事过证券法律业务

D. 内部管理规范,风险控制制度健全,执业水准高,社会信誉良好

44. 股票的价格分为(　　)。

A. 理论价格　　B. 账面价格

C. 市场价格　　D. 清算价格

45. 关于货币乘数,下列说法正确的有(　　)。

A. 货币乘数与存款准备金率有关

B. 货币乘数描述的是基础货币与货币供给之间的倍数关系

C. 法定存款准备金率越高货币乘数越大

D. 多数情况下提现率不影响货币乘数

46. 下列关于储蓄国债(电子式)的表述中,正确的有(　　)。

A. 可流通转让

B. 发行对象是个人投资者

C. 以电子方式记录债权

D. 可办理提前兑取、质押贷款、非交易过户等

47. 下列属于巴塞尔银行监管委员会进一步明确的操作风险的类型的有(　　)。

A. 雇员活动和工作场所安全性风险

B. 客户、产品及业务活动中的操作性风险

C. 实物资产损坏

D. 营业中断或信息技术系统瘫痪

48. 间接融资的特点有(　　)。

A. 间接性　　B. 融资的相对集中性

C. 融资信誉有较大的差异性　　D. 可逆性

49. 基金的募集一般要经过(　　)几个步骤。

A. 申请　　B. 注册　　C. 发售　　D. 基金合同生效

50. 以下关于我国证券行业特征的说法,正确的有(　　)。

A. 市场深度和广度大大提高　　B. 市场规模显著扩张

C. 传统业务同质化竞争明显　　D. 行业集中度较低

51. 下列关于银行间债券市场的说法,正确的有(　　)。

A. 投资者在银行间债券市场可进行债券买卖和回购

B. 政策性金融债券目前不在银行间市场进行交易

C. 银行间债券市场已经成为我国债券市场的主体部分

D. 银行间债券市场规模快速扩大,直接融资比例不断上升

52. 1993 年 3 月 10 日,海南证券交易中心推出我国第一只股票指数期货合约,其标的物有(　　)。

A. 深证综合指数　　B. 深证 A 股指数

C. 沪深 300 指数　　D. 沪深 500 指数

53. 下列关于证券托管和存管中账户记录的说法中,错误的有(　　)。

A. 证券登记结算机构一般以证券公司为单位进行记载

B. 证券交易所一般以证券公司在各地的营业部为单位进行记载

C. 对股权、债权变更引起的证券转移,均通过账面予以划转

D. 目前,账户记录结合电脑记账和纸面记账的方式

54. 我国股票市场分为场内交易市场和场外交易市场。下列属于场内交易市场的有(　　)。

A. 主板市场　　B. 创业板市场　　C. 科创板市场　　D. 新三板

55. 对证券投资基金从证券市场取得的收入,暂不征收企业所得税的有(　　)。

A. 买卖股票的差价收入　　B. 买卖债券的差价收入

C. 股权的股息和红利收入　　D. 债券的利息收入

56. 在证券市场起中介作用的机构主要有(　　)。

A. 证券登记结算机构　　B. 证券公司

C. 会计师事务所　　D. 律师事务所

57. 为处置证券公司风险需要动用证券投资者保护基金时,下列说法中,正确的有(　　)。

A. 由中国证监会根据证券公司的风险状况制定风险处置方案

B. 由证券投资者保护基金有限责任公司制定基金使用方案

C. 证券投资者保护基金有限责任公司制定的基金使用方案,无须报经国务院批准

D. 根据具体的基金使用方案,由证券交易所办理发放基金的具体事宜

58. 金融衍生工具的基本特征包括(　　)。

A. 杠杆性　　B. 跨期性

C. 不确定性或高风险性　　D. 联动性

59. 关于金融期权,下列说法正确的有(　　)。

A. 期权的买方在支付了期权费后,就获得了期权合约所赋予的权利

B. 期权的买方可以选择行使他所拥有的权利

C. 期权的卖方在收取期权费后,就承担着在规定时间内履行该期权合约的义务

D. 期权的卖方可以有条件地履行合约规定的义务

60. 可以召开临时股东会的情形有(　　)。
A. 董事会认为有必要
B. 监事会提议召开
C. 单独或合计持有公司10%以上股份的股东请求
D. 股利宣告日

61. 对基金资产估值负相应责任的有(　　)。
A. 基金管理人　　B. 基金托管人
B. 基金业协会　　D. 基金份额持有人

62. 证券投资咨询的基本业务形式包括(　　)。
A. 证券投资顾问业务　　B. 财务顾问
C. 投资者教育　　D. 发布证券研究报告

63. 目前国内外关于风险的定义较多,其中主要有(　　)。
A. 风险是结果的不确定性
B. 风险是波动性或结果对期望值的偏离度
C. 风险是未来损失的可能性
D. 风险不包括盈利的可能性

64. 影响筹资者确定债券利率的主要因素有(　　)。
A. 借贷资金市场利率水平　　B. 筹资者资信
C. 债券期限长短　　D. 债券面额

65. 公司在发行可转换债券后,在(　　)情况下需要对可转换债券的转换价格进行修正。
A. 送股　　B. 配股　　C. 增发　　D. 分立

66. 科创板上市公司可能退市的情形主要包括(　　)。
A. 重大违法强制退市　　B. 交易类强制退市
C. 财务类强制退市　　D. 规范类强制退市

67. 关于机构投资者投资基金所涉及的税收,下列说法正确的有(　　)。
A. 机构投资者购入基金、信托和理财产品等各类资产管理产品持有至到期,属于金融商品转让,计征增值税
B. 机构投资者买卖基金份额暂免征收印花税
C. 机构投资者在境内买卖基金份额获得的差价收入,应征收企业所得税
D. 机构投资者从基金分配中获得的收入,暂不征收所得税

68. 以下(　　)是证券投资基金的特点。
A. 集合理财、专业管理　　B. 组合投资、分散风险
C. 集中管理、保障安全　　D. 利益共享、风险共担

69. 对具有证券评估资格的资产评估机构从事证券业务违反相关规定的,财政部、中国证监会对资产评估机构负责人、直接负责的主管人员和其他直接责任人员,可以采取的措施有(　　)。
A. 当面训诫　　B. 监管谈话　　C. 出具警示函　　D. 罚金

70. 证券账户的子账户包括(　　)。
A. 人民币普通股票账户　　B. 人民币特种股票账户
C. 全国中小企业股份转让系统账户　　D. 封闭式基金账户

71. 金融期货主要包括(　　)。
A. 货币期货　　B. 利率期货
C. 股票期货　　D. 股票指数期货

72. 我国现行的规定是各类工商企业可(　　)。
A. 参与股票配售　　B. 投资股票二级市场
C. 投资中小板　　D. 投资境外股票市场

73. 当证券投资者保护基金有限责任公司发现证券公司经营管理中出现可能危及(　　)的重大风险时,应当及时向有关部门提出监管、处置建议。
A. 投资者利益　　B. 证券公司利益
C. 监管部门利益　　D. 证券市场安全
74. 可交换公司债券与可转换公司债券的不同之处体现在(　　)。
A. 发债主体和偿债主体不同　　B. 适用的法规不同
C. 所换股份的来源不同　　D. 股权稀释效应不同
75. 基金托管人是根据法律法规的要求,在证券投资基金运作中承担(　　)等相应职责的当事人。
A. 基金资产保管
B. 资产保值、增值
C. 基金投资运作监督和信息披露
D. 基金资产清算与会计复核
76. 金融机构(不包括政策性银行)发行金融债券申报文件应包括(　　)。
A. 发行人近 2 年经审计的财务报告及审计报告
B. 金融债券发行申请报告、募集说明书
C. 发行公告或发行章程、承销协议
D. 发行人关于本期债券偿债计划及保障措施的专项报告
77. 下列须缴纳个人所得税的个人投资收益包括(　　)。
A. 公司债券利息　　B. 股息
C. 红利所得　　D. 国债和国家发行的金融债券的利息收入
78. 我国证券账户按照交易场所划分可分为(　　)。
A. 上海证券账户　　B. 深圳证券账户
C. 人民币特种股票账户　　D. 北京证券账户
79. 下列关于股东会的说法中,正确的有(　　)。
A. 每年定期召开一次,当有必要时,也可召开临时会议
B. 临时会议半年召开一次
C. 股东会选举董事、监事可以实行累积投票制
D. 普通股票股东必须亲自参加,才能行使表决权
80. 下列关于证券投资基金特点的表述中,正确的有(　　)。
A. 有利于发挥资金规模优势
B. 有利于降低投资成本
C. 由基金管理人和基金托管人共同投资运作基金资产,有利于保证基金资产安全
D. 投资人可以享受到专业化的投资管理服务

三、判断题(共 30 题,每小题 1 分,共 30 分)正确的选 A,错误的选 B。不选、错选均不得分。

81. 私募基金的合格投资者包括金融资产不低于 200 万元或者最近 3 年个人年均收入不低于 50 万元的个人。(　　)
A. 正确　　B. 错误
82. 投资者在申购货币基金时,按 1 元人民币固定价进行申购、赎回。(　　)
A. 正确　　B. 错误
83. 一只公募基金持有一家公司发行的证券,其市值不得超过基金资产净值的 15%。(　　)
A. 正确　　B. 错误
84. 我国公开募集基础设施证券投资基金是指依法向社会投资者公开募集资金形成基金财产,通过基础设施资产支持证券等特殊目的载体持有基础设施项目,由基金管理人等主动管理运营上述基础设施项目,并将产生的绝大部分收益分配给投资者的标准化金融产品。(　　)
A. 正确　　B. 错误

85. 北京证券交易所规定,投资者可以以不同证券账户在单个或多个会员的不同证券营业部买入证券。(　　)

A. 正确　　B. 错误

86. 金融衍生工具的跨期性是指交易双方根据对价格变化的预测,约定在未来某一确定的时间按照某一条件进行交易或有选择是否交易的权利,涉及基础资产的跨期转移。(　　)

A. 正确　　B. 错误

87. 债券作为证明债权债务关系的凭证,一般以有一定格式的票面形式来表现。通常,债券票面上有四个基本要素:票面价值、到期期限、票面利率和发行者名称。(　　)

A. 正确　　B. 错误

88. 债券信用评级的对象包括国家财政发行的国库券和企业发行的债券。(　　)

A. 正确　　B. 错误

89. 在影响债券价值的基本因素中,折现率越大,债券价值越大。(　　)

A. 正确　　B. 错误

90. 资产证券化根据证券化产品的基础资产分类,可分为股权型证券化、债权型证券化和混合型证券化。(　　)

A. 正确　　B. 错误

91. 上市公司非公开发行股票确定发行价格和持股期限的,发行价格不低于定价基准日前20个交易日公司股票均的90%。(　　)

A. 正确　　B. 错误

92. 国内股市投资者主要有四大类:机构投资者、个人投资者、外资机构和一般法人。(　　)

A. 正确　　B. 错误

93. 目前我国对证券交易所达成的多数证券交易均采取多边净额结算方式。(　　)

A. 正确　　B. 错误

94. 中央政府债券不存在违约风险,因此,这一类证券被视为无风险证券。(　　)

A. 正确　　B. 错误

95. 政府债券的发行主体是政府和中央国有大型企业。(　　)

A. 正确　　B. 错误

96. 金融市场具有将有形资产产生的风险在资金供求双方之间重新配置的功能。(　　)

A. 正确　　B. 错误

97.《证券法》规定,从事证券投资咨询服务业务,应当经国务院证券监督管理机构核准,从事其他证券服务业务,应当报国务院证券监督管理机构和国务院有关主管部门备案。(　　)

A. 正确　　B. 错误

98. 基金托管人的最主要职责是按照基金合同的约定,负责基金资产的投资运作,力争在有效控制风险的同时为基金投资者获取最大的投资收益。(　　)

A. 正确　　B. 错误

99. 向客户出借资金供其买入证券或者出借证券供其卖出,并收取担保物的经营活动是证券公司中间介绍业务。(　　)

A. 正确　　B. 错误

100. 做市商被终止全部科创板股票做市交易业务的,1年以内不得重新申请对任一科创板股票开展做市交易业务。(　　)

A. 正确　　B. 错误

101. 科创板上市公司的股票终止上市后,符合上交所规定条件的,可以向上交所申请再次上市。(　　)

A. 正确　　B. 错误

102. 大宗商品类金融衍生工具是指标的资产为大宗商品或者商品价格指数及相关指数的远期、期货、期权以及互换。常见的标的有农产品、金属、原油和其他石油产品、天然气、电力、海运费和天气指数等。(　　)

A. 正确　　B. 错误

103. 目前最流行的结构化金融衍生产品主要是由中央银行开发的各类结构化理财产品以及在交易所市场上市交易的各类结构化票据。(　　)

A. 正确　　B. 错误

104. 远期汇率协议是指交易双方约定在未来某一日交换协议期间内在一定名义本金基础上分别以合同利率和参考利率计算的利息的金融合约。(　　)

A. 正确　　B. 错误

105. 无记名国债属于实物债券,它以实物券的形式记录债权、面值等,不记名,不挂失,可上市流通。(　　)

A. 正确　　B. 错误

106. 风险管理可以通过风险定价延长现金流期限、降低贴现率,提升企业价值。(　　)

A. 正确　　B. 错误

107. 在证券经纪业务中,证券公司只收取一定比例的佣金作为业务收入。(　　)

A. 正确　　B. 错误

108.《中华人民共和国证券法》规定从事证券投资咨询服务业务,应当经国务院证券监督管理机构核准;未经核准,不得为证券的交易及相关活动提供服务。(　　)

A. 正确　　B. 错误

109. 风险分散是指通过多样化的投资来分散和降低风险,适用于非系统性风险的管理,也可以降低系统性风险。(　　)

A. 正确　　B. 错误

110. 贴现率实质上是中央银行向商业银行的放款利率,如果中央银行降低再贴现率,就意味着中央银行鼓励商业银行通过再贴现以扩张信贷规模,从而减少货币供给量;反之,中央银行提高再贴现率,则货币供给量增加。(　　)

A. 正确　　B. 错误

四、综合题(共 10 题,每小题 1 分,共 10 分)以下备选项中有一项或多项符合题目要求,不选、错选均不得分。

2021 年,证券金融公司 A 公司欲开展转融通业务,应当向证券公司收取一定比例的保证金,确定并公布可充抵保证金证券的种类和折算率。经营一年后,证券金融公司 A 公司从事转融通业务的年税后利润为 480 万元。

根据以上信息,回答下列三题。

111. 保证金可以证券充抵,但货币资金占应收取保证金的比例不得低于(　　)。

A. 30%　　B. 20%

C. 15%　　D. 10%

112. 证券金融公司应当按照国家宏观政策,根据市场状况和风险控制需要,确定和调整(　　)。

A. 转融通费率　　B. 转融通资金率

C. 保证金比例　　D. 担证金比例

113. 甲证券金融公司从事转融通业务的年税后利润为 480 万元,则当年,甲证券金融公司应提取的准备金为(　　)。

A. 14.4 万元　　B. 24 万元

C. 38.4 万元　　D. 48 万元

某公司2019年2月曾公开发行2亿元的公司债券,经过一年的迅速发展公司欲扩大规模,为了筹集资金该公司2020年9月申请再次公开发行1亿元的公司债券。

根据以上信息,回答下列两题。

114. 公开发行的证券公司债券,可以在(　　)上市交易或转让。

A. 银行间债券市场　　B. 证券交易所

C. 全国中小企业股份转让系统　　D. 中证机构间报价系统

115. 下列情形中,构成本次发行障碍的是(　　)。

A. 2019年发行的公司债券延迟支付利息,仍处于继续状态

B. 2019年发行的公司债券尚未募足

C. 本次拟发行的公司债券距上次发行不足2年

D. 改变公开发行公司债券所募资金的用途

风险限额是依据风险调整资本收益率最大化原则,将风险指标以风险限额的形式分解至公司的不同层面、不同业务线甚至具体的策略,将风险控制在可以承受的合理范围之内。在风险管理体系中,各类敞口的限额都是根据风险变化的预测提前设定的,在每个时点上,系统都可以根据最新市场变和业务数据计算调整各项限额。

根据以上信息,回答下列三题。

116. 下列对于风险限额的相关概念,说法正确的是(　　)。

A. 限额管理体现了风险管理是一种积极的事前管理

B. 限额管理是一种对风险的实时动态管理

C. 限额管理体现了任何金融产品是风险与收益的组合,投资是以风险换收益

D. 限额管理体现了现代风险管理是种全面的风险管理

117. 根据风险限额管理的相关理念,下列属于常用的信用风险限额指标的有(　　)。

A. VaR限额

B. 单一客户贷款集中度限额

C. 单一集团客户授信集中度限额

D. 最大十家金融同业集中度

118. 下列关于风险限额管理的说法,错误的是(　　)。

A. 证券公司应当建立定期盯市制度,准确计算、监测关键风险指标情况

B. 风险限额的设定首先需要全面风险计量,以确定各类敞口的预期损失和非预期损失

C. 对超限额的处置,应当由风险管理部门负责组织落实,对超限额处置的实际效果要定期进行返回检验

D. 风险限额监测是为了检查公司的经营活动是否服从于限额,是否存在突破限额的现象

甲通过乙的微信朋友圈得知乙正在推介一款自己管理的基金产品,且乙已经以自有资金购买了100万元该产品。甲电话询问乙,得知单个投资人最少投资额需要100万元,但甲手头只有60万元。乙建议和甲一起凑齐100万元进行联合投资。于是甲将60万元转账给了乙,乙出资40万元,以自己的名义购买。

根据以上信息,回答下列两题。

119. 在向投资者推介私募基金之前,募集机构应对投资者风险识别能力和风险承担能力进行评估。投资者的评估结果有效期最长不得超过(　　)。

A. 5　　B. 10　　C. 1　　D. 3

120. 本案例中属于违规行为的是(　　)。

A. 乙通过微信朋友圈推介基金产品　　B. 乙购买100万元基金产品

C. 甲乙凑齐100万元购买基金　　D. 乙用凑齐的资金购买100万元基金产品

机考题库·真题试卷(八)

答题卡

本试卷采用虚拟答题卡技术，自动评分

考生扫描右侧二维码，将答题选项填入虚拟答题卡中，题库系统可自动统计答题得分，生成完整的答案及解析。题库系统根据考生答题数据，自动收集整理错题，记录考生薄弱知识点，方便考生在题库系统中查漏补缺。

一、单选题(共40题,每小题0.5分,共20分)以下备选项中只有一项最符合题目要求,不选、错选均不得分。

1. 规定了票面利率,在到期时一次性获得本息,存续期间没有利息支付的债券,称为(　　)。

A. 实物债券　B. 贴现债券　C. 息票累积债券　D. 附息债券

2. 下列关于证券公司资产管理计划的说法中,正确的是(　　)。

A. 资产管理计划应当以公开方式向合格投资者募集

B. 证券期货经营机构、销售机构可以通过传播媒体方式向不特定对象宣传资产管理计划

C. 证券期货经营机构不得设立多个资产管理计划,同时投资于同一非标准化资产

D. 同一非标准化资产指单一主体的非标准化资产,不包含关联方的非标准化资产

3. 目前,在我国从数量上看,(　　)是证券市场最广泛的投资者。

A. 机构投资者　B. 非银行金融机构

C. 个人投资者　D. 证券公司

4. 证券公司中间介绍业务是指证券公司接受相关委托,介绍客户参与(　　)交易并提供其他相关服务的业务活动。

A. 证券　B. 期货　C. 基金　D. 股票

5. 经国务院银行保险监督管理机构会同国务院证券监督管理机构批准,保险公司可以设立(　　)从事证券投资活动。

A. 投资公司　B. 基金公司

C. 证券公司　D. 保险资产管理公司

6. 开放式基金的认购,采取的是(　　)的方式。

A. 净值认购　B. 净额认购　C. 份额认购　D. 金额认购

7. 为具有高成长性的中小企业和高科技企业提供融资服务,又称"二板市场"的是(　　)。

A. 中小企业板市场　B. 交易所市场

C. 银行间市场　D. 创业板市场

8. 可转换债券转股价格应不低于募集说明书公告日前(　　)个交易日该公司股票交易均价和前一交易日的均价。

A. 5　B. 10　C. 15　D. 20

9. 下列关于我国中小企业板的说法中,错误的是(　　)。

A. 是分步推进创业板市场的重要步骤

B. 企业上市的基本条件明显低于主板市场

C. 为中小企业提供直接融资平台

D. 在深圳证券交易所设立

10. 相较于开放式基金,封闭式基金的价格与基金份额净值(　　)。

A. 趋于一致　B. 完全一致　C. 常发生偏离　D. 没有关系

11. 按照伦敦交易所的层次划分,适合规模较小的成长型公司上市融资的板块是(　　)。

A. 主板市场　B. 另类投资市场

C. 专业证券市场　D. 专业基金市场

12. 投资咨询机构、财务顾问机构、资信评级机构从事证券服务业务的人员必须具备证券专业知识和从事证券业务或者证券服务业务(　　)年以上的经验。

A. 4　　B. 3　　C. 2　　D. 1

13. 就证券市场监管原则来看,证券监管机构的首要任务和宗旨是(　　)。

A. 严格证券市场执法　　B. 保护投资者利益

C. 加强证券市场监管　　D. 维护证券市场稳定

14. 基金资产净值是指基金资产总值减去(　　)后的价值。

A. 各类证券的价值　　B. 基金应收的申购基金款

C. 基金负债　　D. 证券基金的费用

15. 在上市公司增资发行方式中,公司发行可转换债券的主要动因是(　　)。

A. 不仅募集到所需资金,而且完成了股份有限公司的设立或转制,成为一家上市公司

B. 保护原股东的权益及其对公司的控制权

C. 增加证券对投资者的吸引力,能以较低的成本筹集到所需要的资金

D. 扩大股东人数,分散股权,增强股票的流动性,并可避免股份过度集中

16. 下列关于商业银行混合资本债券的说法,错误的是(　　)。

A. 如果发行人核心资本充足率低于4%,发行人可延期支付利息

B. 期限在15年以上

C. 自发行之日起10年内不得赎回

D. 自发行之日起10年后发行具有多次赎回权

17. 下列关于风险与金融产品和投资的说法,错误的是(　　)。

A. 任何金融产品都是风险和收益的组合

B. 风险是与收益相匹配的

C. 投资是以风险换收益

D. 以风险换收益也应无限制地承担风险

18. 下列属于直接融资的是(　　)。

A. 银行信用融资　　B. 租赁融资　　C. 商业信用融资　　D. 消费信用融资

19. 金融资产的持有者为了资金安全而进行资金调拨所形成的国际资金流动被称为(　　)。

A. 投机性资金流动　　B. 保值性资金流动　　C. 盈利性资金流动　　D. 国际间接投资

20. 证券公司中间介绍(IB)业务起源于(　　)。

A. 英国　　B. 日本　　C. 德国　　D. 美国

21. 实行实物申购、赎回机制的基金是(　　)。

A. 货币基金　　B. 封闭式基金　　C. LOF　　D. ETF

22. 外国债券的发行一般由(　　)的金融机构、证券公司承销。

A. 国际性　　B. 投资者所在国

C. 发行者所在国　　D. 发行地所在国

23. 投资者在委托买卖证券时,需要支付的交易费用不包括(　　)。

A. 增值税　　B. 佣金　　C. 过户费　　D. 印花税

24. 国债的竞争性招标方式包括(　　)。

A. 单一价格和修正的多重价格招标方式　　B. 单一利率和修正的多重利率招标方式

C. 单一利率和修正的多重价格招标方式　　D. 单一价格和修正的多重利率招标方式

25. (　　)是金融机构的核心竞争力。

A. 风险控制　　B. 风险分散　　C. 风险管理　　D. 风险规避

26. 金融债券是指(　　)依照法定程序发行并约定在一定期限内还本付息的有价证券。

A. 银行及非银行金融机构　　B. 上市公司

C. 地方政府　　D. 大型国有企业

27. 可以参与发行人的经营决策的是(　　)。

A. 债券持有人　　B. 股票持有人　　C. 期权持有人　　D. 基金持有人

28. 下列关于股票性质的描述,错误的是(　　)。

A. 股票是有价证券、要式证券

B. 股票是证权证券、资本证券

C. 股票是综合权利证券

D. 股票是债权证券、物权证券

29. 假定某投资者按940元的价格购买了面额为1000元、票面利率为10%、剩余期限为6年的债券,那么该投资者的当期收益率为(　　)。

A. 9.87%　　B. 10.35%　　C. 10.64%　　D. 17.21%

30. 我国证券基金行业的自律性组织是(　　)。

A. 证券交易所　　B. 中国证券投资基金业协会

C. 中国证券业协会　　D. 中国证监会

31. 下列关于中小非金融企业集合票据的说法中,错误的是(　　)。

A. 任一企业单只票据注册金额不超过人民币10亿元

B. 任一企业集合票据募集资金额不超过人民币1亿元

C. 中小非金融企业发行集合票据,应在中国银行间市场交易商协会注册,一次注册,一次发行

D. 中小非金融企业发行的集合票据在债权债务登记日的次一工作日即可在银行间债券市场流通转让

32. 企业向银行间市场特定机构投资人发行非公开定向债务融资工具应在(　　)注册。

A. 中国证券业协会　　B. 中国证监会

C. 中国银保监会　　D. 银行间市场交易商协会

33. 我国证券交易所归属(　　)直接管理。

A. 省级人民政府　　B. 中国证监会　　C. 中国证券业协会　　D. 国务院

34. 我国股份有限公司申请股票上市,公司股本总数超过人民币4亿元的,公开发行股份的比例应为(　　)以上。

A. 10%　　B. 15%　　C. 20%　　D. 25%

35. 从理论上讲,(　　)的投资行为相对理性化,投资规模相对较大,投资周期相对较长,从而有利于证券市场的健康稳定发展。

A. 投资银行　　B. 证券公司　　C. 机构投资者　　D. 保险机构

36. 中国证券登记结算公司仅为(　　)开立结算账户,专用于证券交易成交后的清算交收,具有结算履约担保作用。

A. 证券公司　　B. 基金公司　　C. 合格机构投资者　　D. 证券交易所

37. 某一证券投资基金总资产为44.06亿元,负债为0.97亿元,基金总份额为46.8亿份,则基金份额净值是(　　)元。

A. 0.92　　B. 0.93　　C. 0.94　　D. 0.96

38. 按照《证券公司融资融券业务管理办法》的规定,关于证券公司申请融资融券业务资格应当具备的条件,下列说法错误的是(　　)。

A. 公司治理健全,内部控制有效,能有效识别、控制和防范业务经营风险和内部管理风险

B. 公司最近3年内不存在因涉嫌违法违规正被中国证监会立案调查或者正处于整改期间的情形

C. 财务状况良好,最近2年各项风险控制指标持续符合规定,注册资本和净资本符合增加融资融券业务后的规定

D. 信息系统安全稳定运行,最近1年未发生因公司管理问题导致的重大事故,融资融券业务技术系统已通过证券交易所、证券登记结算机构组织的测试

39. 下列关于委托指令中的证券品种的说法,错误的是(　　)。
A. 是客户委托买卖证券的名称
B. 是委托单的第一要点
C. 填写的方法仅有全称、简称 2 种
D. 上海证券代码和深圳证券代码都为一组 6 位数字

40. 下列关于利率风险结构的说法,错误的是(　　)。
A. 不同发行人发行的相同期限和票面利率的债券,其市场价格也相同
B. 信用利差反映了不同违约风险的风险溢价
C. 经济繁荣时期,低等级债券与无风险债券之间的收益率差通常比较小
D. 衰退期或萧条期,信用利差会急剧扩大,导致低等级债券价格暴跌

二、多选题(共 40 题,每小题 1 分,共 40 分)以下备选项中有两项或两项以上符合题目要求,多选、少选、错选均不得分。

41. 按投资理念的不同,证券投资基金可分为(　　)。
A. 主动型基金　　B. 衍生证券投资基金
C. 货币市场基金　　D. 被动型基金

42. 根据举借债务对筹集资金使用方向的规定,国债可以分为(　　)。
A. 赤字国债　　B. 建设国债　　C. 战争国债　　D. 普通国债

43. 系统的基金业绩评估需要从以下(　　)方面入手。
A. 计算绝对收益　　B. 计算风险调整后收益
C. 计算相对收益　　D. 进行业绩归因

44. 下列属于债券信用评级的主要内容的有(　　)。
A. 企业素质、经营能力、获利能力　　B. 发展前景、履约情况、募集资金投向
C. 偿债能力、履约情况、发展前景　　D. 公司治理、偿债意愿、市场估值

45. 关于封闭式基金的交易规则,下列说法正确的有(　　)。
A. 较低价格的卖出申报优先于较高价格的卖出申报
B. 买入或卖出的申报数量应当为 100 份或其整数倍
C. 实行 10% 的涨跌停限制
D. 实行 T+0 交割、交收

46. 下列关于企业和事业法人类机构投资者概念的说法中,正确的有(　　)。
A. 企业可以用自己的积累资金或暂时不用的闲置资金进行证券投资
B. 企业可以通过股票投资实现对其他企业的控股或参股,也可以将暂时闲置的资金通过自营或委托专业机构进行证券投资以获取收益
C. 各类企业可参与股票配售,也可投资于股票二级市场
D. 事业法人可用自有资金和有权自行支配的预算外资金进行证券投资

47. 金融衍生工具对应的基础金融产品包括(　　)。
A. 债券　　B. 股票
C. 银行定期存单　　D. 金融衍生工具

48. 证券公司申请次级债务展期,应当提交(　　)。
A. 申请书
B. 相关董事会决议
C. 债务资金的用途说明
D. 证券公司目前的风险控制指标情况及相关测算报告

49. 为了更好地理解债券的收益率,我们引进"收益率曲线"这个概念。收益率曲线的基本类型有(　　)。
A. 正向的　　B. 反向的　　C. 水平的　　D. 拱形的

50. 下列关于基金投资范围的说法，正确的有（　　）。
A. 股票基金应有80%以上的基金资产投资于股票
B. 债券基金应有90%以上的基金资产投资于债券
C. 货币市场基金投资对象为期限较短的货币市场工具
D. 混合型基金是可同时投资于股票与债券的基金

51. 下列各项关于直接融资的说法，错误的有（　　）。
A. 直接融资的活动分散于各种场合
B. 在法律允许的范围内，直接融资主体可以自己决定融资的对象和数量
C. 相对间接融资而言，直接融资的信誉程度高，风险相对较小
D. 商品赊销不属于直接融资的范畴

52. 关于证券托管和存管中账户记录，下列说法错误的有（　　）。
A. 证券登记结算机构一般以证券公司在各地的营业部为单位进行记载
B. 证券交易所一般以证券公司在各地的营业部为单位进行记载
C. 对股权、债权变更引起的证券转移，均通过账面予以划转
D. 由于实现了无纸化，账户记录采用电脑记账的方式

53. 证券市场监管的意义在于（　　）。
A. 保障广大投资者合法权益
B. 维护市场良好秩序
C. 发展和完善证券市场体系
D. 保证投资者获取投资收益

54. 债券的投资收益来自（　　）。
A. 利息收入
B. 资本利得
C. 再投资收益
D. 分红收益

55. 地方政府债券是地方政府根据本地区（　　）状况，以承担还本付息责任为前提，向社会筹集资金的债务凭证。
A. 经济发展
B. 社会保障
C. 资金需求
D. 财政预算

56. 申请公开募集基金，拟募集的基金应该具备的条件有（　　）。
A. 符合基金特征的投资者适当性管理制度
B. 基金名称表明基金的类别和投资特征
C. 有明确合法的投资方向和明确的基金运作方式
D. 有清晰的风险警示内容和设置投资者购买冷静期

57. 一般来讲，债券因具有固定的（　　），因而在二级市场上其市场价格相对于股票价格而言比较稳定。
A. 交易市场
B. 票面利率
C. 偿还期限
D. 流通方式

58. 主要的商品期货种类包括（　　）。
A. 能源化工期货
B. 外汇期货
C. 金属期货
D. 农产品期货

59. 我国中央银行的基本职能包括（　　）。
A. 发行法偿货币
B. 制定和执行货币政策
C. 实施金融监管
D. 发行股票

60. 发行审核委员会（简称发审委）是我国证券发行核准制的重要组成部分。下列关于发审委的主要责任，说法正确的是（　　）。
A. 审核证券服务机构及相关人员为股票发行所出具的有关材料及意见书
B. 审核中国证监会有关职能部门出具的初审报告
C. 依法对发行申请提出审核意见
D. 对股票发行申请进行独立表决

61. 证券公司债券募集说明书及其他信息披露文件所引用的(　　),应当由具有从事证券服务资格的机构出具。

A. 审计报告　　B. 资产评估报告
C. 担保函　　D. 评级报告

62. 证券交易的结算包括(　　)等环节。

A. 交易数据接收　　B. 发送清算结果
C. 发送交收结果　　D. 交收违约处理

63. 下列事项中,可用于分析公司经营状况好坏的因素有(　　)。

A. 公司治理水平与管理层质量　　B. 公司竞争力
C. 公司财务状况　　D. 公司并购重组

64. 全国银行间债券市场面向的对象有(　　)。

A. 商业银行　　B. 保险公司
C. 证券公司　　D. 农村信用联社

65. 政府机构类投资者参与证券投资的目的主要有(　　)。

A. 通过投资实现盈利　　B. 调剂资金余缺
C. 实施宏观调控　　D. 实行特定产业政策

66. 我国证券市场经过了 20 多年的发展,逐步形成了自己的监管体系和自律管理体系,其中的监管和自律机构包括(　　)。

A. 国务院证券监督管理机构及派出机构
B. 证券交易所
C. 中央登记结算有限公司
D. 行业协会和证券投资者保护基金

67. 根据产业周期理论,产业或行业通常要经历的阶段有(　　)。

A. 幼稚期　　B. 成长期　　C. 成熟期　　D. 稳定期

68. 远期交易和期货交易的区别主要表现在(　　)。

A. 交易场所不同　　B. 合约规范性不同
C. 交易策略不同　　D. 保证金制度不同

69. 目前我国股市投资者的结构特点有(　　)。

A. 个人投资者群体庞大　　B. 个人投资者群体在迅速萎缩
C. 机构投资者迅速成长　　D. 机构投资者数量大于个人投资者

70. 关于金融衍生工具,下列说法正确的有(　　)。

A. 又称金融衍生产品,与基础金融产品相对应
B. 其价格取决于基础金融产品价格的变动和赋予投资者的权力大小
C. 包括独立衍生工具和嵌入式衍生工具
D. 衍生工具包括远期合同、期货合同、互换和期权等

71. 短期国债的一般特征有(　　)。

A. 偿还期为 2 年或 2 年以内　　B. 偿还期为 1 年(不含 1 年)
C. 在货币市场占有重要地位　　D. 流动性强

72. 实践中,金融机构通常采用(　　)等方法来实现投资适当性管理。

A. 客户调查问卷　　B. 代客投资
C. 产品风险评估　　D. 充分披露

73. 对基金信息披露的原则、内容、禁止行为等各方面作出了明确、严格规定的主要法律法规有(　　)。

A.《中华人民共和国证券法》　　B.《中华人民共和国证券投资基金法》
C.《证券投资基金信息披露管理办法》　　D.《证券业从业人员资格管理办法》

74. 我国多层次资本市场体系包括(　　)。
A. 主板市场　　B. 创业板市场
C. 新三板市场　　D. 区域性股权交易市场

75. 债券收益的表现形式有(　　)。
A. 红利收入　　B. 利息收入
C. 本金收入　　D. 资本损益

76. 根据《中华人民共和国证券投资基金法》的规定,基金财产不得用于(　　)。
A. 承销证券
B. 向基金管理人、基金托管人出资
C. 买卖上市债券
D. 从事承担无限责任的投资

77. 根据《中华人民共和国证券法》的规定,证券交易必须遵循公开、公平、公正的“三公”原则。其中,按照公开原则,证券交易参与各方应依法(　　)地向社会发布有关信息。
A. 简洁　　B. 真实　　C. 准确　　D. 完整

78. 证券服务机构包括(　　)。
A. 资信评级机构　　B. 证券业协会
C. 资产评估机构　　D. 律师事务所

79. 金融债券的发行目的主要包括(　　)。
A. 筹资用于某种特殊用途
B. 改变金融机构本身资产负债结构
C. 提高被动负债
D. 引进战略投资者

80. 由于(　　)的不确定性,各种价格模型计算出的股票“内在价值”只是股票真实的内在价值的估计值。
A. 未来收益　　B. 账面价值
C. 年度预算　　D. 市场利率

三、判断题(共 30 题,每小题 1 分,共 30 分)正确的选 A,错误的选 B。不选、错选均不得分。

81. 根据《公司债券发行与交易管理办法》的规定,公开发行的证券公司债券,可以在证券交易所、银行间债券市场交易或转让。(　　)
A. 正确　　B. 错误

82. 不动产信用控制是指中央银行对金融机构在房地产方面放款的限制性措施,包括对房地产制定最高限额、最长期限及首次付款和分期还款的最低金额等,以抑制房地产投机和泡沫。(　　)
A. 正确　　B. 错误

83.《证券法》规定,未经中国证券业协会批准,任何单位和个人不得以证券公司名义开展证券业务活动。(　　)
A. 正确　　B. 错误

84. 行政手段通过运用利率政策、公开市场业务、信贷政策、税收政策等经济手段,对证券市场进行干预。这种手段相对比较灵活,但调节过程可能较慢,存在时滞。(　　)
A. 正确　　B. 错误

85. 股票有规定的票面利率,可获得固定的利息,债券红利不固定,一般视公司经营情况而定。(　　)
A. 正确　　B. 错误

86. 交易类强制退市是指科创板上市公司出现累计股票成交量低于一定指标,股票收盘价、市值、股东数量持续低于一定指标等情况。(　　)
A. 正确　　B. 错误

87. 所有在中国境内注册的证券公司,按其营业收入的0.5%~5%缴纳证券投资者保护基金。( )

A. 正确　　B. 错误

88. 人民币利率互换是指交易双方约定在未来的一定期限内,根据约定的人民币本金和人民币利息进行交换的金融合约。( )

A. 正确　　B. 错误

89. 北京证券交易所是我国第一家公司制证券交易所,于2021年9月3日注册成立,11月15日正式开市,首批共81家公司上市。相较于创业板和科创板,北交所的服务对象将会"更早、更小、更新",即聚集于"专精特新"中小企业,并通过发挥转板上市功能与沪深证券交易所、区域性股权市场互联互通,畅通其在多层次资本市场的纽带作用,形成相互补充、相互促进的中小企业直接融资成长路径。( )

A. 正确　　B. 错误

90. 企业的组织形式可分为独资制、合伙制和公司制。( )

A. 正确　　B. 错误

91. 市净率倍数法比较适用于资产流动性较高的金融机构,而运营历史悠久的制造业企业和新兴产业企业往往不适合采用市净率倍数法。( )

A. 正确　　B. 错误

92. 证券公司在重大对外投资或收购、重大对外担保、重大固定资产投资、利润分配或其他资本性支出、证券公司分类评价结果负向调整、负债集中到期或赎回等可能导致净资本和流动性等风险控制指标发生明显不利变化或接近预警线的情形时应当开展专项或综合压力测试。( )

A. 正确　　B. 错误

93. 投资管理的流程一般是研究部门提供研究报告→投资决策委员会决定基金总体投资决策→基金经理拟定投资组合具体方案→交易部门依据基金经理的投资指令执行交易。( )

A. 正确　　B. 错误

94. 2020年7月10日,中国证监会发布《公开募集证券投资基金侧袋机制指引(试行)》规定,侧袋机制是在符合法定条件下将难以合理估值的风险资产从基金组合资产中分离出来进行处置清算,确保剩余基金资产正常运作的机制。( )

A. 正确　　B. 错误

95. 中长期银行贷款市场属于资本市场。( )

A. 正确　　B. 错误

96. 现货市场是目前金融市场上最普遍的交易方式。( )

A. 正确　　B. 错误

97. 根据红利折现现金流模型,如果NPV>0,则所有预期的现金流入的现值之和大于投资成本,股票被高估价格,不可以购买这种股票。( )

A. 正确　　B. 错误

98. 就可转换债券而言,其有效期限与一般债券相同,指债券从发行之日起至偿清本息之日止的存续时间。( )

A. 正确　　B. 错误

99. 《证券公司风险控制指标管理办法》建立了以净资本和流动性为核心的风险控制指标体系和风险监管制度。( )

A. 正确　　B. 错误

100. 私募基金管理人、私募基金托管人及私募基金销售机构应当妥善保存私募基金投资决策、交易和投资者适当性管理等方面的记录及其他相关资料,保存期限自基金清算终止之日起不得少于20年。( )

A. 正确　　B. 错误

101. 私募股权基金二级市场的退出渠道较多且容易成交,单个投资周期较短。(　　)

A. 正确　　B. 错误

102. 直接融资最典型的方式就是证券市场融资。(　　)

A. 正确　　B. 错误

103. 上市公司非公开发行股票,自发行结束之日起,12 个月内不得转让;控股股东、实际控制人及其控制的企业认购的股份,36 个月内不得转让。(　　)

A. 正确　　B. 错误

104. 沪股通,是指投资者委托联交所参与者,通过联交所证券交易服务公司,向上交所进行申报,买卖规定范围内的上交所上市股票。(　　)

A. 正确　　B. 错误

105. 根据我国《证券交易所管理办法》规定,董事会是证券交易所的最高权力机构。(　　)

A. 正确　　B. 错误

106. 回购交易是一种超短期的金融工具,一般只有 24 小时,具有短期融资的属性。(　　)

A. 正确　　B. 错误

107. 股票分割通常适用于低价股,并股则常见于高价股。(　　)

A. 正确　　B. 错误

108. 商业银行通常吸收存款,在支付系统中处于核心地位。(　　)

A. 正确　　B. 错误

109. 上证 50 股指期货合约标的为上证 50 指数,其合约乘数为每点价值 300 元,最小变动价位为 0.2 点,合约月份为当月、下月及随后两个季月,交易代码为 IH。(　　)

A. 正确　　B. 错误

110. 期权的卖方在收取期权费后,就承担着在规定时间内履行该期权合约的义务。即当期权的买方选择行使权利时,卖方必须无条件地履行合约规定的义务,而没有选择的权利。(　　)

A. 正确　　B. 错误

四、综合题(共 10 题,每小题 1 分,共 10 分)以下备选项中有一项或多项符合题目要求,不选、错选均不得分。

李某持有某公司 50000 股面值为 10 元的优先股,股息率为 5%。2021 年公司因盈利不佳,未能发放优先股股息。2022 年,公司经营好转,向李某发放了 5 万元股息。

根据以上信息,回答下列三题。

111. 2022 年,公司将当年股息连同 2021 年股息一同发放给李某,这说明李某持有的是(　　)。

A. 强制分红优先股

B. 浮动股息率优先股

C. 参与优先股

D. 可累积优先股

112. 对投资者而言,投资优先股有(　　)的优点。

A. 优先股票的股息收益稳定可靠

B. 在财产清偿时优先于普通股票

C. 优先股票的股息收益比较高

D. 二级市场价格波动较普通股比较小

113. 下列关于优先股的说法中,正确的有(　　)。

A. 优先股作为一种股权证书,代表着对公司的所有权

B. 优先股的风险小于普通股

C. 公司破产清算时,优先股股东可优先于普通股股东分配公司剩余资产

D. 优先股股东与普通股股东拥有一样的表决权

2022年某股份公司经营期限届满,于是召开股东会决议自行解散,根据股东会会议结果,决定组成由持股94%的投资公司及王某组成清算组进行清算。

根据以上信息,回答下列两题。

114. 下列关于股东表决权的说法中,不正确的是(　　)。

A. 普通股票股东对公司重大决策的参与权是通过参加股东会,行使表决权实现的

B. 股东每持有一份股份,就有一份表决权

C. 对于各个股东来说,其表决权的数量视其购买的股票份数而定

D. 普通股股东只能自己出席股东会,不得委托他人代理出席或代其行使表决权

115. 股份公司解散或破产进行清算时,下列关于对公司剩余资产分配的顺序的说法,正确的有(　　)。

A. 优先股票股东在债权人之前　　B. 优先股票股东在债权人之后

C. 优先股票股东在普通股票股东之后　　D. 优先股票股东在普通股票股东之前

为了建立防范和处置证券公司风险的长效机制,维护社会经济秩序和社会公共利益,保护证券投资者的合法权益,促进证券市场有序健康发展,新《证券法》设置了"投资者保护"专章,对投资者保护机构的权利作了相应的规定。

根据以上信息,回答下列三题。

116. 下列关于投资者保护机构的相应权利的有关说法,错误的是(　　)。

A. 投资者保护机构可以作为诉讼代表人,按照"明示退出、默示加入"的原则,依法为受害投资者提起民事损害赔偿诉讼

B. 上市公司董事会、独立董事、持有1%以上有表决权股份的股东或者投资者保护机构可以作为征集人代为出席股东会,并代为行使提案权、表决权等股东权利

C. 持有发行人1%以上股份的投资者保护机构,可以受中小投资者的委托加入董事会,履行经营管理决策权

D. 持有发行人股份的投资者保护机构,提起派生诉讼的,不受《公司法》有关需连续180日以上持股1%以上的限制

117. 证券投资者保护基金公司的职责包括(　　)。

A. 组织、参与被撤销、关闭或破产证券公司的清算工作

B. 对证券公司运营中存在的风险隐患会同有关部门建立纠正机制

C. 管理和处分受偿资产,维护基金权益

D. 筹集、管理和运作基金

118. 证券投资者保护基金的资金运用限于(　　)等形式。

A. 购买股票　　B. 银行存款　　C. 购买国债　　D. 购买中央银行债券

2004年4月8日,中国工商银行在北京分别与瑞士信贷第一波士顿、中信证券股份有限公司、中诚信托投资有限责任公司签署工行宁波市分行不良资产证券化项目相关协议。此举标志着国有商业银行资产证券化取得了实质性突破。在各方面积极推动资产证券化的背景下,证券化给投资者带来了诸多好处,已成为当今全球金融发展的潮流之一。

根据以上信息,回答下列两题。

119. 下列关于资产证券化参与者的说法中,错误的是(　　)。

A. 承销商只在证券的销售环节发生作用

B. 服务商对资产项目及其所产生的现金流进行监理和保管

C. 发起人既是基础资产的原始权益人,也是基础资产的卖方

D. 受托人托管资产组合以及与之相关的一切权利,代表投资者行使职能

120. 在资产证券化过程中,被认为是流动性较低的资产有(　　)。

A. 银行贷款　　B. 应收账款　　C. 应付账款　　D. 房地产

机考题库·真题试卷参考答案及解析

机考题库·真题试卷(七)

答题卡

便捷速查答案及详细解析，难题典型题有视频讲解

考生用微信扫描右侧二维码，可以按题号迅速查解析，难题、典型题配视频讲解

一、单选题

1. B 【解析】风险监测是风险管理的重要一环,是风险偏好、风险限额,以及日常风险管理得以有效实施的重要保障。

2. C 【解析】储蓄国债(电子式)是指财政部在中华人民共和国境内发行,通过试点商业银行面向个人投资者销售的、以电子方式记录债权的不可流通人民币债券。

3. B 【解析】国际债券是指一国借款人在国际证券市场上以外国货币为面值、向外国投资者发行的债券。选项B说法错误。

4. A 【解析】证券交易所会员可享有某些权利,主要有以下几方面:①参加会员大会;②有选举权和被选举权;③对证券交易所事务的提议权和表决权;④参加证券交易所组织的证券交易,享受证券交易所提供的服务;⑤对证券交易所事务和其他会员的活动进行监督;⑥按规定转让交易席位等。

5. B 【解析】货币市场基金的申购和赎回原则:①确定价原则,以1元人民币为基准进行计算;②金额申购、份额赎回原则。

6. D 【解析】ETF实行一级市场和二级市场并存的交易制度,在一级市场,只有资金达到一定规模的投资者可以在交易时间内以ETF指定的一篮子股票申购ETF份额或以ETF份额赎回一篮子股票,在二级市场,ETF与普通股票一样在市场挂牌交易。

7. D 【解析】中期票据是由符合条件的承销机构承销,投资者可就特定投资需求向主承销商进行逆向询价。

8. B 【解析】货币期权又称外币期权、外汇期权,是指买方在支付了期权费后,即取得在合约有效期内或到期时以约定的汇率购买或出售一定数额某种外汇资产的权利。

9. C 【解析】2005年,国际多边金融机构首次在华发行的人民币债券被命名为熊猫债券。

10. B 【解析】开放式基金是指基金份额总额不固定,基金份额可以在基金合同约定的时间和场所申购和赎回的基金。

11. B 【解析】现值理论认为,人们之所以愿意购买股票和其他证券,是因为它能够为它的持有人带来预期收益,因此,它的价值取决于未来收益的大小。选项B说法错误。

12. B 【解析】在我国,设立证券公司必须经国务院证券监督管理机构批准。

13. C 【解析】基金由专业投资人士经营管理,其投资经验比较丰富,收集和分析信息的能力较强,投资行为相对理性,客观上能起到稳定市场的作用。同时,基金一般注重资本的长期增长,多采取长期的投资行为,较少在证券市场上频繁进出,能减少证券市场的波动。因此,基金的出现和发展,能有效地改善证券市场的投资者结构。

14. D 【解析】实际面值 $=100\div(1+3.5\%)0.5\approx 98.29$(元)。

15. A 【解析】根据利息支付方式的不同,金融债券可分为附息金融债券和贴现金融债券;根据发行条件的不同,金融债券可分为普通金融债券和累进利息金融债券。

16. B 【解析】封闭式基金有固定的存续期,通常在5年以上,一般为10年或者15年,经持有人大会通过并经监管机构同意可以适当延长期限。

17. B 【解析】流动性风险是金融机构面临的基本风险之一。流动性风险是指金融市场参与者无法以合理成本及时获得充足资金,以偿付到期债务、履行其他支付义务和满足正常业务开展的资金需求的风险。

18. C 【解析】流动性是证券的必要属性,因为只有通过流动,证券才具有较强的变现能力,才能受到投资者的欢迎,从而提高其对证券的有效需求。而证券之所以能够流动,就是因为它预期可能为持有者带来一定收益。同时,证券投资是有风险的,证券收益存在不确定性,所以证券在流动中也可能会因其价格的变化而给持有者带来损失。一

般而言，证券的风险性越高，其预期收益也越高；流动性越高，其预期收益越低。

19. A 【解析】由题意，该基金的基金份额净值 = 基金资产净值/基金总份额 = (60 - 20) ÷ 40 = 1（元）。

20. C 【解析】财政部代理地方政府债券发行招标，债权确立实行见款付券方式。

21. B 【解析】中小板综合指数是深圳证券交易所的股价指数所包括的指数。

22. B 【解析】专项债券是指地方政府为筹集资金建设某项具体工程而发行的债券，与特定项目或部分特定税收相联系，其还本付息来自投资项目的收益、收费及政府特定的税收或补贴。

23. B 【解析】长期资本流动包括国际直接投资、国际证券投资和国际信贷3种主要方式。选项B属于短期资本流动。

24. D 【解析】随着市场经济的发展，发行证券已成为资金需求者最基本的筹资手段。

25. C 【解析】我国目前最为流行的结构化金融衍生产品主要是由商业银行开发的各类结构化理财产品以及在交易所市场上可上市交易的各类结构化票据。

26. B 【解析】证券公司、基金管理公司子公司通过设立特殊目的载体开展资产证券化业务。

27. D 【解析】货币期权又称“外币期权”“外汇期权”，指买方在支付了期权费后，即取得在合约有效期内或到期时以约定的汇率购买或出售一定数额某种外汇资产的权利。

28. D 【解析】目前，储蓄国债（凭证式）发行采用承购包销方式，记账式国债发行采用竞争性招标方式。

29. D 【解析】QFII制度是一国（地区）在货币没有实现完全可自由兑换、资本项目尚未完全开放的情况下，有限度地引进外资、开放证券市场的一项过渡性的制度。

30. B 【解析】个人投资者开通科创板股票交易权限的条件包括：申请权限开通前20个交易日证券账户及资金账户内的资产日均不低于人民币50万元（证券账户及资金账户不包括该投资者通过融资融券融入的资金及证券），个人投资者须参与证券交易24个月以上。

31. C 【解析】上海证券交易所规定，证券委托指令的基本内容包括证券账号、证券品种、买卖方向、委托数量、委托价格、证券交易所及会员要求的其他内容。

32. B 【解析】向原股东配售股份，简称配股，是公司按股东的持股比例向原股东分配公司的新股认购权，准其优先认购新股的方式，即按老股一股配售若干新股，以保护原股东的权益及其对公司的控制权。

33. D 【解析】间接融资主要包括银行信用融资、消费信用融资和租赁融资等。

34. C 【解析】转融通期限一般不得超过6个月，是证券金融公司从事转融通业务的业务规则之一。

35. C 【解析】优先股股东无表决权，这样可以避免公司经营决策权的改变和分散。

36. C 【解析】国有资产管理部门是国有股权行政管理的专职机构。

37. B 【解析】契约型基金是基于信托原理而组织起来的代理投资方式，没有基金章程，通过基金契约来规范三方当事人的行为。

38. D 【解析】货币乘数的计算公式：$m = 1/r$。

39. B 【解析】金融服务实体经济的实质就是有效发挥其媒介资源配置的功能。

40. D 【解析】沪股通是指香港投资者委托香港经纪商，经由香港联合交易所设立的证券交易服务公司，向上海证券交易所进行申报（买卖盘传递），买卖规定范围内的上海证券交易所上市的股票。

二、多选题

41. ACD 【解析】股东会议由股东按照出资比例行使表决权，但是公司章程另有规定的除外。普通股票股东行使公司重大决策参与权的途径是参加股东会、行使表决权。股东可以亲自出席股东会，也可以委托代理人出席股东会议。股东拥有的表决权可以集中使用。选项A、选项C、选项D正确。

42. ABCD 【解析】向不特定对象公开募集股份，简称增发，是股份公司向不特定对象公开募集股份的增资方式。增发的目的是向社会公众募集资金，扩大股东人数，分散股权，增强股票的流通性，并可避免股份过分集中。

43. AD 【解析】根据《律师事务所从事证券法律业务管理办法》的规定，鼓励具备下列条件的律师事务所从事证券法律业务：①内部管理规范，风险控制制度健全，执业水准高，社会信誉良好；②有20名以上执业律师，其中5名以上曾从事过证券法律业务；③已经办理有效的执业责任保险；④最近2年未因违法执业行为受到行政处罚。

44. AC 【解析】股票的价格包括股票的理论价格和股票的市场价格。

45. AB 【解析】货币乘数也称货币扩张系数或货币扩张乘数，是指在基础货币和货币供给之间的倍数关系。货币乘数的计算公式为：$m = 1/r = (c+1)/(c+r+e)$，其中：m为货币乘数，r为法定准备金率，c为提现率，e为超额准备金率。由此可得，选项A、选项B说法正确；法定存款准备金率越高货币乘数越小，选项C说法错误；提现率也影响货币乘数，选项D说法错误。

46. BCD 【解析】储蓄国债（电子式）具有以下特点：针对个人投资者，不向机构投资者发行；采用实名制，不可流通转让；采用电子方式记录债权；收益安全稳定,由财政部负责还本付息,免缴利息税;鼓励持有到期;手续简化;付息方式较为多样。

47. ABCD 【解析】巴塞尔银行监管委员会进一步明确操作风险的6种类型:①内部欺诈;②雇员活动和工作场所安全性风险;③客户、产品及业务活动中的操作性风险;④实物资产损坏;⑤营业中断或信息技术系统瘫痪;⑥执行、交割和流程管理中的操作性风险。

48. ABD 【解析】间接融资的特点包括资金获得的间接性、融资的相对集中性、融资信誉的差异性相对较小、全部具有可逆性(即可返还性),融资的主动权主要掌握在金融机构手中。

49. ABCD 【解析】基金的募集一般要经过申请、注册、发售和基金合同生效四个步骤。

50. CD 【解析】中国证券市场经过20多年的发展,逐步走向成熟和壮大,伴随中国证券市场的迅猛发展,中国证券行业也经历了从无到有、不断规范完善、创新发展的过程,在这个过程中,证券行业呈现以下特征:①证券公司数量众多,但整体规模偏小,竞争激烈;②证券公司同质化竞争明显,行业整合趋势逐步显现;③证券行业进入创新大潮,业务和产品趋于多样化;④多层次资本市场逐步完善;⑤证券行业的发展潜力依然巨大。

51. ACD 【解析】银行间债券市场是指依托于中国外汇交易中心暨全国银行间同业拆借中心和中央国债登记结算有限责任公司的,包括商业银行、农村信用联社、保险公司、证券公司等金融机构以及一些非金融机构合格投资人进行债券买卖和回购的市场。目前,银行间债券市场已成为我国债券市场的主体部分。记账式国债的大部分、政策性金融债券都在该市场发行并上市交易。选项B说法错误。

52. AB 【解析】1993年3月10日,海南证券交易中心推出股票指数期货交易,这是中国第一只股票指数期货合约,标的物为深证综合指数和深证A股指数。

53. BD 【解析】在账户记录上,由于实现了无纸化,证券登记结算机构一般以证券公司为单位,采用电脑记账方式记载证券公司交给的证券,证券公司也采用电脑记账的方式记载投资者的证券。对股权、债权变更引起的证券转移,通过账面予以划转。

54. ABCD 【解析】场内交易市场主要包括主板市场、创业板市场、科创板市场和新三板。

55. ABCD 【解析】对证券投资基金从证券市场中取得的收入,包括买卖股票、债券的差价收入,股权的股息、红利收入,债券的利息收入及其他收入,暂不征收企业所得税。

56. ABCD 【解析】在证券市场起中介作用的机构是证券公司和其他证券服务机构,后者主要包括证券登记结算机构、证券投资咨询机构、财务顾问机构、会计师事务所、资产评估机构、律师事务所和资信评级机构等。

57. AB 【解析】为处置证券公司风险需要动用证券投资者保护基金的,中国证监会根据证券公司的风险状况制定风险处置方案,证券投资者保护基金有限责任公司制定基金使用方案,报经国务院批准后,由证券投资者保护基金有限责任公司办理发放基金的具体事宜。

58. ABCD 【解析】金融衍生工具的基本特征包括跨期性、杠杆性、联动性、不确定性或高风险性。

59. ABC 【解析】期权的买方在支付了期权费后,就获得了期权合约所赋予的权利,即在期权合约规定的时间内,以事先确定的价格向期权的卖方买进或卖出某种金融工具的权利,但并没有必须履行该期权合约的义务。期权的买方可以选择行使他所拥有的权利。期权的卖方在收取期权费后就承担着在规定时间内履行该期权合约的义务。即当期权的买方选择行使权利时,卖方必须无条件地履行合约规定的义务,而没有选择的权利。选项D说法错误。

60. ABC 【解析】有下列情形之一的,应当在2个月内召开临时股东会会议:①董事人数不足法律规定人数或者公司章程所定人数的2/3时;②公司未弥补的亏损达到实收资本总额1/3时;③单独或者合计持有公司10%以上股份的股东请求时;④董事会认为必要;⑤监事会提议召开时;⑥公司章程规定的其他情形。选项A、选项B、选项C正确。

61. AB 【解析】我国基金资产估值的责任人是基金管理人,但基金托管人对基金管理人的估值结果负有复核责任。

62. AD 【解析】根据《证券、期货投资咨询管理暂行办法》的规定,证券投资咨询包括2种基本业务:①证券投资顾问业务;②发布证券研究报告。

63. ABC 【解析】目前国内外关于风险的定义较多,其中主要包括以下3种:①风险是结果的不确定性,是变化的;②风险是未来损失的可能性;③风险是(收益的)波动性或结果对期望值的偏离度。

64. ABC 【解析】影响债券利率的因素主要有3点:①借贷资金市场利率水平;②筹资者的资信;③债券期限长短。

65. ABCD 【解析】发行可转换债券后,因配股、增发、送股、派息、分立及其他原因引起上市公司股份变动的,应当同时调整可转换债券的转换价格。

66. ABCD 【解析】科创板上市公司可能退市的情形主要包括:①重大违法强制退市;②交易类强制退市;③财务类强制退市;④规范类强制退市。

67. BCD 【解析】机构投资者买卖基金份额属于金融商品转让,应按照卖出价扣除买入价后的余额为销售额计征增值税。但机构投资者购入基金、信托、理财产品等各类资产管理产品持有至到期,不属于金融商品转让。选项A说法错误。机构投资者买卖基金份额暂免征收印花税。机构投资者在境内买卖基金份额获得的差价收入,应并入企业的应纳税所得额,征收企业所得税;机构投资者从基金分配中获得的收入,暂不征收企业所得税。选项B、选项C、选项D说法正确。

68. ABD 【解析】证券投资基金的特点:①集合理财、专业管理;②组合投资、分散风险;③利益共享、风险共担;④严格监管、信息透明;⑤独立托管、保障安全。

69. BC 【解析】对具有证券评估资格的资产评估机构从事证券业务违反相关规定的,财政部、中国证监会对资产评估机构负责人、直接负责的主管人员和其他直接责任人员,可以实行监管谈话、出具警示函等措施,对情节严重的,可以给予一定期限不适宜从事证券业务的惩戒,同时记入诚信档案,并予以公告。

70. ABCD 【解析】证券账户的子账户包括人民币普通股票账户、人民币特种股票账户、全国中小企业股份转让系统账户、封闭式基金账户、开放式基金账户以及中国证券登记结算有限责任公司根据业务需要设立的其他证券账户。

71. ABCD 【解析】金融期货是以金融工具(或金融变量)为基础工具的期货交易。主要包括货币期货、利率期货、股票指数期货和股票期货4种。

72. AB 【解析】我国现行的规定是各类企业都可参与股票配售,也可投资于股票二级市场;事业法人可用自有资金和有权自行支配的预算外资金进行证券投资。

73. AD 【解析】当证券投资者保护基金有限责任公司发现证券公司经营管理中出现可能危及投资者利益和证券市场安全的重大风险时,向中国证监会提出监管、处置建议;对证券公司运营中存在的风险隐患会同有关部门建立纠正机制。

74. ABCD 【解析】可交换公司债券与可转换公司债券的不同之处体现在①发债主体和偿债主体不同;②适用的法规不同;③发行目的不同;④所换股份的来源不同;⑤股权稀释效应不同;⑥交割方式不同;⑦条款设置不同。

75. ACD 【解析】基金托管人的职责主要体现在基金资产保管、基金资产清算、会计复核以及对基金投资运作的监督和信息披露等方面。

76. BCD 【解析】金融机构(不包括政策性银行)发行金融债券应向中国人民银行报送下列文件:①金融债券发行申请报告;②发行人公司章程或章程性文件规定的权力机构的书面同意文件;③监管机构同意金融债券发行的文件;④发行人近3年经审计的财务报告及审计报告;⑤募集说明书;⑥发行公告或发行章程;⑦承销协议;⑧发行人关于本期债券偿债计划及保障措施的专项报告;⑨信用评级机构出具的金融债券信用评级报告及有关持续跟踪评级安排的说明;⑩发行人律师出具的法律意见书。中国人民银行要求的其他文件。

77. ABC 【解析】《中华人民共和国个人所得税法》规定,个人投资的公司债券利息、股息、红利所得应纳个人所得税,但国债和国家发行的金融债券的利息收入可免纳个人所得税。

78. ABD 【解析】我国证券账户按照交易场所划分可分为上海证券账户、深圳证券账户和北京证券账户。

79. AC 【解析】股东会应当每年召开一次,当出现董事人数不足《中华人民共和国公司法》规定人数或公司章程所定人数的2/3,公司未弥补的亏损达实收股本总额1/3,董事会认为必要,监事会提议召开,单独或者合计持有公司10%以上股份的股东请求等情形时,应在2个月内召开临时股东会会议。股东会选举董事、监事,可以依照公司章程的规定或者股东会的决议,实行累积投票制。股东可以自己出席股东会,也可以委托代理人出席股东会。代理人应当向公司提交股东授权委托书,并在授权范围内行使表决权。

80. ABD 【解析】基金管理人负责基金的投资操作,本身并不参与基金财产的保管,基金财产的保管由独立于基金管理人的基金托管人负责,这种相互制约、相互监督的制衡机制为投资者的利益提供了重要的保障。选项C表述错误。

三、判断题

81. B 【解析】私募基金的合格投资者包括金融资产不低于300万元或者最近3年个人年均收入不低于50万元的个人。

82. A 【解析】投资者在申购货币基金时,按1元人民币固定价进行申购、赎回。

83. B 【解析】基金管理人不得存在的投资行为之一是:根据《公开募集证券投资基金运作管理办法》的规定,即一只基金持有一家公司发行的证券,其市值超过基金资产净值的10%。

84. A 【解析】我国公开募集基础设施证券投资基金是指依法向社会投资者公开募集资金形成基金财产,通过基础设施资产支持证券等特殊目的载体持有基础设施项目,由基金管理人等主动管理运营上述基础设施项目,并将产生的绝大部分收益分配给投资者的标准化金融产品。

85. B 【解析】2021年北京证券交易所发布的《北京证券交易所交易规则(试行)》规定,投资者可以以同一证券账户在单个或多个会员的不同证券营业部买入证券。故本题表述错误。

86. A 【解析】金融衍生工具的跨期性是指交易双方根据对价格变化的预测,约定在未来某一确定的时间按照某一条件进行交易或有选择是否交易的权利，涉及基础资产的跨期转移。

87. A 【解析】债券作为证明债权债务关系的凭证，一般以有一定格式的票面形式来表现。通常，债券票面上有四个基本要素：票面价值、到期期限、票面利率和发行者名称。

88. B 【解析】债券信用评级是以企业或经济主体发行的有价债券为对象进行的信用评级，地方政府或非国家银行金融机构发行的某些有价证券，也有必要进行评级。

89. B 【解析】在影响债券价值的基本因素中，折现率越大，债券价值越小。

90. B 【解析】资产证券化根据基础资产分类，可分为不动产证券化、应收账款证券化、信贷资产证券化、未来收益证券化（如高速公路收费）、债券组合证券化等类别。根据证券化产品的属性分类，可分为股权型证券化、债权型证券化和混合型证券化。

91. B 【解析】上市公司非公开发行股票确定发行价格和持股期限的，发行价格不低于定价基准日前20个交易日公司股票均的80%。

92. A 【解析】国内股市投资者主要有四大类：机构投资者、个人投资者、外资机构和一般法人。故本题表述正确。

93. A 【解析】目前我国对证券交易所达成的多数证券交易均采取多边净额结算方式。

94. A 【解析】中央政府债券不存在违约风险，因此，这一类证券被视为无风险证券。

95. B 【解析】政府债券的发行主体是政府，主要包括中央政府和地方政府。

96. A 【解析】金融市场具有将有形资产产生的风险在资金供求双方之间重新配置的功能。

97. A 【解析】《证券法》规定，从事证券投资咨询服务业务，应当经国务院证券监督管理机构核准，从事其他证券服务业务，应当报国务院证券监督管理机构和国务院有关主管部门备案。

98. B 【解析】基金管理人的最主要职责是按照基金合同的约定，负责基金资产的投资运作，力争在有效控制风险的同时为基金投资者获取最大的投资收益。

99. B 【解析】融资融券业务是指向客户出借资金供其买入证券或者出借证券供其卖出，并收取担保物的经营活动。

100. A 【解析】做市商被终止全部科创板股票做市交易业务的，1年以内不得重新申请对任一科创板股票开展做市交易业务。故本题表述正确。

101. A 【解析】科创板上市公司的股票终止上市后，符合上交所规定条件的，可以向上交所申请再次上市。故本题表述正确。

102. A 【解析】大宗商品类金融衍生工具是指标的资产为大宗商品或者商品价格指数及相关指数的远期、期货、期权以及互换。常见的标的有农产品、金属、原油和其他石油产品、天然气、电力、海运费和天气指数等。

103. B 【解析】目前最流行的结构化金融衍生产品主要是由商业银行开发的各类结构化理财产品以及在交易所市场上市交易的各类结构化票据。

104. B 【解析】远期利率协议是指交易双方约定在未来某一日交换协议期间内在一定名义本金基础上分别以合同利率和参考利率计算的利息的金融合约。

105. A 【解析】无记名国债属于实物债券，它以实物券的形式记录债权、面值等，不记名，不挂失，可上市流通。

106. B 【解析】声誉风险管理、业务持续性管理以及防止企业破产的各种风险管理措施，延长了现金流期限，从而创造了价值。

107. A 【解析】在证券经纪业务中，证券公司只收取一定比例的佣金作为业务收入。

108. A 【解析】《中华人民共和国证券法》规定从事证券投资咨询服务业务，应当经国务院证券监督管理机构核准；未经核准，不得为证券的交易及相关活动提供服务。故本题表述正确。

109. B 【解析】风险分散是指通过多样化的投资来分散和降低风险，适用于非系统性风险的管理，但并不能降低系统性风险。

110. B 【解析】贴现率实质上是中央银行向商业银行的放款利率，如果中央银行降低再贴现率，就意味着中央银行鼓励商业银行通过再贴现以扩张信贷规模，从而增加货币供给量；反之，中央银行提高再贴现率，则货币供给量下降。

四、综合题

111. C 【解析】证券金融公司开展转融通业务，应当向证券公司收取一定比例的保证金，确定并公布可充抵保证金证券的种类和折算率。保证金可以证券充抵，但货币资金占应收取保证金的比例不得低于15%。

112. AC 【解析】证券金融公司可根据市场状况和风险控制需要，确定和调整转融通费率和保证金的比例。转融通业务合同标准格式应报中国证监会备案。

113. D 【解析】对证券金融公司从事转融通业务的，每年按税后利润的10%提取准备金，则有480 × 10% =48（万元）。因此，甲证券金融公司当年应提取的准备金为48万元。

114. BC 【解析】根据《公司债券发行与交易管理办法》的规定，公开发行的证券公司债券，可以在证券交易所、全国中小企业股份转让系统交易或转让。

115. AD 【解析】有下列情形之一的，不得再次公开发行公司债券：①对已公开发行的公司债券或者其他债务有违约或者延迟支付本息的事实，仍处于继续状态,选项A符合题意;②违反本法规定,改变公开发行公司债券所募资金的用途,选项D符合题意。

116. ABCD 【解析】限额管理体现了风险管理是一种积极的事前管理。限额管理是一种对风险的实时动态管理。限额管理体现了任何金融产品是风险和收益的组合,投资是以风险换收益。限额管理体现了现代风险管理是一种全面的风险管理。

117. BC 【解析】常用的信用风险限额指标包括:单一客户贷款集中度限额、单一集团客户授信集中度限额、行业限额等。选项A属于市场风险限额指标;选项D属于流动性风险限额指标。选项B、选项C说法正确。

118. A 【解析】证券公司应当建立逐日盯市等机制,准确计算、动态监控关键风险指标情况,判断和预测各类风险指标的变化,及时预警超越各类、各级风险限额的情形,选项A表述错误。其余选项表述均正确。

119. D 【解析】在向投资者推介私募基金之前,投资者应当以书面形式承诺其符合合格投资者标准。投资者的评估结果有效期最长不得超过3年。

120. ACD 【解析】私募基金禁止向未设置特定对象确定程序的募集机构官方网站、微信朋友圈等互联网媒介,乙通过微信朋友圈推介产品属于禁止行为,选项A违规。乙作为当然合格投资者,可以购买私募基金产品,选项B不违规。甲自有资金低于100万元,不属于私募合规投资者,选项C违规。任何机构和个人不得为规避合格投资者标准,采取任何方式变相突破合格投资者标准,乙用凑齐的资金购买基金属于变相突破合格投资者标准,选项D违规。

机考题库·真题试卷(八)

答题卡

便捷速查答案及详细解析,难题典型题有视频讲解

考生用微信扫描右侧二维码,可以按题号迅速查解析,难题、典型题配视频讲解

一、单选题

1. C 【解析】与附息债券相似,息票累积债券也规定了票面利率,但是,债券持有人必须在债券到期时一次性获得本息,存续期间没有利息支付。

2. C 【解析】资产管理计划应当以非公开方式向合格投资者募集,证券期货经营机构、销售机构不得公开或变相公开募集资产管理计划,不得通过报纸、电台、电视、互联网等传播媒体或者讲座、报告会、传单、布告、自媒体等方式向不特定对象宣传具体资产管理计划。证券期货经营机构不得设立多个资产管理计划,同时投资于同一非标准化资产,以变相突破投资者人数限制或者其他监管要求。单一主体及其关联方的非标准化资产,视为同一非标准化资产。任何单位和个人不得以拆分份额或者转让份额收(受)益权等方式,变相突破合格投资者标准或人数限制。

3. C 【解析】在我国,从数量上看,个人投资者是证券市场最广泛的投资者。

4. B 【解析】证券公司中间介绍业务是指证券公司接受期货经纪商的委托,为期货经纪商介绍客户参与期货交易并提供其他相关服务的业务活动。

5. D 【解析】《中华人民共和国保险法》规定,债券、股票、证券投资基金份额等有价证券均属保险公司资金运用范围,经有关机构批准,保险公司可以设立保险资产管理公司从事证券投资活动,还可运用受托管理的企业年金进行投资。

6. D 【解析】开放式基金的认购采取金额认购的方式,即投资者在办理认购时,认购申请上不是直接填写需要认购多少份基金份额,而是填写需要认购多少金额的基金份额,基金注册登记人在基金认购结束后,再按基金份额的认购价格,将申请认购基金的金额换算成投资人应得的基金份额。

7. D 【解析】创业板市场又称二板市场,是为具有高成长性的中小企业和高科技企业提供融资服务的资本市场。

8. D 【解析】可转换债券转股价格应不低于募集说明书公告日前20个交易日该公司股票交易均价和前一交易日的均价。

9. B 【解析】中小企业板块设计要点之一是暂不降低发行上市标准,而是在主板市场发行上市标准的框架下设立中小企业板块,这样可以避免因发行上市标准变化带来的风险。

10. C 【解析】封闭式基金的价格形成方式受二级市场供求关系的影响,交易价格可能折价或溢价,多为折价,所以其价格与基金份额净值常发生偏离。

11. B 【解析】另类投资市场上市条件较主板市场宽

松，适合规模比较小的成长型公司进行上市融资。

12. C 【解析】投资咨询机构、财务顾问机构、资信评估机构从事证券服务业务的人员必须具备证券专业知识和从事证券业务或者证券服务业务2年以上的经验。

13. B 【解析】保护投资者利益，让投资者树立信心，是培育和发展市场的重要环节，是证券监管机构的首要任务和宗旨。

14. C 【解析】基金资产净值 = 基金资产总值 - 基金负债。

15. C 【解析】公司发行可转换债券的主要动因是为了增强证券对投资者的吸引力，能以较低的成本筹集到所需要的资金。

16. D 【解析】我国的混合资本债券具有4个基本特征：①期限在15年以上，发行之日起10年内不得赎回；②混合资本债券到期前，如果发行人核心资本充足率低于4%，发行人可以延期支付利息；③当发行人清算时，混合资本债券本金和利息的清偿顺序列于一般债务和次级债务之后、先于股权资本；④混合资本债券到期时，如果发行人无力支付清偿顺序在该债券之前的债务，或支付该债券将导致无力支付清偿顺序在混合资本债券之前的债务，发行人可以延期支付该债券的本金和利息。

17. D 【解析】风险与金融产品和投资的关系：①任何金融产品是风险和收益的组合；②风险是与收益相匹配的；③投资是以风险换收益。但是，以风险换收益并不意味着无限制地承担风险。

18. C 【解析】直接融资主要包括股票市场融资、债券市场融资、风险投资融资、商业信用融资、民间借贷等。

19. B 【解析】保值性资金流动又被称为避险性资金流动或资本外逃，它是指金融资产的持有者为了资金安全而进行资金调拨所形成的国际资金流动。

20. D 【解析】证券公司中间介绍（IB）业务起源于美国。

21. D 【解析】ETF最大的特点是实物申购、赎回机制，即在申购时用一篮子股票换取ETF份额，赎回时是以基金份额换回一篮子股票而不是现金。

22. D 【解析】外国债券一般由发行地所在国的证券公司、金融机构承销，而欧洲债券则由一家或几家大银行牵头，组织十几家或几十家国际性银行在一个国家或几个国家同时承销。

23. A 【解析】投资者在委托买卖证券时，需要支付多项费用和税收，如佣金、过户费、印花税等。

24. A 【解析】国债的竞争性招标方式包括单一价格、修正的多重价格招标方式（即混合式）。

25. C 【解析】风险管理是金融机构的核心竞争力。

26. A 【解析】金融债券是银行等金融机构作为筹资主体为筹措资金而面向个人发行的一种有价证券，是表明债务、债权关系的一种凭证。金融债券的发行主体是银行或非银行的金融机构。

27. B 【解析】债券是一种债权债务凭证，作为债权人即债券的购买方拥有到期收回本息的权利，除此之外，不能参与公司经营决策，选项A错误；股票是股份有限公司签发的证明股东所持股份的证明，持有者享有股东的基本权利和义务，可参与公司的重大决策，选项B正确；期权是提前支付一定费用，约定在未来买卖某样东西的权利，到期履约即可，不参与经营决策，选项C错误；基金是通过向投资者募资，由专业投资基金管理人进行运作和管理的投资工具，基金持有人享有的是收益分配的权利，同样不参与经营决策，选项D错误。

28. D 【解析】股票是有价证券、要式证券、证权证券、资本证券以及综合权利证券。

29. C 【解析】在投资学中，当期收益率被定义为债券的年利息收入与买入债券的实际价格的比率。其计算公式为：$Y = C/P \times 100\%$。式中：Y为当期收益率；C为每年利息收入；P为债券价格。该投资者当期收益率 $= 1000 \times 10\% / 940 \times 100\% = 10.64\%$。

30. B 【解析】中国证券投资基金业协会是我国证券基金行业的自律性组织。

31. B 【解析】中小非金融企业发行集合票据，应依据《银行间债券市场非金融企业债务融资工具注册规则》在中国银行间市场交易商协会注册，一次注册，一次发行。任一企业集合票据待偿还余额不得超过该企业净资产的40%，任一企业集合票据募集资金额不超过人民币2亿元，单只集合票据注册金额不超过人民币10亿元。中小非金融企业发行的集合票据在债权债务登记日的次一工作日即可在银行间债券市场流通转让。

32. D 【解析】企业向银行间市场特定机构投资人发行非公开定向债务融资工具应在银行间市场交易商协会注册。

33. B 【解析】我国证券交易所是不以营利为目的的法人，归属中国证监会直接管理。

34. A 【解析】我国证券交易所股票上市规则规定，公司申请股票上市的条件之一：向社会公开发行的股份达到公司股份总数的25%以上；公司股本总额超过4亿元人民币的，向社会公开发行股份的比例为10%以上。

35. C 【解析】机构投资者的投资行为相对理性化，投资规模相对较大，投资周期相对较长，从而有利于证券市场的健康稳定发展。

36. A 【解析】中国证券登记结算公司仅为证券公司开立结算账户，专用于证券交易成交后的清算交收，具有结算履约担保作用。

37. A 【解析】根据基金份额净值 = 基金资产净值/

基金总份额和基金资产净值=基金资产总值-基金负债可得,基金份额净值=(44.06-0.97)÷46.8≈0.92(元)。

38. B 【解析】按照《证券公司融资融券业务管理办法》的规定,证券公司申请融资融券业务资格应当具备以下条件:①公司治理健全,内部控制有效,能有效识别、控制和防范业务经营风险和内部管理风险;②公司最近2年内不存在因涉嫌违法违规正被证监会立案调查或者正处于整改期间的情形;③财务状况良好,最近2年各项风险控制指标持续符合规定,注册资本和净资本符合增加融资融券业务后的规定;④信息系统安全稳定运行,最近1年未发生因公司管理问题导致的重大事故,融资融券业务技术系统已通过证券交易所、证券登记结算机构组织的测试。

39. C 【解析】填写证券名称的方法有全称、简称和代码3种。

40. A 【解析】不同发行人发行的相同期限和票面利率的债券,其市场价格会不相同,从而计算出的债券收益率也不一样,反映在收益率上的这种区别,称为利率的风险结构。

二、多选题

41. AD 【解析】证券投资基金按投资理念的不同可分为主动型基金和被动型基金。主动型基金是指力图取得超越基准组合表现的基金;被动型基金一般选取特定指数作为跟踪对象,因此通常又被称为指数基金。

42. ABC 【解析】根据举借债务对筹集资金使用方向的规定,国债可以分为赤字国债、建设国债、战争国债和特种国债。选项A、选项B、选项C正确。

43. ABCD 【解析】系统的基金业绩评估需要从4个方面入手,包括计算绝对收益、计算风险调整后收益、计算相对收益和进行业绩归因。

44. AC 【解析】债券信用评级的主要内容包括企业素质、经营能力、获利能力、偿债能力、履约情况和发展前景等。

45. ABC 【解析】封闭式基金的交易遵从价格优先、时间优先的原则,价格优先是指较高价格买进申报优先于较低价格买进申报,较低价格的卖出申报优先于较高价格的卖出申报,选项A正确;买入或卖出的封闭式基金份额申报数量应当为100份或其整数倍,选项B说法正确;封闭式基金交易每日价格涨跌幅比例限制在10%,选项C说法正确;封闭式基金交易实行T+1交割、交收,选项D说法错误。

46. ABCD 【解析】企业可以用自己的积累资金或暂时不用的闲置资金进行证券投资。企业可以通过股票投资实现对其他企业的控股或参股,也可以将暂时闲置的资金通过自营或委托专业机构进行证券投资以获取收益。我国现行的规定是,各类企业可参与股票配售,也可投资于股票二级市场;事业法人可用自有资金和有权自行支配的预算外资金进行证券投资,事业单位用于证券投资的资金,按照国家的规定必须是该单位有权自行支配的各种预算外资金,进行证券投资的目的是使预算外资金保值增值。

47. ABCD 【解析】金融衍生工具又被称为金融衍生产品,是与基础金融产品相对应的一个概念,这里所说的基础产品是一个相对的概念,不仅包括现货金融产品(如债券、股票、银行定期存款单等),也包括金融衍生工具。

48. ACD 【解析】证券公司申请次级债务展期,应当提交以下申请文件:①申请书;②关于次级债务展期的决议;③借入次级债务合同;④债务资金的用途说明;⑤证券公司目前的风险控制指标情况及相关测算报告;⑥中国证监会要求提交的其他文件。

49. ABCD 【解析】从形状上来看,债券收益率曲线主要包括4种类型:正向的、反向的、水平的和拱形的。

50. ACD 【解析】根据中国证监会对基金类别的分类标准,基金资产80%以上投资于债券的为债券基金,选项B说法错误。

51. CD 【解析】直接融资的信誉存在较大的差异和风险,选项C说法错误;企业间的商品赊销属于直接融资中的商业信用融资,选项D说法错误。

52. AB 【解析】在账户记录上,由于实现了无纸化,证券登记结算机构一般以证券公司为单位,采用电脑记账方式记载证券公司交给的证券;证券公司也采用电脑记账的方式记载投资者的证券。对股权、债权变更引起的证券转移,通过账面予以划转。选项A、选项B错误。

53. ABC 【解析】证券市场监管的意义:①加强证券市场监管是保障广大投资者合法权益的需要;②加强证券市场监管是维护市场良好秩序的需要;③加强证券市场监管是发展和完善证券市场体系的需要;④准确和全面的信息是证券市场参与者进行发行和交易决策的重要依据。选项A、选项B、选项C正确。

54. ABC 【解析】债券收益体现在3个方面:①利息收入;②资本利得,即债权人在证券市场进行债券买卖获得的价差收入;③再投资收益,即投资债券所获现金流量再投资的利息收入,也受市场收益率变化的影响。

55. AC 【解析】地方政府债券是地方政府根据本地区经济发展和资金需求状况,以承担还本付息责任为前提,向社会筹集资金的债务凭证。选项A、选项C正确。

56. ABC 【解析】申请募集基金,拟募集的基金应当具备下列条件:①有明确、合法的投资方向;②有明确的基金运作方式;③符合中国证监会关于基金品种的规定;④基金合同、招募说明书等法律文件草案符合法律、行政法规和中国证监会的规定;⑤基金名称表明基金的类别和投资特征,不存在损害国家利益、社会公共利益,欺诈、误导投资者,或者其他侵犯他人合法权益的内容;⑥招募说明书真实、准确、完整地披露了投资者作出投资决策所需的重要信息,不存在虚假记载、误导性陈述或者重大遗漏,语言简明、易懂、实用,符合投资者的理解能力;⑦有符合基金特征的投资者适当性管理制度,有明确的投资者定位、识别和评估等落实投资者适当性安排的方法,有清晰的风险警示内容等。没有涉及到D选项,不是所有的基金都需要设立投资冷静期。选项A、B、C说法正确。

57. BC 【解析】在二级市场上,债券因其利率固定、偿还期限固定,市场价格也较稳定;股票无固定期限和利率,受各种宏观因素和微观因素的影响,市场价格波动频繁,涨跌幅度较大。

58. ACD 【解析】商品期货是指标的物为实物商品的期货合约。商品期货历史悠久,种类繁多,主要包括农产品期货、金属期货和能源化工期货等。

59. ABC 【解析】中央银行是代表一国政府发行法偿货币、制定和执行货币政策、实施金融监管的重要机构。

60. ABCD 【解析】发行审核委员会制度是证券发行核准制的重要组成部分。发审委的主要责任:①根据有关法律、行政法规和中国证监会的规定,审核股票发行申请是否符合相关条件;②审核保荐机构、会计师事务所、律师事务所、资产评估机构等证券服务机构及相关人员为股票发行所出具的有关材料及意见书;③审核中国证监会有关职能部门出具的初审报告;④对股票发行申请进行独立表决,依法对发行申请提出审核意见、中国证监会依照法定条件和法定程序作出予以核准或者不予核准股票发行申请的决定,并出具相关文件。

61. ABD 【解析】债券募集说明书及其他信息披露文件所引用的审计报告、资产评估报告、评级报告,应当由具有从事证券服务业资格的机构出具。选项A、选项B、选项D正确。

62. ABCD 【解析】股票交易的结算可以划分为清算和交收两个主要环节。在此基础上,还可以进一步划分为交易数据接收、清算、发送清算结果、结算参与人组织证券或资金以备交收、证券交收和资金交收、发送交收结果、结算参与人划回款项、交收违约处理8个环节。

63. ABCD 【解析】用于分析公司经营状况好坏的因素:①公司治理水平与管理层质量;②公司竞争力;③公司财务状况;④公司并购重组。

64. ABCD 【解析】银行间债券市场是指依托于中国外汇交易中心暨全国银行间同业拆借中心和中央国债登记结算有限责任公司的,包括商业银行、农村信用联社、保险公司、证券公司等金融机构以及一些非金融机构合格投资人进行债券买卖和回购的市场。

65. BCD 【解析】政府机构类投资者参与证券投资的目的主要是调剂资金余缺、实施宏观调控、实行特定产业政策等要求。选项B、选项C、选项D正确。

66. ABD 【解析】我国证券市场经过20多年的发展,逐步形成了以国务院证券监督管理机构、国务院证券监督管理机构的派出机构、证券交易所、行业协会和证券投资者保护基金为一体的监管体系和自律管理体系。

67. ABC 【解析】根据产业周期理论,任何产业或行业通常都要经历幼稚期、成长期、成熟期、衰退期4个阶段。选项A、选项B、选项C正确。

68. ABD 【解析】远期交易和期货交易的区别:①交易场所不同;②合约的规范性不同;③交易风险不同;④保证金制度不同;⑤履约责任不同;⑥期货有每日无负债结算制度。选项A、选项B、选项D正确。

69. AC 【解析】我国证券市场专业机构投资者投资额度不断上升,个人投资者的成交也日益活跃。总体上看,专业机构投资者力量仍然较弱。选项B、选项D说法错误。

70. ACD 【解析】金融衍生工具又称金融衍生产品,是指建立在基础产品或基础变量之上,其价格取决于基础金融产品价格(或数值)变动的派生金融产品。按产品形态分类分为独立衍生工具和嵌入式衍生工具。按自身交易的方法和特点分类分为远期合同、期货合同、互换和期权等。选项A、选项C、选项D正确。

71. BCD 【解析】短期国债一般指偿还期限为1年以内的国债,选项A说法错误。选项B、选项C、选项D说法正确。

72. ACD 【解析】实践中,金融机构通常采用客户调查问卷、产品风险评估与充分披露等方法,根据客户分级和资产分级匹配原则,避免误导投资者和错误销售。

73. BC 【解析】对基金信息披露的原则、内容、禁止行为等各方面作出了明确、严格规定的主要法律法规有《中华人民共和国证券投资基金法》和《证券投资基金信息披露管理办法》。

74. ABCD 【解析】我国资本市场分为场内交易市场和场外交易市场。场内交易市场包括主板市场、科技板市场、创业板市场和全国中小企业股份转让系统(新三板)。场外交易市场包括区域性股权交易市场、券商柜台市场、机构间私募产品报价与服务系统和私募基金市场。

75. BD 【解析】在实际经济活动中,债券收益可以表现为3种形式:①利息收入,即债权人在持有债券期间按约定的条件分期、分次取得利息或者到期一次取得利息;②资本损益,即债权人到期收回的本金与买入债券或中途卖出债券与买入债券之间的价差收入;③再投资收益,即投资债券所获现金流量再投资的利息收入,受市场收益率变化的影响。

76. ABD 【解析】按照《中华人民共和国证券投资基金法》的规定,基金财产不得用于下列投资或者活动:承销证券;违反规定向他人贷款或者提供担保;从事承担无限责任的投资;买卖其他基金份额,但是国务院证券监督管理机构另有规定的除外;向基金管理人、基金托管人出资;从事内幕交易、操纵证券交易价格及其他不正当的证券交易活动;法律、行政法规和国务院证券监督管理机构规定禁止的其他活动。

77. BCD 【解析】按照公开原则,证券交易参与各方应依法真实、准确、完整地向社会发布有关信息。选项 B、选项 C、选项 D 正确。

78. ACD 【解析】证券服务机构包括投资咨询机构、财务顾问机构、资信评级机构、资产评估机构、会计师事务所、律师事务所等从事证券服务业务的机构。选项 A、选项 C、选项 D 正确。

79. AB 【解析】金融债券的发行目的:①筹资用于某种特殊用途;②改变金融机构本身的资产负债结构。选项 A、选项 B 正确。

80. AD 【解析】由于未来收益及市场利率的不确定性,各种价值模型计算出来的“内在价值”只是股票真实的内在价值的估计值。

三、判断题

81. B 【解析】根据《公司债券发行与交易管理办法》的规定,公开发行的证券公司债券,可以在证券交易所、全国中小企业股份转让系统交易或转让。

82. A 【解析】不动产信用控制是指中央银行对金融机构在房地产方面放款的限制性措施,包括对房地产制定最高限额、最长期限及首次付款和分期还款的最低金额等,以抑制房地产投机和泡沫。

83. B 【解析】《证券法》规定,未经国务院证券监督管理机构批准,任何单位和个人不得以证券公司名义开展证券业务活动。

84. B 【解析】经济手段通过运用利率政策、公开市场业务、信贷政策、税收政策等经济手段,对证券市场进行干预。这种手段相对比较灵活,但调节过程可能较慢,存在时滞。

85. B 【解析】债券有规定的票面利率,可获得固定的利息,股票的股息红利不固定,一般视公司经营情况而定。

86. A 【解析】交易类强制退市,包括累计股票成交量低于一定指标,股票收盘价、市值、股东数量持续低于一定指标等。故本题表述正确。

87. A 【解析】证券投资者保护基金的来源主要有:①上海、深圳证券交易所在风险基金分别达到规定上限后,交易经手费的 20% 纳入基金;②所有在中国境内注册的证券公司,按其营业收入的 0.5% ~5% 缴纳基金发行股票、可转债等证券时,申购冻结资金的利息收入;③依法向有关责任方追偿所得和从证券公司破产清算中受偿收入;④国内外机构、组织和个人捐赠。故本题表述正确。

88. B 【解析】人民币利率互换是指交易双方约定在未来的一定期限内,根据约定的人民币本金和利率计算利息并进行利息交换的金融合约。

89. A 【解析】北京证券交易所是我国第一家公司制证券交易所,于 2021 年 9 月 3 日注册成立,11 月 15 日正式开市,首批共 81 家公司上市。相较于创业板和科创板,北交所的服务对象将会“更早、更小、更新”,即聚集于“专精特新”中小企业,并通过发挥转板上市功能与沪深证券交易所、区域性股权市场互联互通,畅通其在多层次资本市场的纽带作用,形成相互补充、相互促进的中小企业直接融资成长路径。

90. A 【解析】企业的组织形式可分为独资制、合伙制和公司制。

91. A 【解析】市净率倍数法比较适用于资产流动性较高的金融机构,而运营历史悠久的制造业企业和新兴产业企业往往不适合采用市净率倍数法。

92. A 【解析】证券公司在重大对外投资或收购、重大对外担保、重大固定资产投资、利润分配或其他资本性支出、证券公司分类评价结果负向调整、负债集中到期或赎回等可能导致净资本和流动性等风险控制指标发生明显不利变化或接近预警线的情形时应当开展专项或综合压力测试。

93. A 【解析】投资管理的流程一般包括:研究部门提供研究报告→投资决策委员会决定基金总体投资决策→基金经理拟定投资组合具体方案→交易部门依据基金经理的投资指令执行交易。

94. A 【解析】2020 年 7 月 10 日,中国证监会发布《公开募集证券投资基金侧袋机制指引(试行)》规定,侧袋机制是在符合法定条件下将难以合理估值的风险资产从基金组合资产中分离出来进行处置清算,确保剩余基金资产正常运作的机制。

95. A 【解析】资本市场包括股票市场、中长期国债市场和中长期银行信贷市场,不包括票据市场。故本题表述正确。

96. A 【解析】现货市场是目前金融市场上最普遍的交易方式。

97. B 【解析】根据红利折现现金流模型,如果 NPV > 0,则所有预期的现金流入的现值之和大于投资成本,股票被低估价格,可以购买这种股票。

98. A 【解析】就可转换债券而言,其有效期限与一般债券相同,指债券从发行之日起至偿清本息之日止的存续时间。

99. A 【解析】《证券公司风险控制指标管理办法》建

立了以净资本和流动性为核心的风险控制指标体系和风险监管制度。

100. B 【解析】私募基金管理人、私募基金托管人及私募基金销售机构应当妥善保存私募基金投资决策、交易和投资者适当性管理等方面的记录及其他相关资料，保存期限自基金清算终止之日起不得少于10年。

101. B 【解析】私募证券投资基金二级市场的退出渠道较多且容易成交，单个投资周期较短；而私募股权基金投资周期通常在2~3年，加上前期调研，整个投资周期会更长。

102. A 【解析】最典型的直接融资就是证券市场融资。

103. B 【解析】上市公司非公开发行股票，自发行结束之日起，6个月内不得转让；控股股东、实际控制人及其控制的企业认购的股份，18个月内不得转让。

104. A 【解析】沪股通，是指投资者委托联交所参与者，通过联交所证券交易服务公司，向上交所进行申报，买卖规定范围内的上交所上市股票。

105. B 【解析】根据我国《证券交易所管理办法》规定，会员大会是证券交易所的最高权力机构。

106. A 【解析】回购交易是一种超短期的金融工具，一般只有24小时，具有短期融资的属性。

107. B 【解析】股票分割通常适用于高价股，并股则常见于低价股。

108. A 【解析】商业银行通常吸收存款，在支付系统中处于核心地位。

109. A 【解析】上证50股指期货合约标的为上证50指数，其合约乘数为每点价值300元，最小变动价位为0.2点，合约月份为当月、下月及随后两个季月，交易代码为IH。

110. A 【解析】期权的卖方在收取期权费后，就承担着在规定时间内履行该期权合约的义务。即当期权的买方选择行使权利时，卖方必须无条件地履行合约规定的义务，而没有选择的权利。

四、综合题

111. D 【解析】强制分红优先股是指公司在有可分配税后利润时必须向优先股股东分配利润的优先股，选项A不符合题意。浮动股息率优先股是指根据约定股息率的计算方法可以进行调整的优先股，选项B不符合题意。参与优先股是指有权同普通股股东一起参加剩余税后利润分配的优先股，选项C不符合题意。可累积优先股是指公司因当年可分配利润不足未向优先股股东足额派发股息，差额部分累积到下一会计年度发放的优先股，选项D符合题意。

112. ABD 【解析】对投资者而言，由于优先股的股息收益稳定可靠，而且在财产清偿时也先于普通股票，因而风险相对较小，不失为一种较安全的投资对象。优先股因收入稳定，二级市场价格波动小，风险较低，适宜中长线投资。

113. ABC 【解析】普通股股东对公司经营有表决权，优先股股东一般没有表决权。

114. D 【解析】股东可以亲自出席股东会，也可委托代理人出席股东会议。代理人应当向公司提交股东授权委托书，并在授权范围内行使表决权。

115. BD 【解析】优先股既像债券，又像股票，其“优先”主要体现在：一是通常具有固定的股息（类似债券），并须在派发普通股股息之前派发；二是在破产清算时，优先股股东对公司剩余财产的权利先于普通股股东，但在债权人之后。

116. C 【解析】新《证券法》设置了“投资者保护”专章，建立上市公司股东权利代为行使征集制度，明确上市公司董事会、独立董事、持有1%以上有表决权股份的股东或者投资者保护机构可以作为征集人代为出席股东会，并代为行使提案权、表决权等股东权利，选项C错误，其余选项均正确。

117. ABCD 【解析】证券投资者保护基金公司的职责包括：①筹集、管理和运作基金；②监测证券公司风险，参与证券公司风险处置工作；③证券公司被撤销、关闭和破产或被中国证监会实施行政接管、托管经营等强制性监管措施时，按照国家有关政策规定对债权人予以偿付；④组织、参与被撤销、关闭或破产证券公司的清算工作；⑤管理和处分受偿资产，维护基金权益；⑥发现证券公司经营管理中出现可能危及投资者利益和证券市场安全的重大风险时，向中国证监会提出监管、处置建议；对证券公司运营中存在的风险隐患会同有关部门建立纠正机制；⑦国务院批准的其他职责。选项A、选项B、选项C、选项D均正确。

118. BCD 【解析】《证券投资者保护基金管理办法》规定，基金公司应依法合规运作，按照安全、稳健的原则履行对基金的管理职责，保证基金的安全。基金的资金运用限于银行存款、购买国债、购买中央银行债券（包括中央银行票据）和中央级金融机构发行的金融债券以及国务院批准的其他资金运用形式。

119. A 【解析】承销商为证券的发行进行促销，以帮助证券成功发行。此外，在证券设计阶段，作为承销商的投资银行还扮演着融资顾问的角色，选项A说法错误。

120. ABD 【解析】在资产证券化过程中发行的以资产池为基础的证券被称为“资产支持证券”。通过资产证券化，将流动性较低的资产（如银行贷款、应收账款、房地产等）转化为具有较高流动性的可交易证券，提高了基础资产的流动性，便于投资者进行投资；还可以改变发起人的资产结构，改善资产质量，加快发起人资金周转。故选项A、选项B、选项D说法正确。

2026

新增真考240题

考前摸底仿真卷2套

● 金融市场基础知识

《金融市场基础知识》考前摸底仿真卷

考前摸底仿真卷(一)

一、单选题(共40题,每小题0.5分,共20分)以下备选项中只有一项最符合题目要求,不选、错选均不得分。

1. 投资者委托香港经纪商,经由香港联合交易所在上海设立的证券交易服务公司,向上海证券交易所进行申报(买卖盘传递),买卖沪港通规定范围内的上海证券交易所上市的股票,该描述指的是(　　)。

A. 沪股通　B. 港股通　C. 深股通　D. 中证通

2. 两个或两个以上的当事人按共同商定的条件,在约定的时间内定期交换现金流的金融交易是(　　)。

A. 金融互换　B. 金融期权
C. 结构化金融衍生工具　D. 金融期货

3. 证券公司开展压力测试应当综合考虑宏观经济运行周期、行业发展变化趋势以及公司发展战略规划,合理预见各种可能出现的极端不利情况和风险体现的是压力测试的(　　)。

A. 全面性原则　B. 实践性原则　C. 审慎性原则　D. 前瞻性原则

4. 债券现券买卖的交易和结算方式分别为(　　)。

A. 净价交易,全价结算　B. 全价交易,净价结算
C. 全价交易,全价结算　D. 净价交易,净价结算

5. (　　)是股份公司向特定对象发行股票的增资方式。

A. 配股　B. 增发
C. 发行可转换公司债券　D. 定向增发

6. 证券公司向客户融资,只能使用(　　)。

A. 融资专用资金账户内的资金　B. 融资专用资金账户内的证券
C. 融券专用证券账户内的证券　D. 融券专用证券账户内的资金

7. 在证券市场上,资金的供给者(或证券的需求者)是(　　)。

A. 证券发行人　B. 证券投资者　C. 证券中介机构　D. 监管部门

8. (　　)又被称为指数基金,是指以特定指数作为跟踪对象,力图复制指数表现的一类基金。指数基金的优势是管理费、交易费较低,同时可以有效降低非系统性风险。

A. 主动型基金　B. 被动型基金
C. 债券基金　D. 货币市场基金

9. 在QDII制度中,单只基金、集合计划持有同一家银行的存款不得超过基金、集合计划净值的(　　),在基金、集合计划托管账户的存款可以不受上述限制。

A. 10%　B. 15%　C. 20%　D. 25%

10. 股票、债券等属于(　　)。

A. 商品证券　B. 货币证券　C. 资本证券　D. 商业证券

11. (　　)是指由金融投资或与金融投资有直接联系的活动而产生的证券。

A. 商品证券　B. 货币证券　C. 资本证券　D. 商业证券

12. 金融市场的首要功能是(　　)。

A. 公司控制　B. 资金融通　C. 风险管理　D. 信息生产

13. ETF交易所交易基金结合了(　　)与(　　)的运作特点,一方面可以在交易所二级市场进行买卖,另一方面又可以申购、赎回。

A. 封闭式基金;开放式基金　　B. 主动型基金;被动型基金

C. 公募基金;私募基金　　D. 股权投资基金;风险投资基金

14. 下列关于对"资产支持证券"的说法中,错误的是(　　)。

A. 通过资产证券化,将流动性较低的资产转化为具有较高流动性的可交易证券

B. 可以改变发起人的资产结构

C. 可以改善资产质量

D. 不能加快发起人资金周转

15. 按照《企业年金基金管理办法》规定,企业年金基金财产投资范围不包括(　　)。

A. 银行存款　　B. 外国政府债券　　C. 国债　　D. 企业公司债

16. 基金销售机构是指经(　　)注册,取得基金销售业务资格的机构。

A. 商业银行

B. 中国人民银行

C. 中国证券监督管理委员会或者其派出机构

D. 证券业协会

17. 金融衍生工具交易一般只需要支付少量的保证金或权利金就可签订远期大额合约或互换不同的金融工具。这体现了金融衍生工具基本特征中的(　　)。

A. 跨期性　　B. 杠杆性　　C. 联动性　　D. 不确定性或高风险性

18. 优先股和债券的根本区别在于(　　)。

A. 有无到期期限　　B. 风险大小不同

C. 法律属性不同　　D. 收益来源不同

19. 政府机构参与证券投资的目的主要有进行宏观调控、(　　)、实行特定产业政策等要求。

A. 调剂资金余缺　　B. 赚取高额利润

C. 拓展大量业务　　D. 投资上市公司

20. (　　)是指财政部面向境内中国公民储蓄类资金发行的、以电子方式记录债权的不可流通的人民币债券。

A. 记账式国债　　B. 储蓄国债(凭证式)

C. 储蓄国债(电子式)　　D. 熊猫债券

21. (　　)认为,金融市场上资金借贷双方之间的信息不对称导致了外部融资的代理成本等摩擦,这些摩擦会放大对实体经济产出的动态影响。

A. 货币中性论　　B. 凯恩斯

C. "金融加速器"理论　　D. 实际经济周期理论

22. 证券发行市场又被称为(　　)。

A. 一级市场　　B. 二级市场　　C. 流通市场　　D. 次级市场

23. 根据《上海证券交易所股票上市规则》《深圳证券交易所股票上市规则》,以下不属于强制退市的是(　　)。

A. 违规类强制退市　　B. 财务类强制退市

C. 规范类强制退市　　D. 重大违法类强制退市

24. 运用金融工程结构化方法,将若干种基础金融商品和金融衍生品相结合设计出的新型金融产品是(　　)。

A. 结构化金融衍生品　　B. 组合化金融衍生品

C. 证券化金融衍生品　　D. 复合化金融衍生品

25. 下列有关短期融资券发行注册的说法中，错误的是（　　）。
A. 中国银行间市场交易商协会向接受注册的企业出具《接受注册通知书》，注册有效期为1年
B. 中国银行间市场交易商协会负责受理短期融资券的发行注册
C. 企业注册有效期内需要变更主承销商的应重新注册
D. 交易商协会不接受注册的，企业可于6个月后重新提交注册文件

26. 金融租赁公司和汽车金融公司发行金融债券的条件包括：金融租赁公司注册资本金不低于（　　）或等值的自由兑换货币，汽车金融公司注册资本金不低于（　　）或等值的自由兑换货币。
A. 5亿元；5亿元
B. 3亿元；5亿元
C. 3亿元；8亿元
D. 5亿元；8亿元

27. 下列关于债券评级的说法，错误的是（　　）。
A. 国家政策性银行发行的金融债券，需要参加债券信用评级
B. 非国家银行金融机构发行的某些有价证券，有必要进行评级
C. 地方政府发行的某些有价证券，有必要进行评级
D. 债券信用评级大多是企业债券信用评级，是对具有独立法人资格企业所发行某一特定债券，按期还本付息的可靠程度进行客观公正的评价，并标示其信用程度的登记

28. 金融现货的交易价格代表在某一时点上（　　）的结果。
A. 供求双方共同作用
B. 需求方购买
C. 市场组织者组织
D. 供给方发行

29. 在沪、深证券交易所成立以前，我国股票发行价格的确定大部分是按（　　）进行。
A. 净资产收益法
B. 现金流量折现法
C. 市盈率法
D. 面值法

30. 在资产证券化过程中发行的以资产池为基础的证券即为（　　）。
A. 证券公司次级债
B. 资本补充债券
C. 短期融资券
D. 资产支持证券

31. 目前基金注册程序分为简易程序和普通程序，按简易程序注册，注册审查时间原则上不超过（　　）；按照普通程序注册，注册审查时间不超过（　　）。
A. 15个工作日；3个月
B. 20个工作日；4个月
C. 15个工作日；5个月
D. 20个工作日；6个月

32. 关于优先股，下列说法正确的是（　　）。
A. 优先股二级市场价格波动大，适合投机交易
B. 优先股股息可税前扣除，减轻企业税负
C. 优先股股东享有与普通股股东相同的决策权力
D. 优先股股息收益并不总是高于普通股

33. 证券公司的业务包括证券经纪业务，证券投资咨询业务，与证券交易、证券投资活动有关的财务顾问业务、（　　）、证券融资融券业务，证券做市交易业务，证券自营业务以及其他证券业务。
A. 委托投资业务
B. 资产托管业务
C. 证券承销与保荐业务
D. 委托贷款业务

34. 根据募集方式的不同，可将投资基金分为（　　）与（　　）两大类。
A. 契约型基金；公司型基金
B. 封闭式基金；开放式基金
C. 公募基金；私募基金
D. 主动型基金；被动型基金

35. 下列属于风险管理本质特征的是（　　）。
A. 事后管理　　B. 盈利管理　　C. 事前管理　　D. 损失管理

36. 下列不属于证券登记结算制度的是( )。
A. 证券实名制
B. 货银对付的交收制度
C. 净额结算制度
D. 全额结算制度

37. 证券公司申请融资融券业务试点应具备的条件不包括( )。
A. 经营经纪业务已满 5 年
B. 最近一年未发生因公司管理问题导致的重大事故
C. 客户资产安全、完整
D. 公司财务状况良好

38. 科创板市场属于( )市场。
A. 场内 B. 场外 C. 场内和场外 D. 主板

39. 假定某投资者按 940 元的价格购买了面额为 1000 元,票面利率为 10%、剩余期限为 6 年的债券,那么该投资者的当期收益率为( )。
A. 9.87% B. 10.35% C. 10.64% D. 17.21%

40. 债券作为证明( )关系的凭证,一般以有一定格式的票面形式来表现。
A. 所有权 B. 产权 C. 债权债务 D. 委托

二、多选题(共 40 题,每小题 1 分,共 40 分)以下备选项中有两项或两项以上符合题目要求,多选、少选、错选均不得分。

41. 根据金融市场工具的期限特征,可把金融市场分为( )。
A. 货币市场 B. 资本市场 C. 股票市场 D. 经营市场

42. 金融债券的发行主体有( )。
A. 政策性银行
B. 商业银行
C. 企业集团财务公司
D. 金融租赁公司和汽车金融公司

43. 上市公司再融资的途径包括( )。
A. IPO B. 配股 C. 增发 D. 定向增发

44. 我国中央银行具有的职能有( )。
A. 维护金融稳定
B. 监管所有金融机构
C. 承担一定的金融服务职能
D. 制定和执行货币政策

45. 个人投资者的风险特征由( )构成。
A. 风险偏好
B. 风险认知度
C. 理论风险损失
D. 实际风险承受能力

46. 商业银行以私募方式发行次级债券应符合的条件有( )。
A. 贷款损失准备计提充足
B. 核心资本充足率不低于 8%
C. 实行贷款五级分类
D. 最近 3 年没有重大违法、违规行为

47. 影响股票价格的宏观经济与政策因素包括( )。
A. 货币政策
B. 经济增长
C. 财政政策
D. 市场利率

48. 证券的发行、交易活动,必须遵循公开、公平、公正的原则。下列说法中,正确的有( )。
A. 公开原则的核心要求是实现市场信息的公开化
B. 公开原则要求证券市场具有充分的透明度
C. 公平原则要求证券市场不存在歧视,参与市场的主体具有完全平等的权利
D. 公正原则要求对一切被监管对象给予公正的待遇

49. QDII 基金可用于投资(　　)。

A. 银行存款、可转让存单、银行承兑汇票、银行票据、商业票据、回购协议、短期政府债券等货币市场工具

B. 政府债券、公司债券、可转换债券、住房按揭支持证券、资产支持证券等及经中国证监会认可的国际金融组织发行的证券

C. 与固定收益、股权、信用、商品指数、基金等标的物挂钩的结构性投资产品

D. 远期合约、互换及在已与中国证监会签署双边监管合作谅解备忘录的国家或地区交易所上市交易的权证、期权、期货等金融衍生产品

50. 下列各项中,属于债券特征的是(　　)。

A. 永久性　B. 流动性　C. 安全性　D. 收益性

51. 证券投资基金与股票、债券的区别在于(　　)。

A. 投资者不同　B. 反映的经济关系不同

C. 筹集资金的投向不同　D. 收益风险水平不同

52. 下列各项中属于不动产投资信托基金汇总的基础设施的有(　　)。

A. 交通设施　B. 市政设施

C. 其他基础设施　D. 住宅和商业地产

53. 除中国证监会另有规定外,合格境内机构投资者经营证券投资基金、经营集合资产管理计划不得有下列(　　)行为。

A. 购买不动产　B. 购买政府债券

C. 购买实物商品　D. 购买房地产抵押按揭

54. 按照《中华人民共和国证券法》的规定,证券公司可以从事的业务有(　　)。

A. 证券自营业务　B. 证券资产管理业务

C. 以自己的名义进行证券投资　D. 代其客户进行证券投资

55. 下列选项中属于股权类资产的远期合约的有(　　)。

A. 固定收益证券的远期合约　B. 商业票据的远期合约

C. 股票价格指数的远期合约　D. 单个股票的远期合约

56. 金融衍生工具的基本特征包括(　　)。

A. 杠杆性　B. 跨期性

C. 不确定性或高风险性　D. 联动性

57. 下列属于我国发行的国债品种的有(　　)。

A. 普通国债　B. 特种债券　C. 基本建设债券　D. 无期国债

58. 下列中央银行采取的措施中属于一般性货币政策工具的有(　　)。

A. 公开市场业务　B. 再贴现政策

C. 存款准备金制度　D. 间接信用指导

59. 下列关于股票分割与合并的说法中,正确的有(　　)。

A. 股票分割又称拆股、拆细,是将 1 股股票均等地拆成若干股

B. 从理论上说,如果把 1 股分拆为 2 股,则分拆后股价应为分拆前的一半

C. 实践中,股票分割与合并通常会刺激股价上升或下降

D. 股票分割与合并常见于低价股

60. 普通股票股东行使资产收益权限制条件包括法律上的限制和其他方面的限制,其中其他方面的限制包括(　　)。

A. 股东所处的地位　B. 公司的经营环境

C. 公司对现金的需要　D. 公司进入资本市场获得资金的能力

61. 目前,我国证券投资者保护基金的资金运用限于(　　)等形式。
A. 购买股票　B. 银行存款　C. 购买国债　D. 购买中央银行债券

62. 股权类期权包括(　　)。
A. 单只股票期权　B. 股票组合期权　C. 认股权证期权　D. 股价指数期权

63. 证券竞价交易采取连续竞价时,成交价格的确定原则是(　　)。
A. 可实现最大成交量的价格
B. 最高买入申报与最低卖出申报价位相同的,以该价格为成交价
C. 买入申报价格高于即时揭示的最低卖出申报价格的,以即时揭示的最低卖出申报价格为成交价
D. 卖出申报价格低于即时揭示的最高买入申报价格的,以即时揭示的最高买入申报价格为成交价

64. 影响股价变动的基本因素包括(　　)。
A. 宏观经济与政策因素　B. 行业与部门因素
C. 公司经营状况　D. 人为操纵因素

65. 作为一种现代化投资工具,证券投资基金具备的特点有(　　)。
A. 集合理财、保证收益　B. 组合投资、分散风险
C. 利益共享、风险共担　D. 独立托管、保障安全

66. 我国地方债可以选择的分销方式有(　　)。
A. 场内不挂牌分销　B. 场内挂牌分销
C. 场外签订分销合同　D. 境外分销

67. 商业银行借款负债的渠道主要包括(　　)。
A. 向中央银行借款　B. 同业借款
C. 票据贴现　D. 回购协议

68. 对证券公司信息报送与披露方面的监管要求包括(　　)。
A. 信息公开披露制度　B. 信息报送制度
C. 董事会会议内容公开制度　D. 年报审计监管

69. 现在国内推出的金融期权产品包括(　　)。
A. 500ETF 期权　B. 上证 50ETF 期权
C. 沪深 300 股指期权　D. 沪深 300ETF 期权

70. 证券投资基金的特点有(　　)。
A. 基金管理人管理　B. 基金托管人托管
C. 受益人为基金份额持有人　D. 以资产组合方式进行证券投资

71. 下列关于股票的流动性说法正确的是(　　)。
A. 通常情况下,大盘股的流动性强于小盘股
B. 通常情况下,小盘股的流动性强于大盘股
C. 通常情况下,非上市公司股票的流动性强于上市公司股票
D. 通常情况下,上市公司股票的流动性强于非上市公司股票

72. 以下属于风险应对的是(　　)。
A. 风险偏好管理　B. 风险定价与拨备
C. 风险限额　D. 风险缓释

73. 下列选项中,属于金融期货主要交易制度的有(　　)。
A. 限仓制度　B. 大户报告制度
C. 集中交易制度　D. 有负债的结算制度

74. 关于股利政策的叙述正确的有(　　)。
A. 股利政策是关于股份公司是否发放股利、发放多少股利以及何时发放股利等方面的制度与政策
B. 有关股利政策的四个重要日期分别是股利宣告日、股权登记日、除息除权日、股利派发日
C. 股利分配的形式有现金红利和股票红利两种
D. 稳定可预测的股利政策有利于股东利益最大化,是股份公司稳健经营的重要指标

75. 根据各种货币政策工具的基本性质以及它们在货币政策实践中的运用情况,货币政策工具可分为一般性货币政策工具、(　　)及其他货币政策工具等。
A. 操作性货币政策工具　　B. 中介性货币政策工具
C. 选择性货币政策工具　　D. 具体货币政策工具

76. 证券金融公司的职责包括(　　)。
A. 对证券公司融资融券业务运行情况进行监控
B. 为证券公司融资融券业务提供资金和证券的转融通服务
C. 监测分析全市场融资融券交易情况,运用市场化手段防控风险
D. 中国证券业协会确定的其他职责

77. 量化分析法广泛应用于解决(　　)等投资相关问题。
A. 证券估值　　B. 组合构造与优化
C. 策略制定　　D. 风险计量和风险管理

78. 下列属于股票性质的有(　　)。
A. 有价证券　　B. 物权证券
C. 设权证券　　D. 资本证券

79. 下列有关金融期货主要交易制度的说法,正确的是(　　)。
A. 期货交易所的会员经纪公司必须向交易所或结算所缴纳结算保证金
B. 大户报告制度便于交易所审查大户是否有过度投机和操纵市场行为
C. 交易所通常对每个交易时段允许的最大波动范围作出规定,一旦达到涨(跌)幅限制,则高于(低于)该价格的买入(卖出)委托无效
D. 结算所是期货交易的专门清算机构,通常并不附属于交易所

80. 会员制证券交易所的组织机构有(　　)。
A. 会员大会　　B. 理事会
C. 监事会　　D. 董事会

三、判断题(共30题,每小题1分,共30分)正确的选A,错误的选B。不选、错选均不得分。

81. NPV>0,所有预期的现金流流入的现值之和小于投资成本,即这种股票价格被高估,因此不可购买这种股票。(　　)
A. 正确　　B. 错误

82. 按照合约所规定的履约时间的不同,金融期权包括欧式期权、美式期权和修正的欧式期权、修正的美式期权。(　　)
A. 正确　　B. 错误

83. 参考最近融资价格法在相对成熟企业的估值中应用较多。(　　)
A. 正确　　B. 错误

84. 中证1000股指期权合约报价单位为指数点,最小变动价位为0.1点。每日价格最大波动限制为上一交易日中证1000指数收盘价的±10%。(　　)
A. 正确　　B. 错误

85. 中央银行实施货币政策的“三大法宝”是指法定存款准备金、再贴现及公开市场业务。(　　)
A. 正确　　B. 错误

86. 购买者在向出售者支付一定费用后,就获得了能在规定期限内以某一特定价格向出售者买进或卖出一定数量的某种金融工具的是期货。( )

A. 正确　　B. 错误

87. 附认股权证的公司债券是公司发行的一种附有认购公司股票权利的债券,债券持有人在认购公司发行的股票时可以不受认购比例的限制。( )

A. 正确　　B. 错误

88. 将整个金融机构或资产组合置于某一特定压力情景之下,然后测试该金融机构或资产组合在这些关键市场变量突变的压力下的表现状况,以考虑它们是否能经受得起这种市场的突变称为压力测试。( )

A. 正确　　B. 错误

89. 在证券市场上,证券投资者既是证券市场上资金的提供方,同时也是证券的需求方。( )

A. 正确　　B. 错误

90. 机构投资者是指用自有资金或者从分散的公众手中筹集的资金专门进行有价证券投资活动的法人机构,他们是证券市场最广泛的投资者。( )

A. 正确　　B. 错误

91. 板块差异化定位是创业板与科创板最大的不同。( )

A. 正确　　B. 错误

92. 基础设施基金采取封闭式运作,不开通申购赎回,只能在二级市场交易,存在流动性不足的风险。( )

A. 正确　　B. 错误

93. 市值回报增长比指市盈率对公司利润增长率的倍数。( )

A. 正确　　B. 错误

94. 套期保值(即对冲)、限额和定价补偿是管理市场风险最主要的方法。( )

A. 正确　　B. 错误

95. 非国债承销团成员通过分销获得的国债债权额度,在分销期内可以自行转让。( )

A. 正确　　B. 错误

96. 零息债券是指债券合约未规定利息支付的债券。通常,这类债券以高于面值的价格发行和交易,债券持有人实际上是以买卖(到期赎回)价差的方式取得债券利息。( )

A. 正确　　B. 错误

97. 国务院金融稳定发展委员会的职责之一是制定和执行货币政策、信贷政策,完善货币政策调控体系,负责宏观审慎管理。( )

A. 正确　　B. 错误

98. 优先股的红利取决于股份公司的经营状况和盈利水平。( )

A. 正确　　B. 错误

99. 对存在活跃市场的投资品种,如估值日有市价的,应采用市价确定公允价值。估值日无市价的,但最近交易日后经济环境未发生重大变化且证券发行机构未发生影响证券价格的重大事件的,应采用最近交易市价确定公允价值。( )

A. 正确　　B. 错误

100. 外商独资和合资私募证券基金管理机构申请材料完备的,中国证券投资基金业协会将自收齐材料之日起15个工作日内,以通过协会官方网站公示并为其办结登记手续。登记后,应当依法及时展业。( )

A. 正确　　B. 错误

101. 证券存管是指投资者将持有的证券委托给证券公司保管,并由后者代为处理有关证券权益事务的行为。(   )

A. 正确 B. 错误

102. 股票的绝对估值法也就是现金流折现法。(   )

A. 正确 B. 错误

103. 债券买卖交易报价方式的是采用大额报价。(   )

A. 正确 B. 错误

104.《中华人民共和国证券投资基金法》规定,我国的证券投资基金可投资于股票、债券和中国证监会规定的其他证券及其衍生品品种。(   )

A. 正确 B. 错误

105. 典型的间接融资是银行的存贷款业务。(   )

A. 正确 B. 错误

106. 证券公司根据证券交易所提供的清算交收数据及指定商业银行提供的客户交易结算资金存取数据,完成客户资金的清算,更新客户资金账户的余额,并向指定商业银行发送客户证券交易清算数据及资金账户余额。(   )

A. 正确 B. 错误

107. 金融市场是创造和交易金融资产的市场,是以金融资产为交易对象而形成的供求关系及其交易机制的总和。其参与者主要包括政府、中央银行、金融机构、企业和居民。(   )

A. 正确 B. 错误

108. 香港是全球第五大金融中心,也是全球最活跃及流动性最高的证券市场之一,对资金流动不设限制,也没有资本增值税或股息税。(   )

A. 正确 B. 错误

109. 短期国债一般指偿还期限为 180 天以内的国债,具有周期短及流动性强的特点,在货币市场上占有重要地位。(   )

A. 正确 B. 错误

110. 交易所的固定收益电子平台定位于机构投资者,为大额现券交易提供服务,该平台可以进行现券交易、质押券申报与转回、质押式回购。(   )

A. 正确 B. 错误

四、综合题(共 10 题,每小题 1 分,共 10 分)以下备选项中有一项或多项符合题目要求,不选、错选均不得分。

2020 年年底,李某和好友王某共同出资注册成立了甲证券金融公司,公司经营良好,在 2021 年从事转融通业务获得年税后利润为 68 万元。

根据以上信息,回答下列三题。

111. 根据《转融通业务监督管理试行办法》,证券金融公司的注册资本应当为(   )。

A. 预收资本 B. 实收资本

C. 应缴资本 D. 预付资本

112. 证券金融公司在开展转融通业务时,应当以自己的名义在商业银行开立转融通(   )账户。

A. 证券交收 B. 专用资金

C. 担保资金 D. 资金交收

113. 甲证券金融公司从事转融通业务的年税后利润为 68 万元,则当年甲证券金融公司应提取的准备金为(   )万元。

A. 10.2 B. 6.8 C. 20.4 D. 3.4

A公司首次公开发行不超过120亿股人民币一般股(A股)的申请已获中国证券监督管理委员会证监许可核准。本次发行的保荐人是中国国际金融有限公司。本次发行采用网下发行与网上发行相结合的方式进行,其中网下初始发行规模不超过70亿股,约占本次发行数量的65%;网上发行数量为本次发行总量减去网下最终发行量。

根据以上信息,回答下列两题。

114. A公司首次公开发行股票,应满足的条件是(　　)。

A. 发行人自股份有限公司成立后,持续经营时间应当在3年以上

B. 发行前股本总额不少于人民币5000万元

C. 发行人最近3年内主营业务和董事、高级管理人员没有发生重大变化,实际控制人没有发生变更

D. 最近一期末不存在未弥补亏损

115. 股份有限公司首次公开发行股票时,通常由投资银行充当金融中介,因此,中国国际金融公司是此次股票发行的(　　)。

A. 做市商　　B. 承销商　　C. 交易商　　D. 经纪商

2021年底,国内A证券公司中B公司上市咨询服务项目。A证券公司按照议定价格直接从B公司购进将要发行的所有股票(5000万股),然后分销给其他投资者。A证券公司承担销售和价格的全部风险。B公司股票采用竞价方式,最终确定以5元/股的价格出售给其他投资者。A证券公司本次承销活动会非常顺利,短时间内所承销股票全部售出。B公司股票流通一段时间后,股价跌至4元/股并且交易不活跃,为活跃交易市场,A证券公司买入500万股B公司股票。

根据以上信息,回答下列三题。

116. A公司公开发行股票,其优点有(　　)。

A. 募集资金潜力大　　B. 提高企业信誉

C. 发行费用较高　　D. 增强股票流动性

117. A证券公司对B公司股票的承销方式是(　　)。

A. 尽力推销　　B. 直销

C. 余额包销　　D. 全额包销

118. 关于A证券公司按照议定价格买进B公司股票再分销给其他投资者业务的说法,正确的是(　　)。

A. 该业务属于证券发行

B. 该业务属于证券交易

C. 该业务中A证券公司可以退还部分股票给B公司

D. 该业务发生的市场属于一级市场

李某是某公司的股东,所持有的股票的账面价值200万元,2018年12月31日,该公司以每10股送2股的形式向股东发放股票股利。

根据以上信息,回答下列两题。

119. 股票账面价值又称为(　　)。

A. 股票净值　　B. 清算价值

C. 股票内在价值　　D. 股票面值

120. 下列属于股利政策的是(　　)。

A. 送股　　B. 派现

C. 股份回购　　D. 资本公积金转增股本

考前摸底仿真卷(二)

一、单选题(共40题,每小题0.5分,共20分)以下备选项中只有一项最符合题目要求,不选、错选均不得分。

1. 基金类投资者不包括(　　)。

A. 企业年金　　B. 证券投资基金

C. 证券公司　　D. 社会公益基金

2. 国际债券在国际市场上发行,其计价货币往往是国际通用货币,一般不用(　　)计价。

A. 人民币　　B. 欧元　　C. 英镑　　D. 美元

3. (　　)是计算投资者申购基金份额、赎回资金金额的基础,直接关系到基金投资者的利益,也是评价基金投资业绩的基础指标之一。

A. 基金份额净值　　B. 基金份额

C. 基金资产净值　　D. 基金总份额

4. (　　)以上的基金资产投资于债券的,为债券基金。

A. 40%　　B. 60%　　C. 80%　　D. 90%

5. 发行金融债券没有强制担保要求的机构是(　　)。

A. 消费金融公司　　B. 财务公司

C. 金融租赁公司　　D. 商业银行

6. 1975年10月,利率期货产生于(　　)。

A. 伦敦证券交易所　　B. 深圳证券交易所

C. 纽约证券交易所　　D. 芝加哥期货交易所

7. 资信评级机构和资产评估机构均属于(　　)机构。

A. 资产管理　　B. 证券服务

C. 证券代理　　D. 投资咨询

8. (　　)股东及其一致行动人持股超过5%的股份,不会被视为非自由流通股本。

A. 公司创建者　　B. 证券投资公司

C. 国有股份　　D. 战略投资者

9. 股票是(　　)签发的证明股东所持股份的凭证。

A. 有限责任公司　　B. 个人独资企业

C. 股份有限公司　　D. 合伙企业

10. 假如深交所某只股票(非ST股票和*ST股票)前一交易日收盘价为100元,那么这只股票的涨跌幅限制价格为(　　)元。

A. 80~120　　B. 85~115　　C. 90~110　　D. 95~105

11. 根据《银行间债券市场非金融企业中期票据业务指引》,中期票据待偿还余额不得超过企业净资产的(　　)。

A. 30%　　B. 50%　　C. 40%　　D. 60%

12. 股票发行监管制度不包括(　　)。

A. 注册制　　B. 核准制　　C. 审批制　　D. 保荐制

13. 运用利率政策和信贷政策对证券市场进行干预属于(　　)。

A. 行政手段　　B. 自律手段

C. 经济手段　　D. 法律手段

14. 目前,中国已基本形成了由(　　)调控和监督、国家银行为主体、政策性金融与商业性金融机构相分离,多种金融机构分工合作、功能互补的现代化金融中介机构体系。

A. 财政部　　B. 中国证监会

C. 中国证券业协会　　D. 中央银行

15. 金融债券发行人应在中国人民银行核准金融债券发行之日起(　　)个工作日内开始发行金融债券,并在规定期限内完成发行。

A. 90　　B. 30　　C. 60　　D. 45

16. 上市公司的财务报表必须依法及时向社会公开,这体现了证券交易的(　　)原则。

A. 透明　　B. 及时　　C. 公开　　D. 公平

17. 私募基金市场的合格投资者包括具备相应风险识别能力和风险承担能力,投资于单只私募基金的金额不低于 100 万元且净资产不低于(　　)万元的单位。

A. 1000　　B. 2000　　C. 3000　　D. 5000

18. 下列说法错误的是(　　)。

A. 证券交易通常都必须遵循价格优先原则和时间优先原则

B. 价格较高的买入申报优先于价格较低的买入申报

C. 价格较高的卖出申报优先于价格较低的卖出申报

D. 买卖方向、价格相同的,先申报者优先于后申报者

19. 因指数价格的不利变动而带来资产损失的可能性,这是(　　)。

A. 信用风险　　B. 市场风险　　C. 法律风险　　D. 结算风险

20. 在一个有效的市场当中,价格能够反映所有市场参与者所搜集到的信息总和,这反映了金融市场的(　　)功能。

A. 资金融通　　B. 价格发现

C. 风险管理　　D. 降低搜寻成本和信息成本

21. 稳定的现金股利政策,对公司的现金流管理有较高的要求,通常将那些经营业绩较好,具有稳定且较高的现金股利支付的公司股票称为(　　)。

A. 红筹股　　B. 潜力股　　C. 优先股　　D. 蓝筹股

22. 通常,在金融期权交易中,(　　)需要开立保证金账户,并按规定缴纳保证金。

A. 无担保期权出售者　　B. 期权买卖双方均

C. 期权买卖双方均不　　D. 期权购入者

23. 我国金融衍生品市场按资产类别划分主要包括利率类衍生品、(　　)、货币类衍生品、信用类衍生品。

A. 期权类衍生品　　B. 票据类衍生品

C. 债务类衍生品　　D. 权益类衍生品

24. 店头市场指的是(　　)。

A. 主板市场　　B. 二板市场　　C. 新三板　　D. 场外市场

25. 可转换公司债券在转换前投资者可以定期得到利息收入,但此时不具有(　　)。

A. 债权人的权利　　B. 股东的权利

C. 债权人的义务　　D. 债权人的责任

26. 中央银行在业务上与政府的关系,主要体现在列于负债方的接受政府等机构的存款,和列于资产方的通过持有政府债券融资给政府,以及为国家储备外汇、黄金等项目,主要描述的是中央银行的(　　)职能。

A. 银行的银行　　B. 发行的银行　　C. 政府的银行　　D. 管理的银行

27. 中期国债是指偿还期限在(　　)的国债。

A. 1 年(含)以上 8 年(含)以下
B. 2 年(含)以上 8 年(含)以下
C. 1 年(含)以上 10 年(含)以下
D. 2 年(含)以上 10 年(含)以下

28. 按照《关于复杂金融产品销售的适当性要求最终报告)》规定,金融机构在销售金融产品的过程中的销售行为不包括(　　)。

A. 对投资者做出收益承诺
B. 向客户提供投资建议
C. 管理个人投资组合
D. 推荐公开发行的证券

29. 下列关于私募基金财产投资要求说法错误的是(　　)。

A. 严禁使用基金财产从事借存)贷、担保、明股实债等非私募基金投资活动
B. 应遵循“利益共享、风险共担”原则
C. 为被投企业提供短期借款、担保,借款或者担保余额不得超过该私募基金实缴金额的 20%
D. 可以从事承担无限责任的投资

30. 合格境内机构投资者应在每个会计年度结束后(　　)个月内,向国家外汇管理局报送上一年度境外投资情况报告。

A. 2　　B. 3　　C. 4　　D. 6

31. 通过公开发售基金份额筹集资金,以资产组合方式进行证券投资活动的基金是(　　)。

A. 社保基金
B. 企业年金
C. 社会公益基金
D. 证券投资基金

32. (　　)是股份公司利用自有资金买回发行在外股份的行为。

A. 增发股票
B. 股份回购
C. 股票分割
D. 股票合并

33. (　　)是从经营的税后利润提取形成的,主要用于弥补经营亏损的准备金。

A. 存款准备金
B. 超额存款准备金
C. 公积金
D. 股本金

34. (　　)作为一种金融风险度量工具,可以给风险管理者提供频率分布中最坏区域平均损失大小的准确信息。

A. 期望损失模型
B. VaR 模型
C. 波动性分析
D. 置信水平

35. 下列关于公募基金的说法中,错误的是(　　)。

A. 运作必须严格遵守相关的法律和法规,并受监管机构的严格监管
B. 适合中小投资者参与
C. 募集的对象通常是不固定的
D. 只能采取非公开方式发行

36. 有的债券附有一定的选择权,即发行契约中赋予债券发行人或持有人具有某种选择的权利。关于有选择权的债券,下列说法有误的是(　　)。

A. 附有赎回选择权条款的债券表明债券发行人具有在到期日之前买回全部或部分债券的权利
B. 附有可转换条款的债券表明债券持有人具有按约定条件将债券转换成发行公司普通股股票的选择权
C. 附有新股认购权条款的债券表明债券持有人具有按约定条件购买债券发行公司新发行的普通股股票的选择权
D. 附有出售选择权条款的债券表明债券持有人具有在指定的日期内以票面价值将债券在市场上出售的权利

37. 欧洲债券票面所使用的货币主要是(　　)。

A. 特别提款权　　B. 欧元　　C. 美元　　D. 英镑

38. 在证券市场中最广泛的投资者是(　　)。

A. 政府机构类投资者　　B. 合格境外机构投资者

C. 合格境内机构投资者　　D. 个人投资者

39. 证券分析师根据经济学、金融学、财务管理学及投资学等基本原理,对决定证券价值及价格的基本要素,如宏观经济指标、经济政策走势、行业发展状况、产品市场状况、公司销售和财务状况等进行分析,评估证券的投资价值,判断证券的合理价位,提出相应投资建议的一种分析方法是(　　)。

A. 定性分析法　　B. 量化分析法

C. 技术分析法　　D. 基本分析法

40. 以下(　　)方式是指承销商代发行人发售股票,在承销期结束时,将未售出的股票全部退还给发行人的承销方式。

A. 自销　　B. 全额包销

C. 余额包销　　D. 代销

二、多选题(共40题,每小题1分,共40分)以下备选项中有两项或两项以上符合题目要求,多选、少选、错选均不得分。

41. 政府债券的特征是(　　)。

A. 安全性低　　B. 流通性强

C. 收益不稳定　　D. 免税待遇

42. 一般来说,商业银行发行金融债券应具备的条件有(　　)。

A. 最近3年连续盈利　　B. 贷款损失准备计提充足

C. 核心资本充足率不低于8%　　D. 最近3年没有重大违法、违规行为

43. 我国开放式基金利润分配方式包括(　　)。

A. 分配现金　　B. 分配基金份额

C. 分配股票　　D. 分配债券

44. 非柜台委托主要包括(　　)等形式。

A. 人工电话委托　　B. 电话自动委托

C. 传真委托　　D. 网上委托

45. 一般而言,与公募基金相比,私募基金具有的特点包括(　　)。

A. 采取非公开方式发行　　B. 面向特定的投资者

C. 风险较小　　D. 面向数量较少的不特定投资者

46. 合格境外机构投资者可以投资于中国证监会批准的人民币金融工具有(　　)。

A. 在证券交易所挂牌交易的股票

B. 在证券交易所挂牌交易的债券

C. 证券投资基金

D. 在证券交易所挂牌交易的权证

47. 债券的形式有很多,根据债券发行条款中是否规定在约定期限向债券持有人支付利息,可以分为(　　)。

A. 实物债券　　B. 息票累积债券

C. 附息债券　　D. 零息债券

48. 下列关于中国证券监督管理委员会的职责,说法正确的是(　　)。
   A. 研究和拟定证券期货市场的方针政策、发展规划
   B. 监管证券投资活动
   C. 监管上市国债和企业间债券的交易活动
   D. 监管境外企业直接或间接到境内发行股票、上市
49. 可以投资证券市场的各类基金包括(　　)。
   A. 证券投资基金　　B. 社保基金
   C. 企业年金　　D. 社会公益基金
50. 下列对普通股股东义务的叙述中,正确的有(　　)。
   A. 公司股东滥用股东权利给公司或其他股东造成损失的,应当依法承担赔偿责任
   B. 公司股东滥用法人独立地位和股东有限责任,逃避债务,严重损害公司债权人利益的,应当对公司债务承担连带责任
   C. 公司的控股股东、实际控制人不得利用其关联关系损害公司利益
   D. 公司股东滥用法人独立地位和股东有限责任,逃避债务,严重损害公司债权人利益的,不对公司债务承担连带责任
51. 健全多层次资本市场体系的意义包括(　　)。
   A. 调动民间资本积极性,将储蓄转化为投资,提升服务实体经济的能力
   B. 促进科技创新,促进新兴产业发展和经济转型
   C. 提高直接融资比重,防范和化解经济金融风险
   D. 促进产业整合,缓解产能过剩
52. 我国储蓄国债(电子式)的特点包括(　　)。
   A. 针对机构投资者　　B. 不记名,可以流通
   C. 采用电子方式记录债权　　D. 免缴利息税
53. 按照金融期权基础资产性质的不同,金融期权包括(　　)。
   A. 看跌期权　　B. 看涨期权
   C. 利率期权　　D. 货币期权
54.《中华人民共和国证券投资基金法》规定,基金份额持有人享有的权利有(　　)。
   A. 分享基金财产收益
   B. 参与分配清算后的剩余基金财产
   C. 按照规定要求召开基金份额持有人大会
   D. 在封闭式基金存续期间,可以赎回基金份额
55. 发行人销售证券的方法有(　　)。
   A. 自销　　B. 包销　　C. 承销　　D. 代销
56. 我国的国家股的资金主要来源有(　　)。
   A. 现有国有企业改组为股份公司时所拥有的净资产
   B. 现阶段有权代表国家投资的政府部门向新组建的股份公司的投资
   C. 经授权代表国家投资的投资公司、资产经营公司、经济实体性总公司等机构向新组建股份公司的投资
   D. 具有法人资格的事业单位以其依法可支配的资产向新组建股份公司的投资
57. 关于上市公司首次公开发行新股的条件,下列说法正确的是(　　)。
   A. 具备健全且运行良好的组织机构
   B. 具有持续经营能力

C. 最近三年财务会计报告被出具无保留意见审计报告

D. 发行人及其控股股东、实际控制人最近三年不存在贪污、贿赂、侵占财产、挪用财产或者破坏社会主义市场经济秩序的刑事犯罪

58. 以下债券不需要进行债券评级的有(　　)。

A. 国库券　　B. 国家银行发行的金融债券

C. 地方政府债券　　D. 企业债券

59. 关于金融市场的理解,下列说法正确的有(　　)。

A. 金融市场是创造和交易金融资产的市场

B. 金融市场是以金融资产为交易对象而形成的供求关系和交易机制的总和

C. 金融市场是要素市场的一种

D. 现代金融市场往往是无形的市场

60. 货币政策的传导机制主要包括(　　)。

A. 利率传导机制　　B. 信用传导机制

C. 风险传导机制　　D. 汇率传导机制

61. 下列属于风险管理策略的是(　　)。

A. 风险转移　　B. 风险补偿与准备金

C. 风险规避　　D. 风险对冲

62. 关于有面额股票和无面额股票的说法中,正确的有(　　)。

A. 同次发行的有面额股票的每股票面金额是相等的

B.《中华人民共和国公司法》规定股票发行价格可以按票面金额,也可以超过票面金额或低于票面金额

C. 无面额股票也称为比例股票

D. 无面额股票只注明它在公司总股本中所占的比例

63. 我国基金托管费的计提通常是(　　)。

A. 按基金资产净值的一定比率提取　　B. 按基金资产总值的一定比率提取

C. 逐日计算,按月支付　　D. 按月计算,一次支付

64. 有关 LOF 说法正确的是(　　)。

A. 不一定采用指数基金模式

B. 用现金进行申购和赎回

C. 不会出现封闭式基金大幅度折价交易的现象

D. 不是主动管理型基金

65. 关于股票的票面价值,下列说法错误的是(　　)。

A. 股票的票面价值又称面值,即股票交易时的价格

B. 发行价格高于票面价值称为溢价发行,募集的资金中等于面值总和的部分计入资本账户,以超过股票票面金额的发行价格发行的股份所得的溢价款列为公司资本公积金

C. 如果以票面价值作为发行价,称为平价发行

D. 股票的票面价值在初次发行时没有参考意义

66. 关于政府债券的性质,下列描述正确的有(　　)。

A. 从形式上看,政府债券也是一种有价证券,它具有债券的一般性质

B. 政府债券本身无面额,但投资者投资于政府债券同样可以取得利息

C. 政府债券最初是政府弥补赤字的手段

D. 在现代商品经济条件下,政府债券是政府筹集资金、扩大公共事业开支的重要手段

67. 下列关于开放式基金的认购和申购的说法正确的有（　　）。
A. 申购是投资者在基金设立募集期内申请购买基金份额
B. 在认购期内购买基金，基金认购价格通常为1元/份
C. 在认购期内购买的基金在建仓期后才能赎回
D. 申购基金时的申购份额通常在T+2日内确认

68. 债券与股票的相同点体现在（　　）。
A. 都是有价证券
B. 都有偿还期
C. 都属于直接融资工具
D. 风险相同

69. 根据我国相关证券业法律的规定，下列属于证券自律管理机构的是（　　）。
A. 证券交易所
B. 证券业协会
C. 证券投资咨询机构
D. 律师事务所

70. 证券公司的主要业务包括（　　）。
A. 证券自营业务
B. 证券承销与保荐业务
C. 与证券交易、证券投资活动有关的财务顾问业务
D. 融资融券业务

71. 金融期货交易与金融现货交易的区别包括（　　）。
A. 交易对象不同　B. 交易方式不同　C. 交易目的不同　D. 结算方式不同

72. 下列关于利率的期限结构的说法，正确的有（　　）。
A. 相同的发行人发行的不同期限债券其收益率不一样，债券期限与收益率的关系被称为利率的期限结构
B. 收益率曲线是由不同期限的即期利率的组合所形成的曲线，不能用到期收益率来刻画利率的期限结构
C. 收益率曲线包括向上倾斜的利率曲线、向下倾斜的利率曲线、平直的利率曲线和拱形利率曲线四种形态
D. 从历史资料来看，在经济周期的不同阶段可以观察到向上倾斜、向下倾斜、平直和拱形四种利率曲线

73. 对存在活跃市场且能够获取相同资产或负债报价的投资品种，下列关于基金资产估值原则的描述中，正确的有（　　）。
A. 在估值日有报价的，除会计准则规定的例外情况外，应将该报价不加调整地应用于该资产或负债的公允价值计量
B. 估值日无报价且最近交易日后未发生影响公允价值计量的重大事件的，应采用最近交易日的报价确定公允价值
C. 在估值日有报价的，除会计准则规定的例外情况外，应对报价进行调整，确定公允价值
D. 有充分证据表明估值日或最近交易日的报价不能真实反映公允价值的，应对报价进行调整，确定公允价值

74. 下列属于股票相对估值法的有（　　）。
A. 市盈率倍数法
B. 市净率倍数法
C. 现金流贴现法
D. 市销率倍数法

75. 深圳证券交易所目前公布的指数包括（　　）等。
A. 上证50指数
B. 深证B股指数
C. 中小板综合指数
D. 创业板综合指数

76. 下列关于公司发行可转换债券的表述中,正确的有(　　)。

A. 为了增加证券对投资者的吸引力

B. 能以较低的成本筹集到所需的资金

C. 通常转化为优先股票

D. 转换成普通股票时可以将原筹集的期限有限的资金转化成长期稳定的股本

77. 关于 ETF 申购或赎回,下列说法正确的有(　　)。

A. 在一级市场,投资者可以 ETF 指定的一篮子股票申购 ETF 份额或以 ETF 份额赎回一篮子股票

B. ETF 通常最小申购、赎回单位是 5 万份或 10 万份

C. 在二级市场,ETF 与普通股票一样在证券交易所挂牌交易,基金买入申报数量为 100 份或其整数倍

D. 投资者可以现金申购 ETF 份额

78. 企业集团财务公司发行金融债券的条件,说法正确的是(　　)。

A. 财务公司已发行、尚未兑付的金融债券总额不得超过其净资产总额的 100%,发行金融债券后,资本充足率不低于 10%

B. 财务公司设立 6 个月以上,经营状况良好,申请前 1 年利润率不低于行业平均水平,且有稳定的盈利预期

C. 近 3 年无重大违法违规记录

D. 申请前 1 年,不良资产率低于行业平均水平,资产损失准备拔备充足

79. 在财务类强制退市中,上市公司出现(　　)情形之一的,证券交易所对其股票实施退市风险警示。

A. 最近一个会计年度经审计的净利润为负值且营业收入低于人民币 1 亿元,或追溯重述后最近一个会计年度净利润为负值且营业收入低于人民币 1 亿元

B. 最近一个会计年度经审计的期末净资产为负值,或追溯重述后最近一个会计年度期末净资产为负值

C. 最近一个会计年度的财务会计报告被出具无法表示意见或否定意见的审计报告

D. 中国证监会行政处罚决定书表明公司已披露的最近一个会计年度经审计的年度报告存在虚假记载、误导性陈述或者重大遗漏,但该年度相关财务指标实际并未触及第 A 项、第 B 项情形的

80. 投资者证券账户信息包括(　　)。

A. 投资者姓名或名称

B. 投资者有效身份证明文件及号码

C. 出生日期

D. 机构类别

三、判断题(共 30 题,每小题 1 分,共 30 分)正确的选 A,错误的选 B。不选、错选均不得分。

81. 套期保值是最常见的风险对冲手段,在期货市场上卖出或买进与现货品种相同、数值相当但方向相反的期货合约,以期在未来某一时间,通过同时将现货和期货市场上的头寸平仓后,以期在未来某一时间通过期货合约的对冲,以一个市场的盈利来弥补另一个市场的亏损,从而规避现货价格变动带来的风险,实现保值的目的。(　　)

A. 正确　　B. 错误

82. 金融服务实体经济的实质就是有效发挥其活跃市场交易的功能。(　　)

A. 正确　　B. 错误

83. 根据《国务院关于全国中小企业股份转让系统有关问题的决定》,境内符合条件的股份公司可

以通过主办券商申请在全国中小企业股份转让系统挂牌，公开发行股份，进行股权融资、债权融资、资产重组等。（　　）

A. 正确　　B. 错误

84. 债券收益可以表现为利息收入、资本损益和再投资收益 3 种形式。（　　）

A. 正确　　B. 错误

85. 需要金融中介机构的参与，但金融中介机构并不和资金供求双方形成债权债务关系，这种融资方式称为直接融资。（　　）

A. 正确　　B. 错误

86.《北京证券交易所向不特定合格投资者公开发行股票注册管理办法（试行）》规定，上市公司向不特定合格投资者公开发行股票，发行人可以与主承销商自主协商直接定价，也可以通过合格投资者网上竞价，或者网下询价等方式确定股票发行价格和发行对象。（　　）

A. 正确　　B. 错误

87. 对存在活跃市场的金融工具或产品，一般采用盯模法确定市场价格。（　　）

A. 正确　　B. 错误

88. 按照市场功能划分，可以将资本市场划分为发行市场和交易市场。（　　）

A. 正确　　B. 错误

89. 股票账面价值又称为股票内在价值。（　　）

A. 正确　　B. 错误

90. 债券申请上市应当符合下列条件：债券发行申请已获批准并发行完毕；实际发行债券的面值总额不少于 3000 万元；申请上市时仍符合公开发行的条件；中国证监会规定的其他条件。（　　）

A. 正确　　B. 错误

91. 投资者适当性管理工作主要是以经营机构适当性义务为主线展开的，包括以下三类：以判断投资者风险承受力为目标的投资者分类义务；以判断产品风险等级为目标的产品分级义务；以“将适当的产品销售给适当的投资者”为目标的销售匹配义务。（　　）

A. 正确　　B. 错误

92. 收益互换是指交易双方在约定日期交换收益金额的互换交易，其中交易一方或交易双方支付的金额与标的的表现相关。（　　）

A. 正确　　B. 错误

93. 政府机构类投资者参与证券投资的目的是获取利息、股息等投资收益。（　　）

A. 正确　　B. 错误

94. 分析研判国际国内金融形势，做好国际金融风险应对，研究系统性金融风险防范处置和维护金融稳定重大政策，是中国人民银行的职责。（　　）

A. 正确　　B. 错误

95. 目前我国证券投资基金交易实行固定佣金制度。（　　）

A. 正确　　B. 错误

96. 1987 年，我国第一家专业性证券公司——深圳特区证券公司成立。（　　）

A. 正确　　B. 错误

97. 金融市场按发行流通性质划分，可分为初级市场和次级市场。（　　）

A. 正确　　B. 错误

98. 正回购为中国人民银行向一级交易商卖出有价证券，并约定在未来特定日期买回有价证券的交易行为，正回购为央行从市场收回流动性的操作，从而增加货币供给量。（　　）

A. 正确　　B. 错误

99. 基础设施基金上市首日涨跌幅限制比例为20%,非上市首日涨跌幅限制比例为10%。(　　)

A. 正确　　B. 错误

100. 我国基础设施公募REITs在证券交易所上市交易。(　　)

A. 正确　　B. 错误

101. 特雷诺指数能够反映基金经理的市场调整能力,特雷诺指数越大,表示基金绩效越好。同时考虑了系统风险和非系统性风险。因此,特雷诺指数还能够反映基金经理分散和降低非系统性风险的能力。(　　)

A. 正确　　B. 错误

102. 封闭式基金的交易遵从价格优先、时间优先的原则,每日价格涨跌幅比例限制在10%,实行T日交割、交收。(　　)

A. 正确　　B. 错误

103. 中国证监会成立于1991年4月。(　　)

A. 正确　　B. 错误

104. 机构投资者购入基金、信托和理财产品等各类资产管理产品持有至到期,计征增值税。(　　)

A. 正确　　B. 错误

105. 最基本的信用违约互换涉及两个当事人,双方约定以某一信用工具为参考,一方向另一方出售信用保护。若参考工具发生规定的信用违约事件,则信用保护出售方必须向购买方支付赔偿。(　　)

A. 正确　　B. 错误

106. 证券、期货投资咨询人员申请取得证券、期货投资咨询从业资格,应当具备大学专科以上学历。(　　)

A. 正确　　B. 错误

107. 我国当前股市投资者结构依然呈现散户比重大,机构比重低,市场开放程度较低的特征。(　　)

A. 正确　　B. 错误

108. 票面利率越大,债券价值越大。(　　)

A. 正确　　B. 错误

109. 目前,中国的基金管理费、基金托管费及基金销售服务费通常按基金资产净值的一定比例每日计提,每周支付。(　　)

A. 正确　　B. 错误

110. 利用市场上同一交易标的在同一时间的买入和卖出价格差来衡量其流动性风险的一种方法是指买卖价差法。(　　)

A. 正确　　B. 错误

四、综合题(共10题,每小题1分,共10分)以下备选项中有一项或多项符合题目要求,不选、错选均不得分。

假定某公司在未来每期支付的每股股息为8元,必要收益率为10%,此时市场该股票价格为65元。

根据以上信息,回答下列三题。

111. 运用零增长模型,可知该公司股票的价值为(　　)。

A. 80　　B. 100　　C. 120　　D. 不确定

112. 该股票的净现值 NPV 为(　　)。

A. 35　　B. －15　　C. 15　　D. 不确定

113. 该股票此时价值被(　　),投资者对于该股票的投资决策应该为(　　)。

A. 高估,卖出　　B. 低估,买入

C. 低估,卖出　　D. 高估,买入

2021 年股票市场表现良好,投资者成某的朋友购买的基金普遍都获得了 20% 以上的收益,成某也希望购买基金来赚钱,他在某网站上看到 A 基金的介绍如下,基金净值为 4.075,起购金额 1 万元,交易日开放申购赎回、管理费率 1.5%(每年)、托管费率 0.25%(每年)、最高认购费率 1.2%(前端)、最高申购费率 1.5%(前端)、最高赎回费率 1.5%(前端)、业绩比较基准 60% ×中证 1000 指数收益率 +40% ×上证国债指数收益率。2020 年债券基金、理财基金和货币基金收益一般不超过 6%。

根据以上信息,回答下列两题。

114. 成某的朋友 2021 年购买的基金最可能为(　　)。

A. 债券型基金　　B. 股票型基金

C. 货币型基金　　D. 纯债型基金

115. 成某如果购买 A 基金,他需要一次性支付的费用有(　　)。

A. 认购费　　B. 托管费

C. 申购费　　D. 管理费

甲公司基金公司于 2014 年设立了一只货币市场基金 A(以下简称“A 基金”),于当年 5 月 11 日开始办理,乙于 2015 年 2 月 6 日(星期五)申购 A 基金 100 万份。

根据以上信息,回答下列三题。

116. 甲基金公司应于 2015 年(　　)前在指定报刊上披露 A 基金年度报告摘要在公司网站上。

A. 2 月 28 日　　B. 6 月 30 日

C. 3 月 31 日　　D. 4 月 30 日

117. “A 基金”在开放期必须每日披露万份收益和(　　)。

A. 基金份额净值　　B. 偏离度

C. 基金累计份额净值　　D. 基金 7 日年化收益

118. 我国货币市场基金的份额净值固定在(　　)。

A. 5 元人民币　　B. 1 元人民币

C. 10 元人民币　　D. 2 元人民币

股票的市场价格一般是指股票在二级市场上交易的价格,股票的市场价格由股票的价值决定,但同时受许多其他因素的影响。在自由竞价的股票市场中,宏观经济和证券市场运行状况、行业前景以及公司的经营状况是影响投资者对将来股价预期、从而影响当前买卖决策并最终导致当前股价变化的最主要原因。

根据以上信息,回答下列两题。

119. 宏观经济发展水平和状况是影响股票价格的重要因素,宏观经济影响股票价格的特点有(　　)。

A. 波及范围广　　B. 干扰程度深

C. 作用机制复杂　　D. 可能导致股价波动幅度大

120. 影响股票价格的政治因素一般包括(　　)。

A. 战争　　B. 政权更迭

C. 重要法规的颁布　　D. 产业竞争结构

考前摸底仿真卷参考答案

考前摸底仿真卷(一)

一、选择题

1	2	3	4	5	6	7	8	9	10
A	A	D	A	D	A	B	B	C	C
11	12	13	14	15	16	17	18	19	20
C	B	A	D	B	C	B	C	A	C
21	22	23	24	25	26	27	28	29	30
C	A	A	A	A	D	A	A	D	D
31	33	33	34	35	36	37	38	39	40
D	D	C	C	C	D	A	A	C	C

二、多选题

41	42	43	44	45	46	47	48	49	50
AB	ABCD	BCD	ACD	ABD	ACD	ABCD	ABCD	ABCD	BCD
51	52	53	54	55	56	57	58	59	60
BCD	ABC	ACD	ABCD	CD	ABCD	ABC	ABC	ABC	ABCD
61	62	63	64	65	66	67	68	69	70
BCD	ABD	BCD	ABC	BCD	BC	ABD	ABD	BCD	ABCD
71	72	73	74	75	76	77	78	79	80
AD	ABCD	ABC	ABCD	CD	ABC	ABCD	AD	ABC	ABC

三、判断题

81	82	83	84	85	86	87	88	89	90
B	B	B	B	A	B	B	A	A	B
91	92	93	94	95	96	97	98	99	100
A	A	A	A	B	B	B	B	A	B
101	102	103	104	105	106	107	108	109	110
B	A	B	A	A	B	A	B	B	B

四、综合题

111	112	113	114	115	116	117	118	119	120
B	B	B	ACD	B	ABD	D	AD	A	ABD

考前摸底仿真卷(二)

一、选择题

1	2	3	4	5	6	7	8	9	10
C	A	A	C	D	D	B	B	C	C
11	12	13	14	15	16	17	18	19	20
C	D	C	D	C	C	A	C	B	D
21	22	23	24	25	26	27	28	29	30
D	A	D	D	B	C	C	A	D	C
31	33	33	34	35	36	37	38	39	40
D	B	C	A	D	D	C	D	D	D

二、多选题

41	42	43	44	45	46	47	48	49	50
BD	ABD	AB	ABCD	AB	ABCD	BCD	ABC	ABCD	ABC
51	52	53	54	55	56	57	58	59	60
ABCD	CD	CD	ABC	ABCD	ABC	ABCD	AB	ABCD	ABD
61	62	63	64	65	66	67	68	69	70
ABCD	ACD	AC	ABC	AD	ACD	BCD	AC	AB	ABCD
71	72	73	74	75	76	77	78	79	80
ABCD	AC	ABD	ABD	BCD	ABD	AC	ACD	ABC	ABCD

三、判断题

81	82	83	84	85	86	87	88	89	90
A	B	B	A	A	A	B	A	B	B
91	92	93	94	95	96	97	98	99	100
A	A	B	B	B	A	A	B	B	A
101	102	103	104	105	106	107	108	109	110
B	B	B	B	A	B	A	A	B	A

四、综合题

111	112	113	114	115	116	117	118	119	120
A	C	B	B	C	C	D	B	ABCD	ABC

【说明】考前摸底仿真卷适合考生在考前两周左右用于自我检测前期学习成果。考生做完试卷请根据上述参考答案评判分数,并根据实际得分情况制定适合自己的考前冲刺学习计划。

我们还给大家提供了考前摸底仿真卷(一)~(二)的电子版详细解析,如有需要,请扫描右方二维码查看。